空中交通管理系列教材

签派程序与方法

（第4版）

罗凤娥　张成伟　张海荣◎编著

西南交通大学出版社

·成　都·

图书在版编目（CIP）数据

签派程序与方法 / 罗凤娥，张成伟，张海荣编著.

4 版. -- 成都：西南交通大学出版社，2024.10.

（空中交通管理系列教材）-- ISBN 978-7-5774-0121-8

Ⅰ. F560.81

中国国家版本馆 CIP 数据核字第 2024WL1840 号

Qianpai Chengxu yu Fangfa (Di 4 Ban)

签派程序与方法（第 4 版）

罗凤娥　张成伟　张海荣　编著

策 划 编 辑	罗小红　罗爱林　何明飞
责 任 编 辑	何明飞
责 任 校 对	蔡　蕾　左凌涛
封 面 设 计	GT 工作室
出 版 发 行	西南交通大学出版社
	（四川省成都市金牛区二环路北一段 111 号
	西南交通大学创新大厦 21 楼）
营销部电话	028-87600564　028-87600533
邮 政 编 码	610031
网　　　址	http://www.xnjdcbs.com
印　　　刷	四川森林印务有限责任公司
成 品 尺 寸	185 mm × 260 mm
印　　　张	18
字　　　数	448 千
版　　　次	2004 年 10 月第 1 版　　2016 年 8 月第 2 版
	2020 年 12 月第 3 版　　2024 年 10 月第 4 版
印　　　次	2024 年 10 月第 13 次
书　　　号	ISBN 978-7-5774-0121-8
定　　　价	49.80 元

总　序

　　民航是现代综合交通运输体系的有机组成部分，以其安全、快捷、通达、舒适等独特优势确立了独立的产业地位。同时，民航在国家参与经济全球化、推动老少边穷地区发展、维护国家统一和民族团结、保障国防和经济安全、加强与世界不同文明沟通、催生相关领域科技创新等方面都发挥着难以估量的作用。因此，民航业已成为国家经济社会发展的战略性先导性产业，其发达程度直接体现了国家的综合实力和现代化水平。

　　自改革开放以来，我国民航业快速发展，行业规模不断扩大，服务能力逐步提升，安全水平显著提高，为我国改革开放和社会主义现代化建设作出了突出贡献。可以说，我国已经成为名副其实的民航大国。站在新的历史起点上，在 2008 年的全国民航工作会议上，民航局提出了全面推进建设民航强国的战略构想，拉开了我国由民航大国迈向民航强国的序幕。

　　要实现民航大国向民航强国的转变，人才储备是最基本的先决条件。长期以来，我国民航业发展的基本矛盾是供给能力难以满足快速增长的市场需求。而其深层次的原因之一，便是人力资源的短缺，尤其是飞行、空管和机务等专业技术人员结构不合理，缺乏高级技术、管理和安全监管人才。有鉴于此，国务院在《关于促进民航业发展的若干意见》中明确指出，要强化科教和人才支撑，要实施重大人才工程，加大飞行、机务、空管等紧缺专业人才的培养力度。

　　正是在这样的大背景下，作为世界上最大的航空训练机构，作为中国民航培养飞行员和空中交通管理人员的主力院校，中国民航飞行学院以中国民航可持续发展为己任，勇挑历史重担，结合自身的办学特色，整合优势资源，组织编写了这套"空中交通管理系列教材"，以解当下民航专业人才培养的燃眉之急。在这套教材的规划、组织和编写过程中，教材建设团队全面贯彻落实《国家中长期教育改革和发展规划纲要（2010—2020 年）》，以培养适应民航业岗位需要的、具有"工匠精神"的应用型高素质人才为目标，创新人才培养模式，突出民航院校办学特色，坚持"以飞为主，协调发展"的方针，深化"产教融合、校企合作"，强化学生实践能力培养。同时，教材建设团队积极推进课程内容改革，在优化专业课程内容的基础上，加强包括职业道德、民航文化在内的人文素养教育。

由中国民用航空飞行学院编写的这套教材，高度契合民航局颁布的空中交通管制员执照理论考试大纲及知识点要求，对相应的内容体系进行了完善，从而满足了民航专业人才培养的新要求。可以说，本系列教材的出版恰逢其时，是一场不折不扣的"及时雨"。

由于空中交通管理专业涉及的知识点多，知识更新速度快，因此教材的编写是一项极其艰巨的任务。但令人欣喜的是，中国民用航空飞行学院的教师们凭借严谨的工作作风、深厚的学术造诣以及坚韧的精神品质，出色地完成了这一任务。尽管这套教材在模式创新方面尚存在瑕疵，但仍不失为当前民航人才培养领域的优秀教材，值得大力推广。我们相信，这套教材的出版必将为我国民航人才的培养做出贡献，为我国民航事业的发展作出贡献！

是为序。

中国民用航空飞行学院

教材编写委员会

2016 年 7 月 1 日

第 4 版前言

在航空器运行的全过程中,航空公司必须将运行控制视为核心任务,确保达成既定的安全与效益目标。依据授权,运行控制中心需遵循航空规章和实际运行需求,对运行环境及状态进行预测,并通过有效的设备、设施和系统利用,合理配置并优化包括航空器、机组成员以及维修资源在内的各项要素。通过对决策信息的提供和指令发布,保障航班运行顺畅无阻。

飞行签派员作为航空公司运行控制体系中的关键角色,对其业务技能和综合素质有着高标准要求。同时,他们还需满足教育部学历认证标准以及中国民用航空局对于飞行签派员执照的具体要求。

自 20 世纪末开设至今,《签派程序与方法》课程已历经超过 30 年的发展历程,现已成为中国民用航空飞行学院交通运输专业工程教育认证的重要组成部分。该课程内容丰富多样,涵盖了航空公司运行合格审定、航班计划管理、飞机运行管理、机组管理、航空通信以及签派程序等多个方面。为了响应教育部关于"金课"建设及应用示范的倡议,教学团队正致力于构建线上线下相结合的教学模式,旨在使学生能够更加便捷地获取到有关飞行签派的基础知识以及航空公司运行控制的实际操作流程。

在修订《签派程序与方法》第 4 版教材的过程中,我们严格遵守中国民用航空局最新发布的相关法规,并融入国际上最新的行业实践及发展趋势。同时,我们在教材中嵌入思政元素,旨在增强学生的职业道德感和安全意识。此外,我们还加强数字资源的利用,以促进翻转课堂模式以及自主学习活动的实施,从而有效提高学生解决复杂航空运行问题的能力。

本书由中国民用航空飞行学院空中交通管理学院《签派程序与方法》课程团队的罗凤娥、张成伟和张海荣三位教师共同编撰完成。在编写过程中,我们得到了来自民航局、国内外航空公司运营专家、中国民航飞行学院高等教育教研室、空中交通管理学院及航空运行控制系全体同仁们的宝贵指导和支持,在此向他们表示最诚挚的感谢。

鉴于本书覆盖内容广泛且我国民航运行控制系统以及"智慧民航"技术正处于快速发展阶段,书中难免存在不足之处或有待改进的地方。因此,我们真诚邀请广大读者提出宝贵意见与建议,帮助我们持续改善教材质量,更好地服务于未来的教育事业。

编 者

于中国民用航空飞行学院

2024 年 10 月

第 3 版前言

飞行签派是指负责组织、安排、保障航空公司航空器的飞行与运行管理的工作，主要任务是根据航空公司的运行计划，合理地组织航空器的飞行并进行运行管理，争取航班正常，提高服务质量和经济效益。飞行签派员通常被称作"不握杆的飞行员"，飞行签派员属于航空人员，必须接受专门训练，经考核合格，取得国务院民用航空主管部门颁发的执照，方可担任工作。

"签派程序与方法"是空中交通运输专业的一门专业核心课程。该课程的主要任务是使学生系统地掌握签派程序的基本原则，了解飞行签派的基本方法，熟悉航空公司运行控制的实施流程，在不同情形下，有效地利用签派知识，保障飞行安全，提高民航服务效益。

航空运行人员和民航其他非交通运输人员对签派程序知识的掌握要求：一是掌握签派基本原则，即要掌握签派放行航空器所涉及的基本知识和民航法律法规要求；二是要了解签派在航空公司运行管理过程中的作用和职责；三是熟悉正常签派放行程序及特殊情况下的签派方法。在航空公司运营中，必须贯彻执行"保证安全第一，改善服务工作，争取飞行正常"的方针，在任何情况下，都应当把飞行安全放在首位，在确保飞行安全的前提下，提高服务质量和经济效益，争取航班正常。

本书参考了国内外相关飞行签派文件、规章手册和译文、译作，遵循我国民用航空最新相关法律政策，借鉴航空公司一线运行经验，贯彻理论联系实际的原则。章节内容取材上尽量反映国内外相关领域最新成果应用，所选资料内容及格式采用民航最新标准，使之更加符合民航各类专业和非专业人员的需要。本版教材根据CCAR-121部等最新中国民航规章对相关内容进行了修订，并参考了国际民航组织（ICAO）、国际航空运输协会（IATA）、国际签派协会（IFALDA）最新发布的技术标准和指南，结合飞行签派员实际工作，按照"人-机-环"的逻辑关系重新调整编排章节顺序，增加新技术运用条件下的飞行签派工作流程，使之符合国际民航组织（ICAO）以及中国民用航空局（CAAC）最新规章及标准的要求。

本书由中国民用航空飞行学院空中交通管理学院罗凤娥、张成伟、张海荣完成编写，在编写过程中得到了来自国际民航组织、中国民航局及地区管理局、国内外航空公司的运行专家的指导，在此致以衷心的感谢。同时感谢来自教学团队及飞行学院同仁们的帮助和支持。

由于本书涉及面较广，编者查阅的资料有限，加之民航局正在对部分规章、规则进行进一步修订，航空公司的运行控制不断发展，"智慧民航"建设的新技术日新月异，书中难免存在不足及疏漏之处，敬请读者批评指正。

编　者

于中国民用航空飞行学院

2020 年 10 月

第2版前言

飞行签派是航空公司组织和指挥飞行的中心，负责组织、安排、保障航空公司航空器的飞行与运行管理工作。"签派程序与方法"是空中交通运输专业的一门专业课。它的任务在于使学生系统地掌握签派程序的基本原则，了解飞行签派的基本方法，在不同情形下，有效地利用签派知识，为保障飞行安全、提高民航效益服务。

空中交通运输人员和民航其他非交通运输人员对签派程序知识的掌握要求：一是签派基本原则，即要掌握签派放行航空器所涉及的基本知识和民航规则；二是要了解签派的基本组成和职责；三是常规签派放行程序及特殊情形下的签派方法。在航空公司运营中，飞行签派是中心，飞行签派人员只有正确地掌握了各种签派规则，并熟练地运用各种方法按一定的签派程序来放行和监控飞行，才能做到胸中有数、避害趋利，保障飞行安全。

本书遵循我国民用航空相关法律政策、规章手册、国内外相关飞行签派文件、译作，贯彻理论联系实际的原则，在取材上尽量反映国内外最新成果，所选资料采用民航最新实际资料，使之更加适合民航各类专业和非专业人员的需要。民航事业全球化的进程和科技水平的提高，为飞行活动提供了大量现代化的资料，对它们的分析和应用在实际签派工作中越来越重要。本书结合飞行实际，对部分资料进行了详细的介绍和分析，并附了图片。

本书于2004年9月由何光勤、罗凤娥和马志刚编写。2015年11月根据有关规定的修订内容和教学需要，何光勤、罗凤娥和陈华群三位同志对教材进行了补充和修订，2015年12月开始新版教材的编写工作。该书由中国民航飞行学院空中交通管理学院《签派程序与方法》教材编写组何光勤、罗凤娥、陈华群、黄晋和孙立新5位教师合力完成，其中何光勤编写第三章和第六章，罗凤娥编写第一章和第九章，陈华群编写第四章、第六章和第八章，黄晋编写第二章和第八章，孙立新编写第五章和第七章，全书由陈华群负责统稿和初步校正，由何光勤和罗凤娥两位老师完成批阅和校准工作，最后由朱代武同志完成全书的审定。本书的编写参考了国际民航组织和中国民用航空局有关的法律规则，在编写过程中得到了民航局各大管理局、各航空公司同行、中国民航飞行学院高等教育教研室、空中交通管理学院和航空运行教研室全体同仁的热情支持和大力帮助，在此一并致以谢意。

由于本书涉及面较广，编者查阅的资料有限，加之民航局正在对部分规章、规则进行修订，航空公司的运行控制技术也是日新月异，书中难免存在不足及错误之处，敬请读者批评指正。

编　者
于中国民用航空飞行学院
2016年6月

第 1 版前言

"签派程序与方法"是空中交通运输专业的一门专业课。它的任务在于使学生系统地掌握签派程序的基本原则，了解飞行签派的基本方法，在不同的情形下，有效地利用签派知识，为保障飞行安全、提高民航效益服务。

空中交通运输人员和民航其他非交通运输人员对签派程序知识的要求主要有：一是签派基本原则，即要掌握签派放行航空器所涉及的基本知识和民航规则；二是要了解签派的基本组成和职责；三是常规签派放行程序及特殊情形下的签派方法。在航空公司运营中，飞行签派是中心，飞行签派人员只有正确地掌握了各种签派规则并熟练地运用各种方法按一定的签派程序来放行和监控飞行，才能做到胸中有数、避害趋利、保障飞行安全。

本书参考了国内外有关文件、规章手册和译文、译作，贯彻理论联系实际的原则，在取材上尽量反映国内外最新成果，所选资料的格式采用民航最新实际资料，使之更加适合民航各类专业和非专业人员的需要。改革开放和科技水平的提高，为飞行活动提供了大量现代化资料，对它们的分析和应用在实际签派工作中越来越重要。我们结合飞行实际，对部分资料做了详细的介绍，并附了图片。

本书由中国民航飞行学院空中交通管理学院《签派程序与方法》教材编写组何光勤、罗凤娥、马志刚三位教师编写。本书在编写过程中得到了签派教研室老师、空中交通管理分院领导、民航总局飞标司航务管理处领导、航空公司运营中心同仁们的热情指导和大力帮助，在此一并致以谢意。

由于本书涉及面较广，编者查阅的资料有限，加之民航总局正在对部分规章、规则进行修订，航空公司也在进行重组和机构改革，使得书中某些内容与实际情况可能存在着一定的差异。同时，由于我们水平有限，故书中的缺点、错误在所难免，欢迎读者批评指正。

编　者
于中国民用航空飞行学院
2004 年 9 月

数字资源目录

目　　录

第一章 绪 论

飞行签派是指负责组织、安排、保障航空公司航空器的飞行与运行管理的工作。根据《中国民用航空飞行规则》规定，飞行签派工作的任务为根据航空公司的运行计划，合理地组织航空器的飞行并进行运行管理，争取航班正常，提高服务质量和经济效益。

航空公司飞行人员、飞行签派人员和民航空中交通管制人员以及其他有关人员是保障航空公司组织和实施飞行安全的重要组成部分。为保证飞行安全和正常运行，航空公司必须建立飞行签派机构，配备合格的飞行签派人员。

第一节 航空公司运行控制的历史和发展

一、航空公司运行控制的历史进程

随着航空业时代的变化，飞行签派行业得到了快速发展。在航空业发展的早期，商业航空公司的飞行员通常将旅客、货物及邮件装进飞机，从 A 点运送到 B 点。航空公司没有预先准备好的飞行计划，几乎没有天气信息和通告信息，面对飞行过程中遇到的突发情况也没有任何确定的处置计划。在当时，飞行员仅仅利用一个指南针和已知的地标来帮助他们朝着计划目的地的大致方向飞行，飞机上没有可用的通信设备，航空公司也没有任何可靠的方法从地面跟踪飞行进度。

1938 年，美国国会通过了《民航法》，制定了严格的法规，以确保所有航空承运人以尽可能安全的方式运行。该法明确规定了航空公司应当建立运行控制体系以确保飞行安全，遵守运行控制系统的要求可为商业航空运营提供最高水平的安全性。"运行控制"的概念应运而生，并同时产生了一个新的职业——飞行签派员。

1944 年，国际民航组织成立，标志着国际航空法规标准化并为其成员国提出建议和规范。同年，我国签署了《芝加哥公约》，并于 1946 年成为国际民航组织的创始成员国。1947 年，我国成立了隶属于交通部的民用航空局，负责管理全国的航空公司、空中交通管制和机场建设等业务。1950 年，民航国内定期航班开航后，在天津张贵庄机场设立了飞行准备室，由机长轮流值班负责签派工作。1952 年，中国人民航空公司成立，在航行调度方面，实行管制和签派分离制度，即民航局负责空中交通管制业务，中国人民航空公司负责飞行签派业务。为明确分工，民航局颁发了《民航局民航站人员与航空公司机航人员的分工与职责暂行办法（草案）》，民航局规定根据航路及到达站天气情况，由航空公司签派员负责做出放行许可。当起飞站机场开放，而到达站机场关闭，如果签派员认可签放，那么起飞站站长应签发离场证。到达站在飞机离开起飞站时虽然处于关闭状态，但可将天气预测情况提供给签派员参考，且无须阻止其签派。但机场宣布关闭期间，不准飞机起飞，除紧急情况外，不准飞机降落。中国人民航空公司撤销后，飞行签派业务由民航局航行调度部门办理。

1954 年，民航局制定了《飞行签派制度（草案）》，将飞行签派室的职责描述为：规定安全时限，拟定飞行高度，计算航程和航行时间；制定航线和备降机场；签发放行许可，驾驶员未取得放行许可不得起飞；了解飞行动态；与空中交通管制部门和空军保持密切联系。

随着我国改革开放和经济发展的需要，民航政企分开势在必行。从 1987 年开始，全国民航各大航空公司相继从原来的民航管理局脱离，成为自负盈亏的企业，如中国国际航空公司、东方航空公司、南方航空公司和西南航空公司等。在以后的几年里，全国民航又有许多由地方政府支持的地方航空公司相继成立，如厦门航空公司、四川航空公司、海南航空公司等。随着航空公司的成立，飞行签派机构也随之诞生。这时的飞行签派人员基本上是从原航行调度室分离过来的，他们虽然具备较强的航行业务知识，但是对航空公司的签派运行管理较为陌生，对航空公司的运行管理主要依据原航行调度站的管理规定来执行。

1999 年，我国首次颁发的 CCAR-121 部《大型飞机公共航空运输承运人运行合格审定规则》从规章上明确了运行控制的工作要求，航空公司逐步意识到建立有效的运行控制中心是能够合理安排航班时刻、合理编排航班任务、合理调配飞机运力、合理利用机组资源，确保航班安全运行，提高航班正常率，改善航空公司服务质量的重要举措。

2000 年，中国民用航空局飞行标准司发布了第一部《航空公司运行中心（AOC）的政策与标准》，各航空公司根据此积极推动或建立各自的运行控制系统。各航空承运人根据航空规章要求，按照局方颁布标准，建立了以飞行签派为核心的 AOC 系统，在系统化运行中，各运行部门按照规定的流程履行职责，初步实现对飞机、机组、机务维修等资源的集中运行控制和信息共享。

2011 年，中国民用航空局发布了新版《航空承运人运行中心（AOC）政策与标准》，帮助各航空公司 AOC 提升到新的高度，航空承运人或向航空承运人提供运行控制系统服务的服务商应按照本咨询通告提供的政策、标准与指南，在考虑了运行规模、运行复杂性、航路结构和资源可获得性的前提下建立 AOC。航空承运人的 AOC 建设应当与机队、航线网络、运行规模的发展保持同步，不断优化体系、团队、设施和流程等管理要素，贯彻执行持续安全理念，保持对运行危险源和风险的识别、分析、评估与控制，提高运行控制品质和驾驭风险的能力。

2015 年，中国民用航空局下发了《航空承运人运行控制风险管控系统实施指南》，指出运行控制风险管理涵盖航班运行的各个阶段，航空公司需要建立航班运行风险控制系统，从气象、航路、机场、飞机、机组等方面对影响航班运行安全的危险源进行系统分析，并制定风险缓解方案，实现风险的主动管控，为相关运行单位和人员提供有力决策支持；从管理政策、建设流程、风险等级划分、审批等方面对运行控制风险管控系统的建设与实施对航空承运人提出了具体要求。

2019 年，中国民用航空局飞行标准司下发了《航空承运人运行监控实施指南》，要求航空承运人应当在运行中心（AOC）配备足够数量的、合格的运行监控人员，从事运行监控工作。飞行机组需对运行中机上发生的所有情况进行监控，并与 AOC 紧密配合。AOC 值班经理负责实时关注运行监控人员整体工作开展情况，对正常和不正常运行进行监控与指挥。航空承运人应当明确航空气象、飞行情报、飞机性能监控职责和流程，并对航班运行监控工作提供支持。

为全面落实党的二十大以来党中央关于国家整体安全观的新要求，对标国际民航公约附件近年来更新的政策和标准，促进新形势下中国民航高质量发展，交通运输部对《大型飞机公共航空运输承运人运行合格审定规则》（CCAR-121 部）进行了系统性修订，并于 2024 年公布（交通运输部 2024 年第 7 号令），同年 4 月 13 日起正式实施。

二、航空公司运行控制的发展趋势

运行控制作为航空公司实施航班运行的指挥中枢，是组织、实施、协调、控制航班运营的职能部门，也是集中、迅速处理不正常和紧急事件的决策、发布和控制机构，是整个航班运行保障系统中不可或缺的重要组成部分。CCAR-121 规章当中明确规定，运行控制的定义为：合格证持有人为了航空器的安全和飞行的正常和效率，对某次飞行的起始、持续和终止行使控制权的过程。

运行控制的核心是风险控制，不仅包括在航班运行前对航路、机场、天气、机组的风险分析，更重要的是要发挥在航班运行过程中的监控和对机组的支持作用。

随着航空公司多年来的发展以及深化体制改革的需要，航空公司机队逐年增加，航班飞行与日俱增，在激烈的市场竞争中，航空公司除了关注飞行安全外，开始更加注重运行成本和效益，在保证飞行安全的同时最大可能地提高公司运行效益是运行管理机构的责任。"安全、正点、服务、效益"是航空运输企业在日益发达的交通运输行业的核心竞争力，由此飞行签派机构被推上了一个新地位。在航班量不断攀升、空域资源有限、运行资源短缺等不利条件下，航空公司的运行控制工作呈现出运行种类多样化、运行方式复杂化、运行业务国际化的新形势。当今，运控水平的高低，已经成为衡量一个航空公司先进程度的重标志。

1. 国外航空公司运行控制发展

以达美（DELTA）公司为例，DELTA 公司是全球最大的航空公司之一，拥有 775 架飞机，作为天合联盟的创始会员，DELTA 每天可为乘客提供 13 000 多次航班，在全球多个机场均设有 DELTA 的航空枢纽。依赖一个功能强大的运行控制系统，DELTA 的运行控制中心（Operation Control Center，OCC）负责 DELTA 飞机在全球的签派、调配等垂直化运行管理工作，其运行控制业务全部集中在总部亚特兰大，未在其他各基地下设运行工作机构和人员。

DELTA 公司组织结构中，OCC 下设 4 个二级部门，如图 1-1 所示。运行团队是 OCC 最大的部门，下设国内签派、国际签派、运行管理、行政/训练/标准管理、气象与通信 5 个团队；性能与航班时刻计划团队下设性能、配载控制、MEL 项目、航班时刻规划、航油效能控制和可靠性管理及航路费管理 5 个团队；运行管理团队下设值班经理、运行管理专家、扇区经理、机组跟踪、旅客服务；空中交通管理事务与应急反应团队下设空中交通管理事务、应急反应/业务改进。

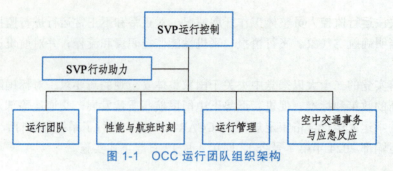

图 1-1　OCC 运行团队组织架构

DELTA 公司的签派放行业务全部集中在总部 OCC 运行体系下，分别依据 FAA、ICAO 和公司政策对国内航班进行签派放行和实施运行控制。目前，DELTA 公司对所有航班的飞行计划制作、签派放行和飞行监控实施集中签派放行模式，该模式下，航班运行政策及决策高度统一，是目前行业公认的最为理想的业务运作模式。

DELAT 公司的运行决策机制，充分体现了决策权完全集中在总部 OCC 的特点。日常运行中，以总值班经理为最高决策人，分设扇区经理和战略调整小组，协助其对运行中出现的重大问题进行决策，需要时对运行做出重要的策略性调整；下设多个专业支持席位，集中在 OCC 中心合署办公，形成强大的决策团队，在 DELTA 公司内部称为 OCC Bridge，如图 1-2 所示。

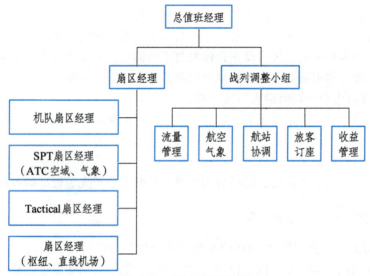

图 1-2　OCC 运行决策

扇区经理的职责主要根据机型来区分，每名扇区经理负责监控指定机型（或区域）的航班运行情况，并根据实际情况做出航班延误、取消、合并、更改机型的决定，重大问题向总值班经理报告；战略调整小组负责监控航班的整体运行状态，向总值班经理提出运行策略的调整建议，并承担与空管单位进行协调，确保航班按计划时刻执行的职能。比较而言，扇区经理更关注某一航班或机型航班的运行和内部调整，战略调整小组则更关注整体的运行和对外协调，两者共同向总值班经理负责。

2. 国内航空公司运行控制发展

自民航改革以来，我国航空公司先后建立了自己的运行控制系统。虽然起步较晚，但从系统引进、人员配置，到组织完善、风险防控、资质管理等职能上的不断优化，我国民航的运行控制体系逐步建立起来。历经 10 多年的建设，目前我国已发展成多元化运控体系并存的格局，如中国国际航空股份有限公司运行控制中心（Airline Operation Control Center，AOC）、中国南方航空股份有限公司运行指挥中心（System Operation Control Center，SOC）。我国运行控制建设优势如下：

（1）运行控制模式的变革。

引进运控系统以后，航空公司在航班运行的信息化、标准化等方面有了重大进步，初步实现了业务职能与管理权限向总部运行控制中心集中的一体化运行控制新模式。

（2）运行控制目标的实现。

集中模式下的运行控制工作，实现了飞机、机组、航班三大资源的有效整合，提高了资源利用率以及各种复杂条件下的运行能力。实践证明，集中运控模式不仅使航空公司安全水平有了较大提升，也使航班正常率及运行效益有了明显的改善，航空公司的品牌价值得到了提升，市场竞争力进一步增强。

（3）运行控制新技术的应用。

随着运行控制环境的日趋复杂，为进一步提升运行控制的安全及效率，航空公司应用了风险控制系统（ORCS）、增强型气象服务系统（EWINS）、基于性能的导航（PBN）、电子飞行包（EFB）、广播式自动相关监视（ADS-B）、平视显示系统（HUD）等航行新技术，以建设"智慧民航"为目标，逐步实现数字化、电子化、自动化、智能化运行控制。

三、运行控制规章依据

随着我国民航规章的持续完善以及运行控制新技术的不断运用，我国运行控制达到了较为先进的国际水平，涉及航空公司运行的 CCAR-121 部、CCAR-135 部、CCAR-91 部、CCAR-65 部等一系列法规逐步制定和完善，民航管理局和监管部门职权划分明确。以 CCAR-121 部为例关于运行控制相关的民航规章条款有以下规定：

第 121.103 条运行控制中心

（a）合格证持有人应当设立运行控制中心，通过完备的运行控制组织管理体系，确保对每次飞行进行恰当的运行控制。

（b）运行控制中心可以设立若干分支机构实施运行控制，但运行控制责任应当严格遵守本规则第 121.531 条的要求。

（c）合格证持有人的运行控制体系应当在运行规范中得到批准，并在运行手册中描述说明该体系的组织架构、授权以及职责。

第二节　飞行签派概述

飞行签派是航空公司组织和飞行指挥的中心，负责组织、安排、保障航空公司航空器的飞行与运行管理工作。在航空器的飞行中，飞行员负责驾驶飞机，空中交通管制员负责提供飞机间隔，而飞行签派员则负责飞机的运行管理。他们之间构成了飞行安全的 P.A.D(P—Pilot 机长，A—AirTrafficController 空中交通管制员，D—Dispatcher 签派员)。P.A.D 就是支撑航空安全的 3 根支柱，缺一不可。

一、飞行签派职责

飞行签派员是负责航空公司现场运行计划、组织、指挥、协调、监控的初级管理人员。此外，他们还负有应急指挥、协助交通、战备管理等职责，国际上称他们为航空运行人员，FAA（美国联邦航空管理局）称之为 Aircraft Dispatcher。飞行签派员的工作责任重大，根据《中国民用航空法》第三十九条和第四十条，飞行签派员属于航空人员，必须接受专门训练，经考核合格，取得国务院民用航空主管部门颁发的执照，方可担任工作。其工作内容包括：飞机跟踪监控、航班签派放行、加班包机保障、本场训练、航路优选、改航绕飞、返航备降、航班申请、通信守听、航务业务保障等。

合格证持有人应当对运行控制负责，运行控制的责任只能委派给机长和飞行签派员。

机长和飞行签派员应当对飞行的计划、延迟和签派或者放行是否遵守涉及民航管理的规章和合格证持有人的运行规范共同负责。

飞行签派员对于运行控制和监控的职责包括：

（1）分析与发布该次飞行安全所必需的信息，并协助机长进行飞行准备。

（2）协助机长准备运行和空中交通服务飞行计划，签署飞行计划，并向有关的空中交通服务部门提交空中交通服务飞行计划。

（3）监控每次飞行的进展情况，如果根据其本人或者机长的判断，认为该次飞行不能按照计划或者放行的情况安全地运行或者继续运行时，取消或者重新签派该次飞行。

（4）以适当的方法向飞行中的机长提供安全飞行所需的资料。

（5）当飞机追踪无法确定其位置且尝试建立联系未成功时，通知相关空中交通服务单位。

（6）当出现紧急情况时，飞行签派员应当：

① 启用运行手册规定的程序，同时避免采取任何与空中交通管制程序发生冲突的行动。

② 将安全实施飞行所必要的与安全有关的资料通知机长，包括飞行中对飞行计划进行必要修改的有关资料。

飞行签派员是指在公共航空运输运行中，持有按《民用航空飞行签派员执照和训练机构管理规则》(CCAR-65FS)颁发的飞行签派员执照，由合格证持有人指定从事飞行运行控制和监督，承担上述各项责任的人员。

二、各飞行阶段的飞行签派工作

飞行签派工作一般分为四个阶段：飞行预先准备阶段、飞行直接准备阶段、飞行实施阶段、飞行讲评阶段。

1. 飞行预先准备阶段的签派工作

飞行预先准备是组织飞行的重要环节。飞行预先准备阶段的飞行签派工作应当充分准备预计到可能发生的各种复杂情况，拟定飞行签派方案，保障飞行任务的顺利完成。

签派人员应于飞行前1日根据下列情况拟定次日飞行计划：① 班期时刻表；② 运输部门提出的加班和包机任务；③ 有关部门设置的专机以及其他飞行任务；④ 航空器准备情况；⑤ 飞行队空勤人员的安排情况；⑥ 气象情况、航行通告、航线和机场各种设备保障情况；⑦ 有关机场的燃油供应情况；⑧ 机长提出的飞行申请。

签派人员拟定的次日飞行计划应当报航空公司值班经理审定，经批准后，向有关空中交通部门申请并通知公司各有关单位。航空公司的飞行预先准备会议，通常于飞行前1日进行，由值班经理主持。航空公司飞行预先准备的内容，主要是汇报飞行的准备情况、研究和解决飞行中可能发生的问题、协调各部门之间的协作配合、制订特殊情况下的处置方案。

2. 飞行直接准备阶段的签派工作

飞行直接准备是在飞行预先准备的基础上，在起飞前所进行的飞行准备工作。飞行直接准备的内容包括：研究天气情况、检查飞行前的飞行准备和地面各项保障工作、决定放行航空器。

签派人员应于飞机起飞前收集以下情报：① 起飞机场、航路、目的地机场和备降机场的天气实况以及天气预报；② 航空器准备情况；③ 有关客货情况；④ 航路、机场设施和空中交通服务情况；⑤ 最新航线通告；⑥ 影响飞行的其他情况。

签派人员应当检查飞行人员是否按规定时间到达现场进行飞行直接准备，并了解准备情况是否合格。

签派人员发现机组人员思想和健康状况不合适飞行，应当立即采取必要措施，决定推迟或者取消飞行，并报告公司值班经理。

签派人员应当根据飞行计划认真研究起飞机场、航路、目的地机场和备降机场的天气实况和天气预报以及各项保障情况，在确认飞行能够安全进行后由签派员和机长共同在飞行放行单上签字放行。

签派人员应当认真及时计算携带油量和允许的起飞重量，并通知有关部门配载、加油。在未派签派员的机场，航空器的放行由航空公司委托的签派代理人负责；或者由公司指定的签派室将签派员签派的飞行放行电报发给该机场的交通管制部门转交给机长，并由机长签派放行；也可由公司授权机长负责决定放行。

起飞机场的签派员，应当根据需要与降落机场签派员或其代理人对放行事宜进行协商；降落机场签派员或其代理人如遇机场天气和设备不适航，应及时通知起飞机场签派员或其代理人。为提高航班正常性，航空公司可以安排签派人员为机组填写飞行计划，领取飞行气象报文、航线情报资料，并办理离场手续。

签派人员确认航空器可以放行后应通知有关部门。

3. 飞行实施阶段的签派工作

航空器起飞后，签派人员应按规定及时向签派系统有关单位拍发起飞电报。

签派人员应当随时掌握本签派区起飞机场、航路、降落和备降机场的气象情报。

签派人员应掌握本签派区所签派航空器的飞行动态，在公司频率上与航空器保持联络。在某些地区不能与航空器建立联络时，可委托其他部门代为联络，及时了解飞行动态。

降落机场的签派人员收到航空器起飞电报后，应计算预计到达时间并通知有关单位。

4. 飞行讲评阶段的签派工作

航空器降落后，降落机场的签派人员应当拍发降落电报，通知有关单位。

降落机场签派人员应当听取和收集机长关于飞行经过和影响飞行的不正常情况的汇报。

对飞行中发生的事故、事故征候和不正常情况，签派人员应当将了解的情况报航空公司值班经理和有关部门。

签派人员应当进行航班的正常性统计，分析飞行不正常原因，向航空公司经理提出提高航班正常性的建议。

签派人员应当编写飞行情况简报，呈报航空公司经理，并抄送有关部门。

三、飞行签派新技术应用

随着我国现代化的发展，民航正处于一个历史发展的新阶段，在过去的几十年时间中，民航事业历经了多次重大发展改革，民用航空业航行新技术也在迅速发展中。航空新技术已经成为破解中国民航持续快速发展中出现的新情况、新问题的重要力量，成为不断提升航空安全品质的关键要素。

航空公司"大运行"趋势下，不断探索开发更加自动化、智能化以及大数据信息集成与应用的系统平台，全力推动"智慧民航"建设，如目前大力推广的电子飞行资料包（EFB）、基于性能的导航（PBN）、广播式自动相关监视（ADS-B）、平视显示器（HUD）、卫星着陆系统（GLS）等航行新技术，全面提升民航安全保障能力和运行品质。

1. EFB

EFB（Electronic Flight Bag，电子飞行包）是一种飞行员飞行管理辅助工具（见图 1-3）。为实现"无纸化驾驶舱"，用新技术电子产品取代传统的纸质资料显示方式，或利用 EFB 技术执行一些基本的计算（如飞机性能数据、油量计算等）。

图 1-3　中国南方航空 EFB 界面

在 CCAR-121 规章第 121.529 条针对电子飞行包（EFB）有如下要求：

除非经局方批准，合格证持有人不得在机上使用电子飞行包。在使用电子飞行包时，合格证持有人应当满足以下要求：① 证明电子飞行包符合适航审定要求（如适用）；② 评估电子飞行包的运行适用性；③ 评估与每个电子飞行包功能相关的安全风险；④ 制订关于该设备和每个电子飞行包功能的使用程序和培训要求；⑤ 确保在电子飞行包发生故障的情况下，能够随时向飞行机组提供充分信息。

2. PBN

PBN（Performance Based Navigation，基于性能的导航），是指在相应的导航基础设施条件下，航空器在指定的空域内或者沿航路、仪表飞行程序飞行时对系统精确性、完好性、可用性、连续性以及功能等方面的性能要求。PBN 的引入体现了航行方式从基于传感器导航到基于性能导航的转变。

PBN 飞行程序可以利用两类基本导航规范：区域导航（RNAV）和所需导航性能（RNP）。在 PBN 技术背景下，航空器的定位和引导将综合发挥机载设备和星基、陆基设备的导航能力，使航空器可以沿任意期望的航迹运行（见图 1-4）。

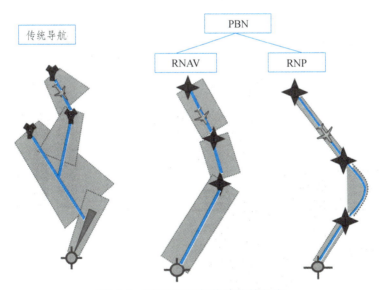

图 1-4　PBN 运行与传统导航程序

在 CCAR-121 规章第 121.521 条针对基于性能的导航（PBN）有如下要求：

（1）除非经局方批准，合格证持有人不得在基于性能的导航空域、航路或终端区中实施飞机运行。

（2）在实施基于性能的导航运行时，合格证持有人应当满足以下要求：① 机载区域导航系统满足适航条件和限制。② 参与运行的飞行机组、签派员和维修人员经过训练并检查合格。③ 建立并实施以下运行程序：a. 机载设备最低要求，包括相关运行限制和最低设备清单条款；b. 飞行机组资质和搭配要求；c. 正常程序；d. 应急程序；e. 运行监控与事件报告程序；f. 电子导航数据管理程序。

3. ADS-B

ADS-B（Automatic Dependent Surveillance Broadcast，广播式自动相关监视）系统是一种航行新技术，利用空地、空空数据通信完成交通监视和信息传递（见图 1-5）。它是航空器的一项功能，周期性地广播航空器的状态（包括水平和垂直速度、水平和垂直位置等）和其他信息，为新航行系统增强和扩展了非常丰富的功能，同时也带来了潜在的经济效益和社会效益。ADS-B 可为航空器提供相关交通信息，传递天气、地形、空域限制等飞行信息，使机组更加清晰地了解周边的交通情况，提高情景意识，并可用于航空公司的运行监控和管理，为安全、高效的飞行提供保障。

在 CCAR-121 规章当中 121.523 条针对广播式自动相关监视（ADS-B）有如下要求：

（1）除非经局方批准，合格证持有人不得在批准的区域内实施 ADS-B 运行。

（2）在实施 ADS-B 运行时，合格证持有人应当满足以下要求：① 机载设备满足适航条件和限制。② 按照批准的持续适航维修大纲进行定期试验和/或检查。③ 参与运行的飞行机组、签派员和维修人员经过训练并检查合格。④ 当按照补充型号合格证（STC）安装了 ADS-B 设备，必须随机携带局方批准的飞机飞行手册的增补部分或增补的飞机飞行手册。⑤ 建立并实施以下运行程序：a. 机载设备最低要求，包括相关运行限制和最低设备清单条款；b. 飞行机组资质和搭配要求；c. 正常程序；d. 应急程序；e. ADS-B 事件报告程序。

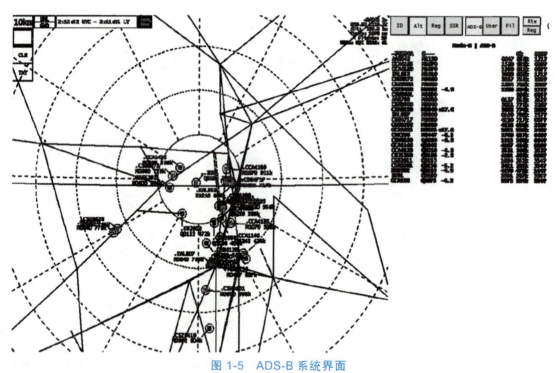

图 1-5 ADS-B 系统界面

4. HUD

HUD（Head-up Display，平视显示系统）是一种将飞行信息显示在驾驶员前方外界视野内的显示系统（图 1-6）。HUD 技术可以使飞行员在保持平视的状态下就能够看到所需的重要飞行参数，飞行员可以使用 HUD 在地面滑行和飞行各阶段实施运行。通过 HUD 指引和告警，有效减少起飞、进近和着陆的飞行技术差错，改善飞行品质，降低运行天气标准，提高航空公司的全天候运行能力。对于经常发生低能见度天气情况的机场，通过应用该技术，可以显著提高航班的安全性和正点率。

在 CCAR-121 规章当中 121.527 条针对平视显示系统（HUD）或等效显示器、增强视景系统（EVS）、增强飞行视景系统（EFVS）、合成视景系统（SVS）和/或组合视景系统（CVS）有如下要求：

（1）除非经局方批准，合格证持有人不得使用平视显示器（HUD）或等效显示器、增强视景系统（EVS）、增强飞行视景系统（EFVS）、合成视景系统（SVS）和/或组合视景系统（CVS）实施运行。

（2）在使用平视显示器（HUD）或等效显示器、增强视景系统（EVS）、增强飞行视景系统（EFVS）、合成视景系统（SVS）和/或组合视景系统（CVS）实施运行时，合格证持有人应当确保有关设备符合相关的审定要求，对相关运行进行了安全风险评估，制订并遵守有关运行程序和培训要求。

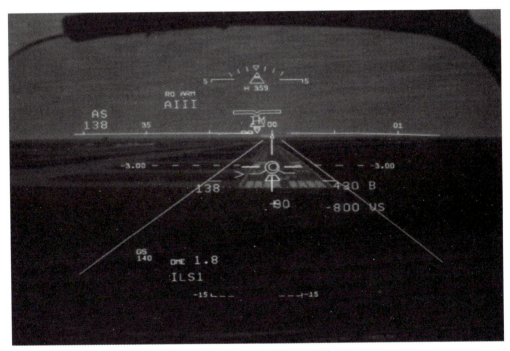

图 1-6　HUD 平视显示系统

5. GLS/GBAS

GLS（GBAS Landing System，地基增强型卫星着陆系统）是一种利用卫星对飞机着陆进行定位计算的技术（见图 1-7）。空中交通管理系统从现有陆基导航系统向星基导航系统过渡已成为未来发展的必然趋势。卫星导航系统可以提供全球、全天候、连续实时的导航，具备成为支持民用航空的主用导航系统的能力。为保证飞行安全，民航精密进近和着陆引导在精度、完好性和可用性等方面都对卫星导航提出了很高的要求。上海浦东机场已经试飞了 GLS，东方航空 A321/山东航空 B737-800 已经完成浦东机场的试飞。

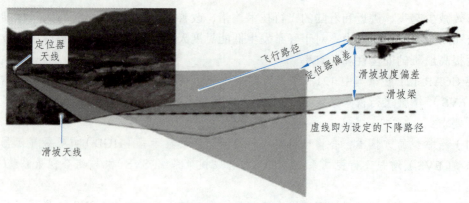

定位器天线

飞行路径

定位器偏差

滑坡坡度偏差

滑坡梁

虚线即为设定的下降路径

滑坡天线

图 1-7　地基增强型卫星着陆系统示意

从机场运行的角度来看，与传统的 ILS 系统相比，GLS 不会因为车辆和楼房产生的发射消息引起信号弯曲，可以更加精确地引导飞机进近。另外，安装 GLS 系统的机场可以最大限度地降低天气对飞行的限制，大大提高机场的可用性。同时 GLS 地面站是全向广播数据，相对于 ILS 系统一个频率支持一条跑道，GLS 一个地面站支持多条跑道甚至邻近机场成为可能。民航局正积极推广 GLS 新技术的应用，发布了《卫星着陆系统（GLS）运行批准指南》，在繁忙机场推进 GLS 新技术的应用。

PBN（基于性能导航）让航路更灵活，ADS-B（自动相关监视）让"眼睛"更明亮，HUD（平视显示器）让"视"界更清晰、EFB（电子飞行包）让飞行更轻便，GLS（地基增强型卫星着陆系统）让着陆更精准。一系列航行新技术的普及应用，为民航安全高效运行提供了有力支撑。

一键速览 2023 亚太创科展！
来看各种民航"高科技"！

课后参阅规章和手册

1. CCAR-121 部《大型飞机公共航空运输承运人运行合格审定规则》。
2. AC-121-FS-2011-0041R1《航空承运人运行中心（AOC）政策与标准》。
3. AC-121-FS-2018-031R1《电子飞行包（EFB）运行批准指南》。
4. AC-91-FS-2015-29《卫星着陆系统（GLS）运行批准指南》。

复习 思考题 📖

1. 什么是飞行签派？
2. 结合国内外民航相关网站，对比分析包括 FAA、ICAO、IFALDA 以及 CAAC 等网站内容，讨论飞行签派员的基本职责。

3. 简述航空运行控制的定义及作用。

4. 简述各飞行阶段飞行签派员的工作职责及内容。

5. 简述与飞行签派相关的航空运行新技术及其优势。

拓展阅读

海南航空李鹏参加"劳模工匠进企业"宣讲活动

为大力弘扬劳模精神、劳动精神、工匠精神，培养职工牢固树立劳动最光荣、劳动最崇高、劳动最伟大、劳动最美丽的观念，2024 年 5 月 24 日，海南省总工会在海口江东新区举办"劳模工匠进企业"宣讲活动，海南航空运行控制部李鹏作为宣讲人受海南省总工会邀请参加本次宣讲活动。

李鹏是海南航空运行控制部运行组织与业务中心党支部书记，同时也是运行组织与业务中心运行组织室经理，是公司的"标杆签派员"。他是一名从飞行签派员成长起来的签派管理干部，同时也是一名拥有 17 年党龄的中共党员，曾出色完成"两会""博鳌亚洲论坛""消博会"等多项重要航班任务。工作中他率先垂范、勤勉尽责，始终坚持全心全意为人民服务的根本宗旨，不忘初心，坚守民航安全使命，先后荣获了 2019 年度和 2020 年度民航重大运输工作先进个人，以及"全国民航五一劳动奖章"和"全国五一劳动奖章"等荣誉。以他为领衔人的"海南航空李鹏创新工作室"凭借优异创新表现被命名为"海南省农林水利交通建设工会 2023 年劳模和工匠人才创新工作室"。

李鹏在交流活动上分享了工作中的故事和感悟。他和团队多次响应外交部、国家卫健委的包机任务，包机任务不仅时间紧，而且保障难度大，航点大部分运行环境复杂，机场保障设施落后，航线距离较长，准备时间紧张，他和团队树牢大局意识、强化政治担当，圆满完成了国家交予的光荣任务。

自 2023 年开始，民航运输业迎来复苏。随着航班量快速恢复，保障压力呈几何级数增大。航班快速恢复给飞行机组、地面保障人员、地面保障能力、飞机运力等各个环节带来挑战。李鹏带领运行组织室团队克服开航计划密集的实际情况，逐项评估生产保障要素，确保航班运行安全平稳。

2024 年是新海航的"大发展年"，国际航线全面恢复，李鹏以饱满的精神状态，从实、从细做好国际航线的运行保障工作，牵头在梳理保障方案的同时，也逐项梳理备份预案，对国际运行做到了预案全、责任明，并将保障方案按航线汇编成册，确保每个保障细节落实到人，做到"事事有人盯、事事有人管"。

在航班保障任务中，李鹏带领他的团队坚守初心使命，践行责任担当，架设"空中桥梁"护送万千旅客，用责任和敬业诠释了"最美劳动者"，积极发挥党员先锋模范作用，以实际行动彰显了新时代民航精神，以责任担当守护航班安全运行。

（资料来源：中国民航网.http://www.caacnews.com.cn/1/6/202405/t20240525_1378531.html）

请思考：结合李鹏的事迹，谈谈你对劳模精神、工匠精神的理解？李鹏从一名飞行签派员成长为签派管理干部，并成为公司的"标杆签派员"，这对你未来的职业规划有何启示？

第二章　航空公司运行合格审定

　　航空公司是利用航空器从事运输生产的企业，航空承运人是航空公司的法人代表。国际民航组织（ICAO）要求承运人必须持有承运国家颁发的合格证或其他等效文件，按照规定的条件和限制从事运营。承运国家主管部门在对航空承运人审定合格之后，给其颁发航空承运人运行合格证和运行规范。

第一节　航空公司运行基本规章

　　当前，我国民用航空器运行主要按照 CCAR-91 部、121 部、135 部、136 部规章的运行要求来执行。

一、《一般运行和飞行规则》（CCAR-91 部）

CCAR-91 规章

　　CCAR-91 部内容结构如图 2-1 所示。

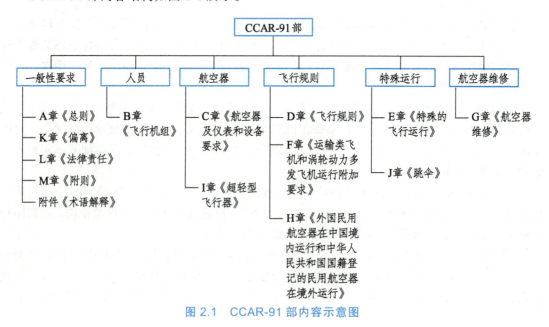

图 2.1　CCAR-91 部内容示意图

1. 总　则

为了规范民用航空器的运行，保证飞行的正常与安全，依据《中华人民共和国民用航空法》制定本规则。

2. 适用范围

（1）在中华人民共和国境内实施运行的所有民用航空器（不包括系留气球、风筝、无人火箭、无人自由气球和民用无人驾驶航空器）应当遵守本规则中相应的飞行和运行规定。对于公共航空运输运行，除应当遵守本规则适用的飞行和运行规定外，还应当遵守公共航空运输运行规章中的规定。

（2）超轻型飞行器在中华人民共和国境内实施的飞行应当遵守本规则Ⅰ章的规定，无须遵守其他章的规定。

（3）乘坐按本规则运行的民用航空器的人员，应当遵守本规则相应条款的规定。

二、《大型飞机公共航空运输承运人运行合格审定规则》（CCAR-121 部）

1. 目的和依据

为了对大型飞机公共航空运输承运人进行运行合格审定和持续监督检查，保证其达到并保持规定的运行安全水平，根据《中华人民共和国民用航空法》和《国务院对确需保留的行政审批项目设定行政许可的决定》制定本规则。

2. 适用范围

适用于在中华人民共和国境内依法设立的航空运营人实施的下列公共航空运输运行：

CCAR-121-R8 规章

（1）使用最大起飞重量超过 5 700 千克的多发涡轮驱动飞机实施的定期载客运输飞行。

（2）使用旅客座位数超过 30 座或者最大商载超过 3 400 千克的多发涡轮驱动飞机实施的不定期载客运输飞行。

（3）使用最大商载超过 3 400 千克的多发涡轮驱动飞机实施的全货物运输飞行。

3. 运行种类

对于应当按照 CCAR-121 部规则审定合格的大型飞机公共航空运输承运人，中国民用航空局和民用航空地区管理局按照审定情况在其运行合格证及其运行规范中批准其实施下列一项或者多项运行种类的运行：

（1）国内定期载客运行，是指符合适用范围中第（1）项规定，在中华人民共和国境内两点之间的运行，或者一个国内地点与另一个由局方专门指定、视为国内地点的国外地点之间的运行。

（2）国际定期载客运行，是指符合适用范围中第（1）项规定，在一个国内地点和一个国外地点之间，两个国外地点之间，或者一个国内地点与另一个由局方专门指定、视为国外地点的国内地点之间的运行。

（3）补充运行，是指符合适用范围中第（2）项、第（3）项规定的运行。

按运行范围：国内、国际、补充运行。

按运行机型：涡喷、螺旋桨发动机。

按运行性质：客运、货运。

按运行频率：定期、非定期。

FAR121 文件

（4）大型飞机公共航空运输承运人应当遵守其他有关的涉及民航管理的规章，但在 CCAR-121 部对相应要求进行了增补或者提出了更高标准的情况下，应当按照本规则的要求执行。

（5）大型飞机公共航空运输承运人在运行中所使用的人员和大型飞机公共航空运输承运人所载运的人员应当遵守 CCAR-121 部中的适用要求。

（6）在本规则中，对于载运邮件的飞行，视为载运货物飞行；对于同时载运旅客和货物的飞行，视为载运旅客飞行，但应当同时满足 CCAR-121 部中有关货物运输条款的要求。

4. 境外运行规则

大型飞机公共航空运输承运人在中国境外运行时，应当遵守《国际民用航空公约》附件二《空中规则》和所适用的外国法规。在《民用航空器驾驶员合格审定规则》（CCAR-61 部）、《一般运行和飞行规则》（CCAR-91 部）和本规则的规定严于上述附件和外国法规的规定并且不与其发生抵触时，还应当遵守《民用航空器驾驶员合格审定规则》（CCAR-61 部）、《一般运行和飞行规则》（CCAR-91 部）和 CCAR-121 部的规定。

5. CCAR-121 部简介

CCAR-121 部《大型飞机公共航空运输承运人运行合格审定规则》是大型航空公司运营基于的基础规章之一，其章节见表 2-1。

表 2-1　CCAR-121 部章节名称

序　号	名　称
A 章	总则
B 章	运行合格审定的一般规定
C 章	管理运行合格证持有人的一般规定
E 章	国内、国际定期载客运行航路的批准
F 章	补充运行的区域和航路批准
G 章	手册的要求
H 章	飞机的要求
I 章	飞机性能使用限制
J 章	特殊适航要求
K 章	仪表和设备要求
L 章	飞机维修

序 号	名 称
M 章	机组成员和其他航空人员的要求
N 章	训练大纲
O 章	机组成员的合格要求
P 章	机组成员值勤期限制、飞行时间限制和休息要求
Q 章	飞行签派员的合格要求和值勤时间限制
R 章	基于胜任力的培训和评估方案
S 章	需要经特殊批准的运行
T 章	飞行运行
U 章	签派和飞行放行
V 章	记录和报告
W 章	延程运行（EDTO）与极地运行
X 章	应急医疗设备和训练
Y 章	法律责任
Z 章	附则

实际运行中局方也会发布很多咨询通告（见表 2-2），用来更好的指导航司运行。

表 2-2　CCAR121 相关的规范性文件

编号	标题
AC-121-FS-052R2	航空器投入运行和年度适航状态检查
AC-121-FS-137	运行批准指南
AC-121-FS-27R3	客舱乘务员的资格和训练
AC-121-FS-075	公共运输航空运营人维修系统的设置
AC-121-FS-17R2	航空承运人特殊机场的分类标准及运行要求
AC-121-FS-135	航空器重量与平衡控制规定
AC-121-FS-136	航空承运人不可预期燃油政策优化与实施指南
AC-121-FS-2019-126R1	运输航空副驾驶预备课程
AC-121-FS-2019-25R1	缩减时间的转机型课程和混合机队飞行
AC-121-FS-2019-133	航空承运人运行监控实施指南
AC-121-FS-2019-009R2	延程运行和极地运行
AC-121-FS-2019-132	国际运行
AC-121-FS-2019-001R4	中国民用航空规章第 121 部运行规范内容
AC-121-FS-2018-22R1	机组标准操作程序
AC-121-FS-2019-131	客舱运行管理
AC-121-FS-2018-008R1	飞行机组成员机上休息设施

编　号	标　题
AC-121-FS-2018-031R1	电子飞行包（EFB）运行批准指南
AC-121-FS-2018-130	飞行运行作风
AP-121-FS-2018-03R1	大型飞机公共航空运输承运人延长驾驶员飞行年限管理程序
AC-121-FS-2018-016R2	航空承运人地空数据通信系统的标准与指南
AC-121-FS-2018-59-R1	飞机维修记录和档案
AC-121-FS-2018-129	机上便携式电子设备（PED）使用评估指南
AC-121-54R1	可靠性方案
AC-121/135-53R1	民用航空器维修方案
AC-121-FS-2017-134	航空承运人飞行签派员资格检查指南
AC-121-FS-2014-48	运输飞行员注册、记录和运行管理
AC-121-FS-2013-36R2	进入副驾驶训练人员的资格要求
AC-121-FS-2015-24R2	使用英语通信的有关要求以及对CCAR-121.479条的偏离限制
AC-121-FS-2017-128	电子签名、电子记录存档系统和电子手册系统的接受与使用
AC-121-FS-2016-127	航空承运人航空器追踪监控实施指南
AC-121-FS-2016-043-R1	航空承运人飞行签派员资质管理标准
AC-121FS-006	飞机航线运营应进行的飞机性能分析
AP-121-FS-2018-03R1	大型飞机公共航空运输承运人延长驾驶员飞行年限管理程序
AC-121-68	航空器空重和重心控制
AC-121-64R1	质量管理系统
AC-135/121-56R1	维修系统培训大纲
AC-121-FS-2015-21R1	高原机场运行
AC-FS-121-2015-125	航空承运人运行控制风险管控系统实施指南
AC-121FS-18	关于至非计划备降机场备降的咨询通告
AC-121-9	关于极地航空运行的要求和补充运行合格审定
AC–121-102	大型飞机公共航空运输承运人机载应急医疗设备配备和训练
AC–121-101	大型飞机公共航空运输承运人航空卫生保障工作
AC-121-19	关于在飞机上禁用"如烟"雾化电子烟的咨询通告
AC-121-20	关于旅客手提行李程序的咨询通告
AC-121-23	关于规范航空承运人飞行前准备的咨询通告
AC-121-50R1	地面结冰条件下的运行
AC-121/135-FS-2012-45R1	飞行品质监控（FOQA）实施与管理
AC-121-FS-2009-35	关于制定空中颠簸管理程序防止人员伤害的要求

编　号	标　题
AC-121-7	航空人员的维修差错管理
AC-121-FS-26R1	航空运营人安全管理体系（SMS）建设要求
AC-121/135-FS-2008-28	驾驶舱观察员座椅和相关设备
AC-121-FS-2009-30	飞行签派员执勤时间指南
AC-121-FS-2009-32	签派资源管理训练
AC-121-FS-2009-33	航空承运人湿跑道和污染跑道运行管理规定
AC-121-FS-2010-37	航空承运人增强型气象情报系统运行批准指南
AP-121-FS-2018-031R1	电子飞行包（EFB）运行批准指南
AC-121-FS-2011-39	飞行签派员训练机构合格审定程序
AC-121-101R1	大型飞机公共航空运输航空卫生工作要求
AC-121-102R1	大型飞机公共航空运输机载应急医疗设备配备和训练
AC-121-FS-2011-004R1	航空承运人运行中心（AOC）政策与标准
AC-121-FS-41R1	机组资源管理（CRM）训练指南
AC-121-FS-2011-44	签派资源管理训练大纲的制定与实施
AC-121/135FS-2013-46	连续下降最后进近（CDFA）
AC-121-FS-2013-47	航空公司基于计算机的记录系统的申请和批准
AC-121-FS-2014-121	航空承运人飞行签派员人力资源评估指南
AC-121-FS-2014-122	对代码共享的外国航空运营人安全审计指南
AC-121-FS-2014-123	飞机起飞一发失效应急程序和一发失效复飞应急程序制作规范
AC-121FS-011	航空承运人合并运行过渡期任务清单
AP-121-FS-2008-02	航空公司高频话音通信操作规程
AC-121-FS-010	公共航空运输承运人合并、收购和破产运行规范过渡期条款
AC-121-2	关于运行合格审定中一些具体问题的处理意见
AC-121-003	CCAR-121FS 修订后有关运行管理办公室设置和驾驶员熟练检查要求的实施办法
AC-121-5	关于客舱乘务员值勤期、飞行时间和休息时间问题的意见
AC-121-51	维修工程管理手册编写指南
AC-121-FS-057R1	飞机地面勤务
AC-121-55R1	航空器的修理和改装
AC-121-66	维修计划和控制
AC-121-68	航空器空重和重心控制
AC-121-FS-2015-21R1	航空承运人高原机场运行管理规定

三、《小型商业运输和空中游览运营人运行合格审定规则》（CCAR-135 部）

CCAR-135 规章

1. 总 则

为了对小型航空器商业运输运营人进行运行合格审定和持续监督检查，规范其运行活动，保证其达到并保持规定的运行安全水平，根据《中华人民共和国民用航空法》和《国务院对确需保留的行政审批项目设定行政许可的决定》制定了《小型航空器商业运输运营人运行合格审定规则》（CCAR-135 部）。CCAR-135 部从 2001 年年初开始起草，经过反复研讨和修订后制定的，旨在规范使用起飞全重较小或者载运能力较低的航空器进行商业运输的运营人的运行。CCAR-135 部的制定，使我国的民用航空器运行规章体系得到完善，为我国迅速发展的相关航空器运输飞行提供了有效的管理依据。

近些年来，我国的民用航空活动发展很快，但由于历史原因，我国民用航空运营人的运行管理规章仍然不够完整和系统，在运行管理的严密性和运行标准上与国际民航组织的要求仍存在较大差距。按照中国民用航空局确定的制定民用航空器运行规章体系的规划，航空器运行规章主要由《一般运行和飞行规则》（CCAR-91 部）、《小型航空器商业运输运营人运行合格审定规则》（CCAR-135 部）和《大型飞机公共航空运输承运人运行合格审定规则》（CCAR-121 部）组成。其中 CCAR-91 部是基础规章，适用于所有在我国空域内运行的民用航空器，而 CCAR-121 部和 CCAR-135 部是在 CCAR-91 部的基础上，对大型飞机公共航空运输承运人和小型航空器商业运输运营人提出了更高的运行标准。其中，CCAR-135 部适用于旋翼机、单发航空器和起飞全重较小或者载运能力较低的多发航空器的运输飞行，而 CCAR-121 部则适用于除此之外的起飞全重较大或者载运能力较强的多发飞机的运输飞行。

颁发运行合格证和运行规范的目的是提高各类航空运营人的安全运行水平。CCAR-121 部和 CCAR-91 部分别规定了大型飞机公共航空运输承运人和商业非运输运营人颁发运行合格证和运行规范的要求。CCAR-135 部管理的对象是介于上述两类运营人之间的运营人，即小型航空器商业运输运营人。这三部规章是按照不同航空运营人使用的民用航空器类型和运行类别划分的，与持有的经营许可证的类别，即公共航空运输企业或者通用航空企业经营许可证没有对应关系。所以不存在用公共航空运输企业安全标准去要求通用航空运行活动的问题。

2. 运行种类

对于按照 CCAR-135 部审定合格的小型航空器商业运输运营人，可以按照审定情况在其运行合格证和运行规范中批准其实施下列一项或者多项运行种类的运行：

（1）定期载客运行。

（2）非定期载客及全货运行。

（3）空中游览运行。

小型航空器商业运输运营人应当遵守其他有关的中国民用航空规章，但在 CCAR-135 部对相应要求进行了增补或者提出了更高标准的情况下，应当按照 CCAR-135 部的要求执行。

小型航空器商业运输运营人在中国境外运行时，应当遵守《国际民用航空公约》附件二《空中规则》或者适用的运行所在地的法规。在 CCAR-61 部、CCAR-91 部和 CCAR-135 部的规定严于上述附件和运行所在地法规的规定并且不与其发生抵触时,还应当遵守CCAR-61部、CCAR-91部和CCAR-135部的规定。

小型航空器商业运输运营人在运行中所使用的人员和小型航空器商业运输运营人所载运的人员应当遵守CCAR-135部中的适用要求。

四、《特殊商业和私用大型航空器运营人运行合格审定规则》（CCAR-136部）

（1）为了对公共安全和社会公众利益影响较大的特殊商业和私用大型航空器运营人进行运行合格审定和持续监督管理，根据《中华人民共和国民用航空法》《中华人民共和国行政许可法》《国务院对确需保留的行政审批项目设定行政许可的决定》等法律、行政法规，制定本规则。

CCAR-136 规章

（2）中国民用航空局负责特殊商业和私用大型航空器运营人运行合格审定的统一监督管理，组织指导特殊商业和私用大型航空器运营人的运行合格审定和持续监督检查工作，制定工作程序，统一规定运行合格证、运行规范及其申请书的格式。

中国民用航空民航地区管理局（以下简称民航地区管理局）负责辖区内特殊商业和私用大型航空器运营人的运行合格审定，颁发运行合格证和运行规范，并及时向民航局备案。

CCAR-91、121、135、136部适用范围见表2-3.

表2-3　CCAR-91、121、135、136部适用范围

运行规则	适用范围
CCAR-91部	所有民用航空器的一般飞行和运行
CCAR-135部	适用于在中华人民共和国境内依法登记的运营人所实施的以取酬为目的的下列商业飞行活动： 1. 使用下列小型航空器实施的定期、不定期载客或者载货飞行，以及长途空中游览飞行： （1）正常类、实用类、特技类和通勤类飞机。 （2）正常类直升机。 2. 使用下列运输类飞机实施的载货或者不定期载客飞行： （1）旅客座位数（不包括机组座位）30座及以下。 （2）最大商载3 400千克及以下。 3. 使用运输类直升机实施的定期、不定期载客或者载货飞行。 4. 下列短途空中游览飞行： （1）除自由气球外，航空器的起飞和着陆满足下列条件之一的空中游览飞行： ① 在同一起降点完成，并且航空器在飞行时距起降点的直线距离不超过40千米。 ② 在两个直线距离不超过40千米的起降点间实施。 （2）使用自由气球在运营人的运行规范中经批准的飞行区域内实施，并且每次飞行的起飞和着陆点应当包含在该区域之内的空中游览飞行

运行规则	适用范围
CCAR-121 部	适用于在中华人民共和国境内依法设立的航空运营人实施的下列公共航空运输运行： 1. 最大起飞重量超过 5 700 千克的多发涡轮驱动飞机实施的定期载客运输飞行。 2. 使用旅客座位数量超过 30 座或者最大商载超过 3 400 千克的多发涡轮驱动飞机实施的不定期载客运输飞行。 3. 最大商载超过 3 400 千克的多发涡轮驱动飞机实施的全货物运输飞行
CCAR-136 部	适用于在中华人民共和国境内依法登记的运营人所实施的下列飞行活动： 1. 以取酬为目的的下列商业飞行活动： （1）使用航空器实施的农林喷洒作业飞行。 （2）使用直升机实施的机外载荷作业飞行。 （3）使用航空器实施的跳伞服务飞行。 2. 使用由航空器代管人代管的航空器实施的私用飞行。 3. 使用大型航空器实施私用飞行

第二节　航空公司运行合格审定流程

在 CCAR-121 部规则中，运行合格证是指批准大型飞机公共航空运输承运人，从事特定公共航空运输运行的许可证书。运行规范是运行合格证的附件，是指与运行合格证相对应的，大型飞机公共航空运输承运人运行应当符合的批准、条件和限制等规范。

一、航空公司运行资格的审定申请

大型飞机公共航空运输承运人实施 CCAR-121 部规定的适用范围的运行，应当向主运行基地所在地的民航地区管理局申请颁发运行合格证和运行规范。民航地区管理局按照预先申请、正式申请、文件审查、演示验证和发证五个步骤进行审查。运行合格证的申请人应当按照规定的格式和方法向其主运行基地所在地的民航地区管理局提交申请书，申请书应当至少附有下列材料：

（1）审查活动日程表。

（2）CCAR-121.133 条所要求的手册。

（3）训练大纲及课程。

（4）管理人员资历。

（5）飞机及运行设施、设备的购买或者租用合同复印件。

（6）说明申请人如何符合本规则所有适用条款的符合性声明。

初次申请运行合格证的申请人，在提交申请书的同时，还应提交说明计划运行的性质和范围的文件，包括准许申请人从事经营活动的有关证明文件。

民航地区管理局应当在收到申请书之后的 5 个工作日内书面通知申请人是否受理申请。预先申请阶段工作流程如图 2-2 所示。

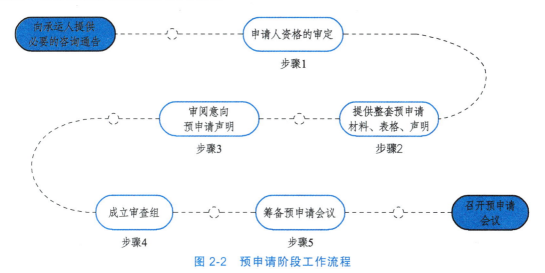

图 2-2　预申请阶段工作流程

民航地区管理局受理申请后，便进入正式申请阶段，该阶段工作流程如图 2-3 所示。正式申请阶段的工作完成后才能进入文件符合性阶段，民航局地区管理局对申请人的申请材料是否符合相关法规的要求进行审查，对申请人能否按照 CCAR-121 部安全运行进行验证检查，文件符合性阶段工作流程如图 2-4 所示。

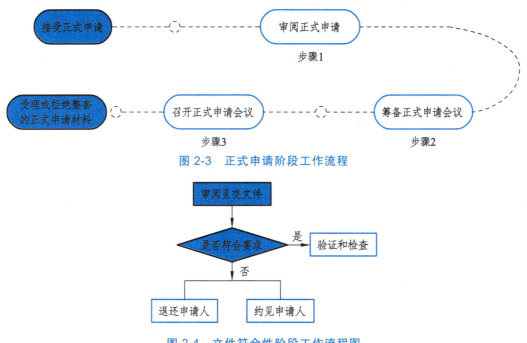

图 2-3　正式申请阶段工作流程

图 2-4　文件符合性阶段工作流程图

民航地区管理局应当自受理申请之日起 20 个工作日内做出是否颁发运行合格证及其运行规范的决定，民航地区管理局依法进行检验、组织专家评审的时间不计入前述期限。

二、运行合格证及其运行规范的颁发条件

（1）申请人经审查后符合下列全部条件，可以取得大型飞机公共航空运输承运人合格证及其运行规范：

① 满足 CCAR-121 部和涉及民航管理的规章所有适用条款的要求。

② 按照涉及民航管理的规章的规定，配备了合格和足够的人员、设备、设施和资料，并且能够按照本规则的规定及其运行规范实施安全运行。

③ 具有与特定的运行性质和范围相符的完善的组织机构、飞行运行的控制和监督方法、训练大纲以及地面服务和维修安排。

④ 符合安全保卫相关的涉及民航管理的规章的要求。

⑤ 为代表其执行工作的第三方制定了政策和程序。

（2）申请人具有下列情形之一的，不予颁发运行合格证：

① 申请人没有配备合格的或者足够的人员、设备、设施和资料，或者不能按照有关民航管理的规章实施安全运行。

② 申请人或者对其经营管理有控制权的人员，存在与运行相关的严重失信行为记录的。

③ 申请人安排或者计划安排担任本规则第 121.43 条（a）款规定的主要管理职位的人员，存在与运行相关的严重失信行为记录的。

三、航空公司运行合格证的主要内容

大型飞机公共航空运输承运人运行合格证包含下列内容（见图 2-5）：

（1）合格证持有人的名称。

（2）合格证持有人主运行基地的地址。

（3）合格证的编号。

（4）合格证的生效日期和有效期。

（5）负责监督该合格证持有人运行的局方机构名称和联系方式。

（6）被批准的运行种类，说明经审定，该合格证持有人符合本规则的相应要求，批准其按照所颁发的运行规范实施运行。

四、航空公司运行规范

运行规范是政府的文件，是政府规定强制执行的标准和限制，航空运营人不得自行改变。运营人认为需要改变运行规范中批准的内容时，应按规定的程序向局方提出申请，待得到局方批准后方可运行。

中 国 民 用 航 空 总 局

GENERAL ADMINISTRATION OF CIVIL AVIATION OF CHINA

航 空 承 运 人 运 行 合 格 证
AIR   CARRIER   CERTIFICATE

（7）审定说明

编号/ ---------→ （1）合格证的编号

航空承运人名称 ----------→ （2）合格证持有人的名称

主运营基地地址 ----------→ （3）合格证持有人主运营基地的地址

经中国民用航空总局授权审定，确认该航空承运人满足适用的法律要求，符合中国民用航空规章第 121 部和其他相应法规、标准的规定，批准其按照相应的法规、标准和局方颁发的运行规范实施＿＿＿＿运行。 （6）被批准的运行种类

    This certifies that＿＿＿＿＿＿＿＿＿＿＿＿＿whose principal base of operation is in＿＿＿＿＿＿＿＿＿,has met the applicable legal requirements, CCAR121 and any other rules, regulations and standards required for the issuance of this certificate and is hereby authorized to operate as an air carrier and conduct＿＿＿＿＿＿＿＿operations in accordance with applicable laws, rules, regulations, standards and the approved operations specifications.

除被放弃、暂扣或吊销外，本合格证长期有效。

This certificate, unless waived, suspended, or revoked shall continue in effect.

（5）负责监督该合格证持有人运行的局方机构名称

生效日期：   颁发日期：

Effective date: Issue date:

授权签字：   颁证单位：

Signature: Issued by: **中国民用航空××管理局**

（4）合格证的生效日期和有效期

Certificate Holding Office: **民航××管理局运行管理办公室**

图 2-5 航空承运人运行合格证示例

大型飞机公共航空运输承运人的运行规范包含下列内容：

（1）主运行基地的具体地址，作为合格证持有人与局方进行通信联系的不同于其主运行基地地址的地址，以及其文件收发机构的名称与通信地址。

（2）对每种运行的实施规定的权利、限制和主要程序。

（3）每个级别和型别的飞机在运行中需要遵守的其他程序。

（4）批准合格证持有人使用的每架飞机的型号、系列编号、国籍标志和登记标志，定期载客运行中需要使用的每个正常使用机场、备降机场、临时使用机场和加油机场。经批准，这些项目可以列在现行有效的清单中，作为运行规范的附件，并在运行规范的相应条款中注明该清单名称。合格证持有人只能使用列在清单上的飞机和机场运行。

（5）批准的运行种类。

（6）批准运行的航线和区域及其限制。

（7）机场的限制。

（8）机体、发动机、螺旋桨、设备（包括应急设备）的维修时限或者确定维修时限的标准。

（9）批准的控制飞机重量与平衡的方法。

（10）飞机互换的要求。

（11）湿租飞机的有关资料。

（12）按照规定颁发的豁免或者批准的偏离。

（13）按照 CCAR-121 规则需要局方批准的手册和训练大纲。

（14）按照 CCAR-121 规则实施运行所必需的管理人员和机构。

（15）按照 CCAR-121 规则需要局方批准的其他项目。

咨询通告 AC-121-FS-2019-001R4 对运行规范的格式和内容做了详细规定，如图 2-6 和表 2-4 所示。为局方通过飞行标准监督管理系统（FSOP）向 CCAR-121 部承运人颁发运行规范并对其实施持续监督提供了标准和有效手段。

中国民用航空规章第 121 部运行规范
CCAR-12L OPERATIONS SPECIFICATIONS

格式版本号（Ops Ver）
AC-121-001R4

A0005 航空器的批准（初始生效： 年 月 日）

批准合格证持有人按照中国民用航空规章第 121 部规定，使用下述批准的构型飞机和规定的运行种类实施运行：

本条款批准说明

本条款初始批准生效的日期，由FSOP系统自动记录，保持不变

运行规范版本号

制造商/型号/系列	运行种类	构型（载客或载货）	航路	飞行条件	验证的旅客座位数	批准的旅客座位数	最少客舱乘务员数

运行规范内容填写区域

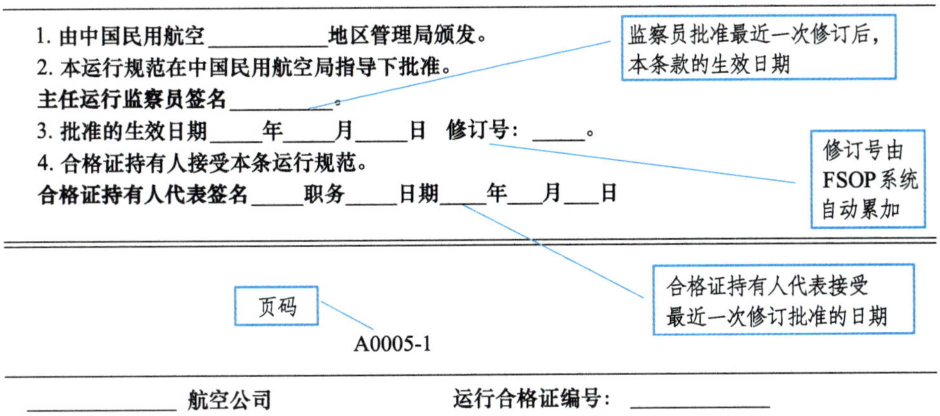

图 2-6　运行规范标准格式示例

CCAR-121 部运行规范内容分为四部分：

——A 部：总则。

——B 部：航路批准、限制和程序。

——C 部：终端区仪表程序和机场的批准与限制。

——D 部：航空器维修。

承运人应根据自身运行特点申请对应的运行规范条款，经局方批准后使用。其中，不常用的条款集中列在 D 部内容之后，承运人可从中按需选择申请，经局方批准后，由 FSOP 系统自动按条款号列入承运人运行规范的相应部分。

表 2-4　运行规范的内容示例

运行规范 OPERATIONSSPECIFICATIONS			
A 部：总则			
A0001	颁发和适用范围	A0051	航空器湿租协议
A0003	定义和缩写	A0053	航空器互换协议
A0005	航空器的批准	A0055	121 部补充运行
A0007	特殊批准和限制综述	A0057	合格证持有人安排训练中心、机构和/或其他组织为其提供训练的批准
A0009	豁免和偏离	A0061	小规模 135 部运营人
A0011	管理人员	A0063	仅限非定期载客和全货运行的小规模 135 部运营人
A0013	其他指定人员	A0065	单机长运营人（不适用）
A0015	运行控制	A0067	单驾驶员运营人（不适用）
A0017	机场资料	A0069	使用自动驾驶仪代替要求的副驾驶（不适用）
A0019	气象资料	A0071	批准 135 部飞机运营人进行的起飞前污染检查（不适用）

A0021	手提行李程序	A0073	批准 135 部航空器运营人无除冰/防冰程序的运行（不适用）
A0023	国内定期 121 部承运人到特定国外（地区）机场的国内运行	A0075	135 部仪表飞行规则单发载客运行（不适用）
A0025	不配备部分应急设备的 121、135 部运行	A0077	对进入驾驶舱人员的查证
A0027	非管制空域特殊航路 IFR 运行	A0081	自动相关监视广播（备用）
A0029	合并运行	A0083	管制员、驾驶员之间的数据链通信（备用）
A0031	合并运行过渡期	A0085	实际重量大纲——所有航空器（备用）
A0035	直升机定期载客运行	A0087	小客舱航空器旅客和行李重量控制大纲（不适用）
A0039	空中救护运行——直升机	A0089	中客舱航空器旅客和行李重量大纲（不适用）
A0041	出口座位的安排	A0091	大客舱航空器旅客和行李重量大纲
A0043	地面除冰/防冰程序	A0093	紧急适航指令接收要求
A0045	空中救护运行——135 部飞机	A0095	防麻醉品和酒精滥用方案
A0047	电子记录保持系统和/或电子飞行包	A0097	危险品航空运输（备用）
A0049	着陆和等待运行	A0099	重量与平衡控制程序
B 部：航路批准、限制和程序			
B0001	飘降或放油	B0027	121 部双发飞机延伸航程运行（备用）
B0005	航路运行区域	B0029	国际运行中的特殊燃油储备（备用）
B0007	航路限制和规定	B0031	航路上有计划的重新签派或重新放行
B0011	使用区域导航系统在仪表飞行规则下进行航路和终端区 I 级导航	B0033	使用单套远程通信系统进行延伸跨水运行（备用）
B0013	在高空管制区使用区域导航系统或远程导航系统的 I 级导航	B0035	在缩小垂直最少间隔空域的运行
B0015	使用多套远程导航系统的 II 级导航	B0037	批准使用飞行领航员实施 II 级导航（备用）
B0017	在太平洋中、东部复合空域的运行（备用）	B0039	批准的航路运行区域、限制和规定
B0019	在北太平洋空域的运行（备用）	B0041	121 部航路目视飞行规则、限制和规定（备用）
B0021	在北大西洋最低导航性能规范空域的运行（备用）	B0045	使用单套远程导航系统的 II 级导航
B0023	在磁不可靠区的运行（备用）	B0047	北极运行（备用）
B0025	121 部双发飞机北大西洋运行（备用）	B0049	加拿大最低导航性能空域运行（备用）
C 部：终端区仪表程序和机场的批准与限制			
C0003	需特殊机长资格的机场	C0035	特定机场的特殊批准、规定和限制（备用）
C0005	终端区仪表飞行程序	C0039	批准定期运行的机场
C0007	基本的仪表进近程序批准——所有机场	C0041	起飞后和初始爬升中自动驾驶仪接通——自动飞行引导系统运行

C0009	IFR 进近程序和着陆最低标准——所有机场	C0043	具有批准的 10 分钟起飞推力时间限制的发动机失效离场程序
C0011	仪表进近程序和仪表飞行规则着陆最低标准的特殊限制与规定	C0045	使用垂直导航（VNAV）的 IFR 进近程序（备用）
C0013	备降机场仪表飞行规则天气最低标准	C0047	Ⅰ 类 ILS、MLS 或 GLS 进近程序和着陆标准 – 所有机场
C0015	仪表飞行规则起飞最低标准，121 部飞机运行——所有机场	C0049	目视盘旋进近着陆最低标准
C0017	仪表飞行规则起飞最低标准，135 部飞机运行——所有机场（不适用）	C0051	非精密进近和 Ⅰ 类精密进近着陆最低标准——目视能见进近
C0019	国外终端区仪表飞行程序的特殊限制（备用）	C0053	终端区目视飞行规则、限制和规定
C0021	Ⅱ 类仪表进近和着陆运行（备用）	C0055	IFR 低于标准起飞最低标准，121 部飞机运行——所有机场（备用）
C0023	Ⅲ 类仪表进近和着陆运行（备用）	C0057	IFR 低于 Ⅰ 类的起飞最低天气标准——135 部飞机运行（不适用）
C0025	用于 Ⅱ、Ⅲ 类以外自动着陆运行的飞行控制引导系统（备用）	C0059	特殊非 CCAR-97 部仪表进近或离场程序（备用）
C0027	经审定用于 Ⅱ、Ⅲ 类以外着陆运行的人工飞行控制引导系统（备用）	C0061	使用 RNPRNAV 系统实施 RNPRNAVSAAAR 第 Ⅰ 类仪表进近（备用）
C0029	使用区域导航系统实施公布的 RNAV 仪表进近	C0063	使用被批准的 RNPRNAV 飞机系统实施 RNPRNAVSAAAR 第 Ⅱ 类仪表进近（备用）
C0033	飞机倒滑运行（不适用）	C0065	在 Ⅰ 类仪表着陆系统设施上实施经特殊批准的 Ⅱ 类运行（备用）
D 部：航空器维修			
D0001	机构和人员	D0015	最低设备清单
D0003	航空器清单	D0017	协议使用维修方案
D0005	维修工程管理手册	D0019	协议加入可靠性管理体系 D0021 协议维修单位
D0007	培训大纲	D0023	航材共享协议
D0009	航空器维修方案	D0027	特殊运行航空器的维修
D0011	航空器检查大纲	D0029	湿租航空器的维修
D0013	可靠性方案		
对于不适用和目前还没有使用的条款，航空公司在编写时在相应条款部分注明（不适用）和（备用）			

五、运行合格证和运行规范的有效性

航空承运人运行合格证在出现下列情形之前有效：

（1）合格证持有人自愿放弃，并将其交回局方。

（2）局方依法暂扣、吊销或者以其他方式终止该合格证。

运行规范在下列情况下全部失效或者部分条款失效：

（1）局方依法暂扣、吊销或者以其他方式终止运行合格证，则运行规范全部失效。

（2）局方依法暂停或者终止该运行规范中批准的全部运行，则运行规范全部失效。

（3）局方依法暂停或者终止该运行规范中批准的部分运行，则运行规范中关于该部分运行的条款失效。

（4）对于某一运行种类，合格证持有人没有满足 CCAR121 部中规定的近期经历要求，并且没有按照规定的程序恢复该种类运行时，运行规范中关于该种类运行的条款失效。

当运行合格证或者运行规范依法被暂扣、吊销或者因其他原因而失效时，合格证持有人应当将运行合格证或者运行规范交还局方。

六、运行合格证和运行规范的检查

合格证持有人应当将其运行合格证及其运行规范保存在主运行基地，并能随时接受局方的检查。合格证持有人的飞机上应当携带运行合格证及其运行规范经认证的真实副本，并保证副本与正本一致。该副本可以是纸质版，也可以是符合局方要求的其他形式。

第三节　承运人运行手册

一、手册内容的总体要求

手册应当包含下列所有内容，但可以分为两个或者两个以上的单独分册，每一分册应当包括所有适用于该类人员的内容。

（1）概述。

（2）飞行运行信息。

（3）航路和机场。

（4）训练。

二、航空公司运行手册的制定与保存

合格证持有人应当具有为实施其各种运行的全体飞行、维修和其他地面运行工作人员制定并供其使用和指导其操作的手册，并且有合适的手册管理系统，负责制定、分发、修订和补充手册，使其保持现行有效。

手册应当符合下列要求：

（1）包含必需的指令和信息，使有关人员能安全地完成所担负的工作职责。

（2）除局方批准外，使用中文写成。如果合格证持有人在运行中使用了不熟悉中文的人员，则应当同时为其提供相应文字的手册，并且应当保证这些手册的一致性和同等有效性。

（3）采用易于修订的形式。

（4）在有关的每一页上，具有最后一次修订的日期。

（5）符合所有适用的涉及民航管理的规章、该合格证持有人的运行合格证与运行规范；对于实施国际运行的合格证持有人，还应当符合所适用的外国规章。

（6）合格证持有人在其主运营基地至少要保存一套完整的手册。

三、手册的分发和可用性

合格证持有人应当向下列人员提供 CCAR-121 部所要求的手册及其修改和补充，或者该手册的有关部分：

（1）维修人员和有关地面运行工作人员。

（2）机组成员。

（3）负责管理该合格证持有人的局方人员。

持有手册或者手册相关部分的每个人，应当使用合格证持有人提供的修改和补充页，使手册内容保持最新有效状态，并在执行指定任务时可以随时查阅。

四、航空公司的手册

航空公司运作需要制定相应的工作制度和程序，做到有章可循，这些制度和程序通常以手册的形式存在。航空公司通过制定手册管理制度、组建手册管理员队伍，建立了规范化的手册管理体系。

下面以某航空公司手册根据审批权限分为 4 个层级为例进行介绍。

第一层级：

《运行手册》作为公司运行总政策，是公司依据 CCAR121 部等规章、结合实际情况编写的运行管理政策性手册，规定了公司运行标准、政策和程序，规范和明确了公司运行实施的操作规程，是各部门实施运行的重要依据。

第二层级：

需由公司领导签批后报局方批准的手册，如《工程手册》《航空安全管理手册》《特殊运行手册》《载重平衡手册》《航站运行手册》《最低设备清单》、各机型的《维修方案》等。

第三层级：

（1）需要公司领导签批的手册，如《航空安全管理标准》《机场分析手册》等。

（2）经公司领导签批后，由局方认可或向局方报备的手册，如：《危险品应急反应手册》、《国内货物运输手册》等。

第四层级：

各部门总经理签批，在本部门内部使用的手册，如《运行质量管理部管理手册》《营销委员会管理手册》等。

第四节　航空公司运行中心（AOC）系统简介

一、签派放行系统

各大航空公司的签派放行系统是融合计算机技术、网络技术以及现代化通信技术建造且高度集成化的，国外航空公司在运控中心已经建立起完整的自动签派放行系统。

FOC（Flight Operations Control）系统是一个对航空公司进行运行管理的系统，囊括了公司航班运行所涉及的运行规章、计算机飞行计划、航班动态显示、飞机运力调配、飞行机组、航行通告、航班监控、机场、气象、应急处置等各类信息，同时还能与公司进行机务、商务管理的系统建立接口（见图 2-7）。以及与机场和空管局等相关单位的生产系统建立接口，航空公司通过 FOC 系统的建设，基本上可以实现运行管理的自动化、规范化和信息化，最大限度帮助运行签派人员实现运行控制的各项功能。

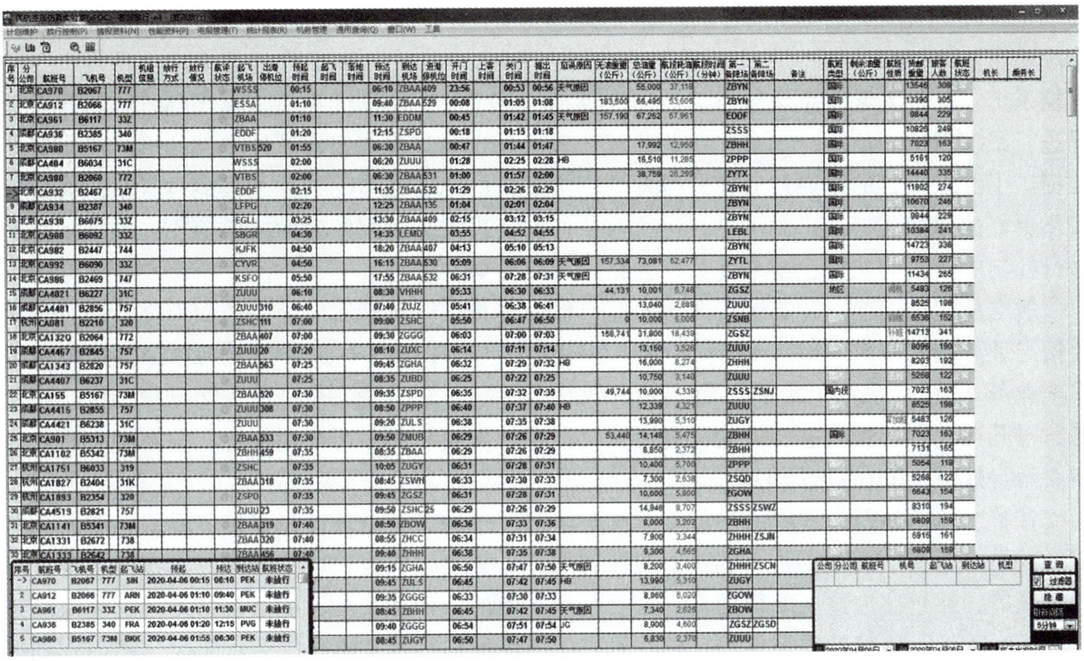

图 2-7　签派放行系统界面

通过图 2-8 所示的甘特图方式显示航班动态，以飞机为行，显示每架飞机上当天要执行的航班信息。甘特图的主要使用单位为各一线保障单位，通过甘特图进行航班、保障工作的跟踪及保障数据的录入，同时为航空公司提供保障节点数据。

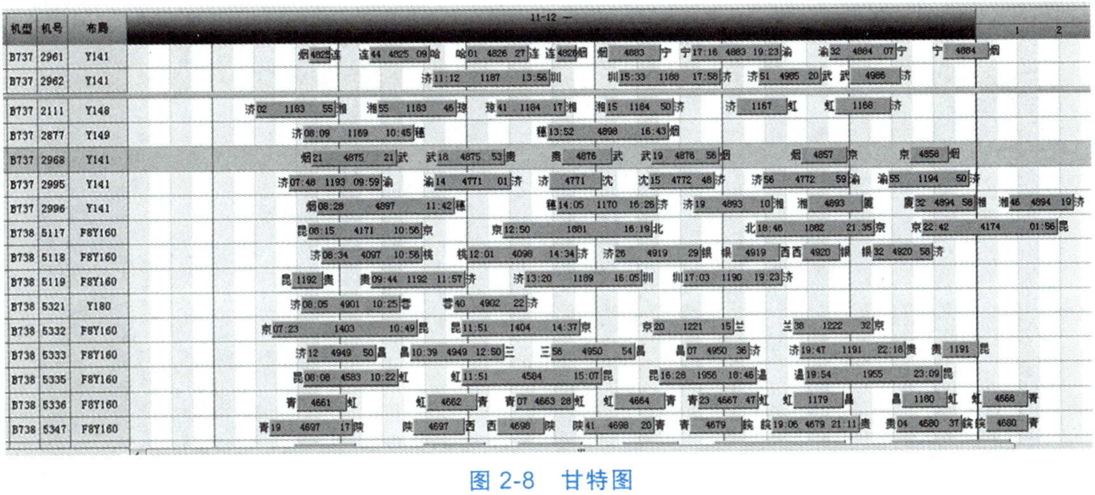

图 2-8　甘特图

二、运行监控系统

航空承运人授权飞行、机务签派等运行人员，通过所建立的监控系统和相关流程、程序，获取航班运行情况、飞机状态等运行信息，并通过分析发现异常情况，进行评估及处置的过程称为监控。美国 FAAOrder8900.1 要求签派员必须监控在其控制下的每一次飞行的进展，直到飞机着陆。欧洲航空安全局（EASA）在《修订关于飞行记录器、水下定位装置和飞机跟踪系统的第 965/2012 号条例》中要求航空公司在 2018 年 12 月 16 日之前建立和维持一个飞机监控系统，对最大起飞重量超过 27 t 或旅客座位数超过 19 座的飞机从起飞到着陆的飞行情况进行跟踪监控。此外，加拿大、荷兰等众多国家也通过规章或规范性文件的形式对运行监控提出了要求，目的是通过监控及时发现空中航班的不正常情况，并加强地空联系，为机组提供更好的地面支持。由此可见，运行监控作为实现安全过程管理的重要手段，在航空公司运行控制中所占的比例也越来越大，强化运行监控势在必行。

航空承运人应建立与其运行区域和运行复杂性相适应的运行监控系统和程序，通过飞机通信寻址与报告系统（ACARS）、广播式自动相关监视（ADS-B）、第四代海事卫星航空宽带安全业务（SBB）、北斗短报文（RDSS）等技术手段，及时获取航班运行情况和飞机状态信息，对其在运行区域内的航班运行进行实时监控。航空承运人所使用的运行监控系统和程序应在运行规范 A0015 中予以描述。

在整个航班运行过程中，飞行签派员必须监控每次飞行的进展，包括飞机的状态、相关机场的最新通告、天气变化、航路上的管制状况、重要天气报告、地面导航设备的状况、燃油情况等，通过监控这些航行要素，从而进行正确的分析和决策，提供机组支持，确保航班安全运行。运行监控的系统能够自动计算并识别航班运行可能出现的运行风险，将识别到的结果以易于发现的方式主动通知相关运行人员。运行监控的系统能够自动计算并识别航班运行已经出现的运行风险和异常情况，将识别到的结果以必定能够被发现的方式主动通知相关运行人员。航班运行监控系统如图 2-9 所示。

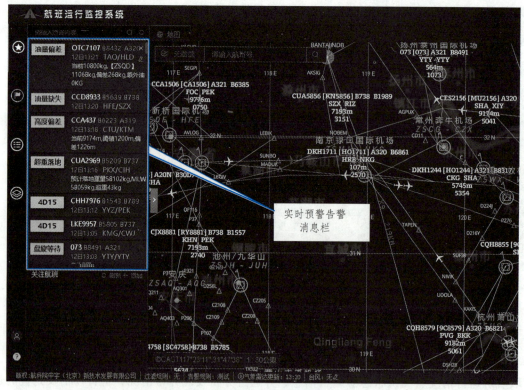

图 2-9　航班运行监控系统

三、运控中心风险控制系统

目前，民航已进入系统安全管理（SMS）时代，开展系统风险管理是安全管理的重要特征和手段。近年来，随着国际民用航空公约附件19《安全管理》的正式颁布，更是明确提出了风险管理是安全管理体系的核心。建立有效的运行控制风险管控系统对于航空公司的安全管理体系有十分重要的意义。

航空公司的运行控制涉及机组、签派、机务、乘务等多个部门及人员，对内需协调飞行、客舱、机务、地服、营销等部门，对外需协调空管、机场等单位，工作协调难度大、信息处理复杂度高、运行管理综合性强。同时，伴随着中国民航航班量的高速增长，运行风险在数量和复杂度上已呈几何级数增长，为进一步提升实际运行中风险的动态评估与管控能力，航空公司应充分利用信息化技术改进现有的风险控制手段，完善风险防范机制，并逐步实现运行控制风险管理由事件驱动型向数据驱动型的转变，强化对运行风险的有效识别、监控、预警、缓解和消除，充分发挥运行控制在航空公司风险管控中的核心作用，从而更好地适应行业高速发展的安全需求。

运行控制风险管理涵盖航班运行的各个阶段，需要建立航班运行风险控制系统，从气象、航路、机场、飞机、机组等方面对影响航班运行安全的危险源进行系统分析，并制订风险缓解方案，实现风险的主动管控，为相关运行单位和人员提供有力的决策支持，如图2-10所示。航空承运人运行控制风险管控系统实施指南从管理政策、建设流程、风险等级划分、审批等方面对运控风险管控系统的建设与实施提出了具体要求。

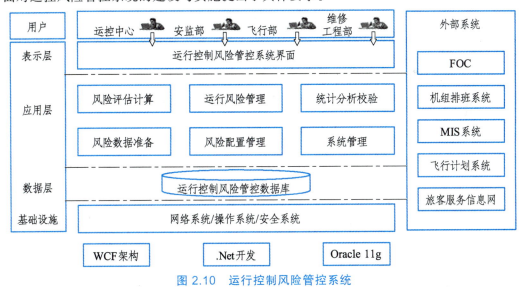

图 2.10 运行控制风险管控系统

课后参阅规章和手册

1. CCAR-121 部《大型飞机公共航空运输承运人运行合格审定规则》。

2. AC-FS-121-2015-125《航空承运人运行控制风险管控系统实施指南》。

3. AC-121-FS-2019-133《航空承运人运行监控实施指南》。

复习思考题

1. 简述航空运行控制的定义及作用。
2. 航空承运人运行合格审定分为哪几个阶段？
3. 运行合格证和运行规范的定义及其各自的内容有哪些？
4. 简述我国民用航空公司的部门组成、各自职责及与飞行签派的工作联系。
5. 航空运行控制中心的结构和各岗位工作职能有哪些？

拓展阅读

海航自主研发航路优化系统，助力智慧民航建设

为了进一步促进航路优化项目精细化管理，利用大数据增强决策能力，提升项目成效，海南航空积极响应民航局关于智慧民航建设和绿色、低碳、循环发展要求，主动变革，自主研发航路优化系统。系统于 2023 年 3 月正式上线，并平稳运行 6 个月，在海航航空集团内得到推广应用，切实推进数字化转型和智慧民航建设。

航路是由民航局统一划定的具有一定宽度和高度的空中通道，被称作看不见的"空中公路"，用于飞机安全有序地飞行。通过对航班固有航路进行裁弯取直、空中主动申请航路直飞等计划性和临时性优化，不仅可以节省飞行距离，节约燃油消耗，减少飞行时间，降低碳排放，而且在分流保畅，提高运行效率等方面有着重要意义。

据了解，海南航空航路优化项目涉及的数据有量多类广、计算逻辑复杂等特点，海南航空项目组通过理清数据结构，引入数据接口，优化计算逻辑，历时四个月完成航路优化系统自主研发。该系统具有航班轨迹图形化、系统逻辑模块化及运行数据集成化三个特点和优势。系统上线后，每个实际执行优化的航班系统均能计算出节约的距离、时间、燃油及综合节约成本等数据，有效识别单个航班的优化贡献度，做到精准施策，科学管理，解决了前期航路优化项目管理效率低下，需要靠人工计算的问题。同时，系统能够快速集成机型耗油率、维修成本、燃油价格等底层数据，并根据查询条件，调取相应数据，自动计算节支收益数据，实现项目的精细化管理。系统自上线以来，海南航空已根据航迹补充优化 40 余条航段。

除了系统建设外，海南航空更加注重航路优化项目管理，自 2008 年项目开展以来，不断探索管控手段，创新管理模式，形成了贯穿于全过程的分级优化模式。海南航空一方面实施实时优化，积极申请航路直飞，对航路走向进行裁弯取直，节省飞行距离。以 A330 机型执行成都天府—乌鲁木齐航线为例，执行航路直飞每班飞行距离可减少 83 千米，占航线总距离

的 3%，节约燃油 545 千克，同时也可将整个航线的非直线系数降低至 1.027。另一方面，实施预战术优化，即计划性航路走向优化。海南航空利用每年航班换季、月度航路批复申请等运行规则，评估新开或现飞航线的优化空间，按规则及时向局方递交优化走向申请，获得批复之后即可按优化走向执行。今年 5 月开始，海南航空在香港—西安航线上实施了计划性航路走向优化，相比原走向单程可节省 400 千米/班次。

近年来，民航局持续推进空域资源优化，相继实施了京广、京昆、沪蓉、陕甘青等一系列大通道建设，优化京津冀、珠三角、长三角、成渝地区航线结构，释放空域资源活力，提高运行效率。海南航空积极参与到空域优化项目中，与各级空域主管单位保持密切沟通，根据运行经验，海南航空提出了海南地区划设 G221 平行航路（W222）、新辟 W169 岛西分流航路等合理化的建议，目前均已实现，可大幅缓解海南地区进出岛航班运行压力，提高空域容量。

2023 年 1—9 月，海南航空航路优化项目累计节省距离约 75 万千米，节油 2899 吨，减少碳排放 9131 吨。未来，海航将继续坚持党建引领安全发展，强化智慧民航建设主线，践行绿色发展理念，以"双碳"目标为指引，切实推进节能降碳治污，努力打造绿色航空样板，实现民航高质量、可持续发展。

（资料来源：中国民航网.http://www.caacnews.com.cn/1/6/202310/t20231011_1371170.html）

请思考：海航在智慧民航建设和绿色发展中展现了怎样的企业责任？这对其他企业有何启示？

第三章　机组管理

航空人员是指从事民用航空活动的空勤人员和地面人员。其中空勤人员是指在飞行中的航空器上执行任务的人员，包括飞行人员、乘务员和安全员等。飞行人员是指在飞行中直接操纵航空器和航空器上的航行、通信设备的人员，包括驾驶员、领航员、飞行机械员和飞行通信员。随着科学技术的进步，现代民用航空器上都已装备较为先进的机载通信和导航设备，国际民航组织不再将飞行通信员列入必需项目。加之近年来我国民航业的快速发展，三人以上（含）的多人制机组的飞机已完全退出现役，目前在我国航空公司的机队机构中，现役飞机均为两人制机组设计，不再需要配置领航员、飞行通信员和飞行机械员，仅少数几种直升机机型需要配备飞行机械员。所以飞行人员通常仅指飞机驾驶员。

为了保证航班正常起飞，在签派放行过程中对机组人员的评估与管理是十分重要的放行评估环节之一。民航局为了规范飞行人员的训练、飞行时间限制、医学标准及体检合格要求，颁发了 CCAR-121 部《大型飞机公共航空运输承运人运行合格审定规则》、CCAR-61 部《民用航空器驾驶员合格审定规则》、CCAR-63 部《民用航空飞行机械员合格审定规则》和 CCAR-67 部《民用航空人员体检合格证管理规则》。本章内容以上述规章为基础，阐述机组人员管理程序以及在运行控制实施过程中的相关注意事项。

第一节　机组成员的类别

一、相关定义

1. 机组成员

机组成员是指飞行期间在飞机上执行任务的航空人员，包括飞行机组成员和客舱乘务员。

2. 飞行机组成员

飞行机组成员是指飞行期间在飞机驾驶舱内执行任务的驾驶员和飞行机械员。

3. 机组必需成员

机组必需成员是指为完成按 CCAR-121 部《大型飞机公共航空运输承运人运行合格审定规则》运行，符合最低配置要求的机组成员。

4. 机　长

机长是指经合格证持有人指定,在飞行时间内对飞机的运行和安全负最终责任的驾驶员。

5. 副驾驶

副驾驶是指在飞行时间内除机长以外的、在驾驶岗位执勤的持有执照的驾驶员,但不包括在航空器上仅接受飞行训练的驾驶员。

6. 飞行机械员

飞行机械员是指在航空器型号合格审定或者运行规章确定需要飞行机械员的航空器上操纵和监视航空动力装置和各个系统在飞行中工作状态的人员。

7. 客舱乘务员

客舱乘务员是指出于对旅客安全的考虑,受合格证持有人指派在客舱执行值勤任务的机组成员。

8. 湿　租

湿租是指按照租赁协议,承租人租赁飞机时携带出租人机组成员的租赁。

9.干　租

干租是指不提供机组成员的航空器租赁安排。

二、机组成员和其他航空人员的要求

1. 航空人员的条件及限制

合格证持有人不得使用,任何人员也不得作为按照 CCAR-121 部规则运行的航空人员被使用,除非该人员符合下列条件:

(1)持有局方颁发的相应现行有效航空人员执照或者证件。

(2)在按照本规则运行时,按照要求携带现行有效的航空人员执照、体检合格证和其他必需的证件。

(3)合格于所从事的工作。

按照要求携带证件的每个航空人员,应当在局方检查时出示证件。合格证持有人不得使用已满 63 周岁的人员在实施本规则运行的飞机上担任飞行机组必需成员。任何已满 63 周岁的人员也不得在按照本规则运行的飞机上担任飞行机组必需成员。

2. 对飞行机组的要求

合格证持有人在运行飞机时,其飞行机组成员不得少于所批准的该型飞机飞行手册中规定的数量,也不得少于 CCAR-121 部规章对所从事的该种运行所要求的最少飞行机组成员数量。

对于按照 CCAR-121 部规则运行时，应当具有飞行人员执照才能完成的两种或者两种以上职能，不得由一名飞行人员同时完成。飞行机组至少配备两名驾驶员，并且应当指定一名驾驶员为机长。

在飞行机组必需成员中要求有飞行机械员的每次飞行中，应当有飞行机组成员在飞行机械员生病或者由于其他原因而丧失工作能力时能代替其工作，合格于应急完成相应的职能，以保证安全完成飞行。在这种情况下，飞行人员完成所代替的职能时，无须持有相应的执照。

3. 对飞行机械员的要求

担任飞行机组必需成员的飞行机械员，其配备应当符合飞机飞行手册中对机组定员的要求。

在中国进行国籍登记的航空器上担任飞行机组必需成员的飞行机械员，应当持有按 CCAR-67 部颁发的有效飞行机械员执照或者认可函，并且在行使相应权利时随身携带该执照或者认可函。当中国登记的航空器在外国境内运行时，可以使用该航空器运行所在国颁发或者认可的有效飞行机械员执照。

在中国境内运行的外国登记的航空器上担任飞行机组必需成员的飞行机械员，应当持有按 CCAR-67 部颁发或者认可的有效飞行机械员执照，或者持有由航空器登记国颁发或者确认的有效飞行机械员执照，并且在行使相应权利时随身携带该执照。

4. 客舱乘务员的要求

为保证安全运行，合格证持有人在所用每架载运旅客的飞机上，应当按照下列要求配备客舱乘务员：

（1）对于旅客座位数量为 20～50 的飞机，至少配备 1 名客舱乘务员。

（2）对于旅客座位数量为 51～100 的飞机，至少配备 2 名客舱乘务员。

（3）对于旅客座位数量超过 100 的飞机，在配备 2 名客舱乘务员的基础上，按照每增加 50 个旅客座位增加 1 名客舱乘务员的方法配备，不足 50 的余数部分按照 50 计算。

如果要求进行应急撤离演示，合格证持有人使用的客舱乘务员人数多于按上述规定对演示所用飞机的最大旅客座位数量所要求的客舱乘务员人数，则该合格证持有人应按照下列条件配备客舱乘务员：

（1）飞机为最大旅客座位数量布局时，客舱乘务员人数至少应当等于应急撤离演示期间所用的人数。

（2）飞机为任意一种减少了旅客座位数量的布局时，客舱乘务员人数至少应当在对该布局旅客座位数量要求的客舱乘务员人数之外再增加应急撤离演示期间所用客舱乘务员人数与对原布局所要求的人数之差。

合格证持有人在制订客舱乘务员配备数时，还应当考虑下列因素：

（1）出口的数量。

（2）出口的类型和撤离手段。

（3）出口的位置。

（4）客舱乘务员座位位置。

（5）水上迫降时客舱乘务员要求的程序。

（6）负责成对出口的客舱乘务员额外程序要求。

（7）航线类型。

在起飞和着陆过程中，客舱乘务员应当尽可能地靠近所要求的地板高度出口，而且应当在整个客舱内均匀分布，以便在应急撤离时最有效地疏散旅客。在滑行期间，客舱乘务员除完成保障飞机和机上人员安全的任务外，其他时间应当坐在其值勤位置并系好安全带和肩带。

在中途过站停留时，如果乘坐该机的旅客仍停留在飞机上，合格证持有人应当遵守在经停站旅客不下飞机时对机组成员的要求：

（1）如果保留在飞机上的客舱乘务员数量少于要求的数量，则合格证持有人应当采取下列措施：

① 保证飞机发动机关车并且至少保持打开一个地板高度出口，供旅客下飞机；

② 保留在飞机上的客舱乘务员数量应当至少是要求数量的一半，有小数时，舍去小数，但至少为 1 人。

③ 可以用其他人员代替要求的客舱乘务员，代替客舱乘务员的人员应当是符合应急撤离训练要求的合格人员且应当能够为旅客所识别。

（2）如果在过站时该飞机上只保留 1 名客舱乘务员或者其他合格人员，则该客舱乘务员或者其他合格人员所在的位置应当符合经局方批准的该合格证持有人运行程序的规定。如果在飞机上保留 1 名以上客舱乘务员或者其他合格人员，这些客舱乘务员或者其他合格人员应当均匀分布在飞机客舱内，以便在紧急情况下最有效地帮助旅客撤离。

第二节　机组成员的合格要求

早在 1992 年下达的《民航局关于确保飞行安全的命令》中就基于对过往飞行事故教训的总结，提出了"八该一反对"基本飞行作风，时至今日仍对飞行安全起着重要的指导作用。在 CCAR-121 部颁布之后，民航局又先后引进和细化了机组资源管理（CRM）训练、标准操作程序（SOP）、飞行运行作风、客舱运行管理等训练和管理要求，为机组成员职业作风的科学养成创造了条件。2020 年，民航局提出了以"三个敬畏"为内核的作风建设要求，从"明确价值追求、强化内在约束、严明底线红线"三个层面全面完善了职业作风养成的实施路径。2021 年，民航局又制定了《民航安全从业人员工作作风建设指导意见》《民航安全从业人员工作作风长效机制建设指南》，标志中国民航对机组成员职业作风的管理进入体系时代。机组成员的合格要求包括职业作风胜任力、执照、训练、经历、技术检查、新机长运行标准判断、特殊机场运行资格及英语能力等方面。

一、职业作风胜任力

机组成员的职业作风是与飞行安全直接相关的人为因素，国际上在对于"Airmanship"或"Pilot Professionalism"的研究中也包含了相关内容。从世界范围的研究来看，对于机组成员职业作风的典型优秀表现主要包括以下内容：

（1）始终将保障机上人员安全放在第一位。

（2）严格遵守规章制度和纪律，并在运行时保持自律。

（3）在运行中能进行明智判断和决策以保持运行的安全和高效。

（4）为人诚实守信，并能对自己的缺点和不足保持正确的认识。

（5）没有无视规则、侥幸、冲动、自大等危险的态度。

（6）热爱钻研业务，熟练掌握飞行知识，对飞机系统和操作有深刻的理解，并具备良好的飞行技能。

（7）在飞行中保持情景意识，持续分析和评估事态的发展，对任何不可预见的情况保持警惕。

（8）在遇到困难和问题时能够保持足够的韧性。

（9）善于沟通协作和管理资源，能在解决特定问题的同时，保持对整体局面的控制。

（10）能够在复杂的情况下保持对工作压力和负荷的管理。

（11）爱岗敬业，坚持自我完善，具有追求卓越的愿望等。

在这些优秀的作风表现中，有一些是机组成员必须具备的安全意识和必须遵守的工作纪律，有一些是机组成员胜任岗位职责需要通过系统学习掌握的行为模式，还有一些则是需要机组成员在不断追求卓越的过程中逐渐形成的职业态度。虽然这些表现主要来自于对飞行员人为因素的研究，但其中的内容对于客舱乘务员也同样适用。结合中国民航对于职业作风养成的实践和国际民航业对优秀职业作风表现的共识，将中国民航机组成员的职业作风胜任力划分为"职业操守"（Ethics）、"职业素养"（Qualities）和"价值实现"（Values）三个层次进行描述。

（1）"职业操守"（Ethics）是机组成员职业作风的基础，是"职业素养"和"价值实现"的前提条件，其描述的典型行为表现见表3-1。航空公司机组成员的根本职责是"在任何情况下都尽最大可能保证旅客的生命安全"，要做到这一点，离不开思想上对生命的尊重，行动上对规章标准的遵守，以及能力上对专业技能的掌握。"职业操守"的内核是对生命、规章和职责的"敬畏"。"敬畏"不是"畏惧"，而是由"敬"而生的尊重，并因为尊重而表现出的自律、谨慎和担当。

表 3-1　职业操守

层次	描述	典型行为表现
职业操守 Ethics	尊重生命、规章、职责，并在运行中表现出自律、谨慎和担当	1. 坚持生命至上，人民至上，始终将保障机上人员的安全放在首位。 2. 遵守国家和行业的法律法规，严格执行公司的运行政策和 SOP，并在运行时保持自律。 3. 遵守公序良俗，尊重并自觉维护职业形象。 4. 为人诚实，当出现问题时，能对自己的缺点和不足保持正确的认识。 5. 认真对待每一次接受训练和提高的机会，并熟练掌握履行工作职责的基本技能和知识。 6. 没有无视规则、侥幸、冲动、自大等危险的态度

（2）"职业素养"（Qualities）是指处在不同阶段（如不同阶段的副驾驶、机长、乘务员等）、不同岗位（如副驾驶、航线机长、机长、教员、乘务员、乘务长等）机组成员"在履行岗位职责过程中，所展现出的态度、行为、工作方法，所表现出的行为风格、工作模式"，是机组成员职业作风胜任力的中级阶段，是应对"灰犀牛"和"黑天鹅"事件的重要保障，贯穿于机组成员的整个职业生涯。其描述和典型行为表现见表3-2。

表 3-2　职业素养

层次	描述	典型行为表现
职业素养 Qualities	在履行岗位职责过程中，能展现出与其岗位相关的胜任力和态度	1. 在运行中能进行明智判断和决策以保持运行的安全和高效。 2. 在遇到困难和问题时能够保持足够的韧性。 3. 善于沟通协作和管理资源，能在解决特定问题的同时，保持对整体局面的控制。 4. 能够在复杂的情况下保持对工作压力和负荷的管理。 5. 保持情景意识和监控，持续分析和评估事态的发展，对任何不可预见的情况保持警惕，并能及时提醒他人的不足。 6. 熟练掌握业务知识，并有深刻的理解

（3）"价值实现"（Values）是社会对机组成员在职业生涯中个人贡献的认可，是"民航精神"的具体体现，是职业作风养成的最终目标。"价值实现"是机组成员世界观、人生观和价值观的一部分，不仅是"职业操守"和"职业素养"的升华，也是保证机组成员自觉坚守"职业操守"，提升"职业素养"最深层次的内驱力。其描述和典型行为表现见表3-3。

表 3-3　价值实现

层次	描述	典型行为表现
价值实现 Values	在工作中践行"民航精神"，并在群体中起到表率作用	1. 忠诚于飞行事业，恪尽职守，无私奉献，尽最大努力为中国民航的发展贡献力量。 2. 爱岗敬业，坚持自我完善，努力追求卓越。 3. 具备良好的个人修养，待人谦和，行事谦虚，为人师表。 4. 尊重科学，精于钻研业务，坚持实事求是

二、驾驶员执照要求

只有持有航线运输驾驶员执照（ATPL）和该飞机相应型别等级的驾驶员，方可以在按照CCAR-121部运行的飞机上担任机长，或者在需要三名（含）以上驾驶员的运行中由符合规定条件的驾驶员作为巡航机长。

只有至少持有商用驾驶员执照（CPL）和飞机类别、多发等级、仪表等级或者持有多人制机组成员执照的驾驶员，方可以在按照CCAR-121部运行的飞机上担任副驾驶。

针对航线运输驾驶员执照持有人的权利和限制，在 CCAR-61 部《民用航空器驾驶员合格审定规则》中有如下要求：

（1）航线运输驾驶员可以行使相应的私用和商用驾驶员执照以及仪表等级的权利。

（2）航线运输驾驶员可以在从事公共航空运输的航空器上担任机长和副驾驶。

（3）如果飞机类别的航线运输驾驶员执照持有人以前仅持有多人制机组驾驶员执照，除非其飞行经历已满足本规章中对在单驾驶员运行的飞机中行使商用驾驶员执照权利的所有要求，否则在其执照的多发飞机等级上签注"仅限于多人制机组运行"。

（4）在下列情形下，执照持有人不再具有按照本规则颁发的航线运输驾驶员执照权利以及商用驾驶员执照或多人制机组驾驶员执照权利。

① 执照持有人由于故意行为，致使公共财产、国家和人民利益遭受重大损失的：

a. 造成死亡 1 人以上，或者重伤 3 人以上的。

b. 造成公共财产直接经济损失 30 万元以上，或者直接经济损失不满 30 万元，但间接经济损失 150 万元以上的。

c. 严重损害国家声誉，或者造成恶劣社会影响的。

d. 其他致使公共财产、国家和人民利益遭受重大损失的情形。

② 执照持有人在事故和事故征候调查期间，故意隐瞒事实、伪造证据或销毁证据的。

③ 被追究刑事责任的。

（5）在下列情形下，执照持有人不再具有按照本规则颁发的航线运输驾驶员执照权利，并不得在从事公共航空运输的航空器上担任机长和副驾驶：

① 执照持有人被认定为特别重大或重大飞行事故责任人。

② 执照持有人被认定为较大飞行事故责任人。

③ 执照持有人被认定为一般飞行事故责任人。

三、机组成员必需的训练

在配备三名（含）以上驾驶员的运行中，如需配备一名在巡航阶段替代机长工作的巡航机长，该驾驶员应当完全合格于在该型别飞机上担任机长。

除下列检查和训练外，合格证持有人不得在运行中进行其他任何飞行检查或者训练：

（1）驾驶员的航线检查。

（2）飞行机械员的检查（除应急程序外），但被检查的飞行机械员应当是合格并符合近期经历要求的。

（3）客舱乘务员的训练和资格检查。

除驾驶员航线检查和飞行机械员飞行检查外，接受训练或者检查的人员不得作为机组必需成员使用。

在掌握机组成员必需的训练内容之前，首先要明确飞机组类的定义。飞机组类是指为方便机组成员和飞行签派员的训练管理，根据飞机动力装置的区别对飞机划分的种类。在 CCAR-121 部中，将飞机分为两个组类：组类 Ⅰ，以涡轮螺旋桨发动机为动力的飞机，如新舟 60、ATR 72；组类 Ⅱ，以涡轮喷气发动机为动力的飞机，如 A320、B737、C919 等。为飞行机组成员训练需要,根据飞机最大起飞重量,再将组类II飞机分为5 700千克(含)至136 000千克(含)和136 000千克(不含)以上两个种类。

其次,要掌握飞机型别的概念。根据中国民用航空局飞行标准司下发的咨询通告《航空器型别等级和训练要求》中的说明,航空器型别等级代码见表3-4。

表3-4　航空器型别等级代码

制造厂商	机型编号	型别等级签署代码
空中客车公司 Airbus	A300B	A-300
	A300-600R, A310	A-310
	A318, A319, A320, A321	A-320
	A330	A-330
	A340	A-340
	A380-800	A-380
法国宇航公司 ATR, France	ATR72-212A	ATR72
美国比奇飞机公司 Beech Aircraft Co., USA	BE-200	BE-200
	BE-300	BE-300
	BE-400, BE-400A	BE-400
美国波音飞机公司 BoeingCo., USA	B737-200	B-737
	B737-300	
	B737-400	
	B737-500	
	B737-600	
	B737-700	
	B737-800	
	B737-900	
	B747-200	B-747
	B747SP	
	B747-400	B-747-4
	B757-200	B-757, B-767
	B767-200	
	B767-300	
	B777-200	B-777
	B777F（777-200F）	
	B777-300ER	
	B787-8	B-787

制造厂商	机型编号	型别等级签署代码
英国宇航公司 BAE Systems	BAe146-100	BAE-146
	BAe146-300	
加拿大庞巴迪飞机公司 Bombardier	CL-600-2B19（CRJ100/200）CL-600-2C10（CRJ700）	CL-65
	CL-604，CL-600-2B16，CL-605	CL-604
	Challenger300（BD-100-1A10）	CL30
	BD-700-1A10（GlobalExpress，Global6000）	BD-700
	BD-700-1A11（Global5000，Global5000GVFD）	
美国赛斯纳飞机公司 Cessna Aircraft Company	CESSNA550	CE-500
	CESSNA510（需要副驾驶）	CE-510
	CESSNA510（单个驾驶员）	CE-510S
	CESSNA525（奖状 CJ1/CJ2/CJ3）	CE-525
	CESSNA560XL	CE-560XL
	CESSNA650（奖状Ⅲ、Ⅵ、Ⅶ）	CE-650
	CESSNA680	CE-680
	CESSNA750（奖状 X）	CE-750
法国达索公司 Dassault Aviation	Falcon2000，F2000EX	DA-2000
	F2000EXEASyF2000DX，F2000LX	F2000EXEASy
	F900EXEASy，F900DXF900LX	F900EXEASy
	Falcon7X	DA-7X
美国麦道公司 Mc Donnell Douglas Corporation	MD-82	DC-9
	MD-90	
	MD-11	MD-11
美国湾流航空工业公司 Gulfstream Aerospace Corporation，USA	G-Ⅳ	G-Ⅳ
	GIV-X（G450）	G-V
	G-V	
	GV-SP（G500，G550）	
	G-150	G-150
	G-200	G-200
	G-280	G-280
加拿大德哈维兰飞机公司 De Havilland AircraftofC anadaLtd.，Canada	DHC-8	DHC-8
多尼尔德国航宇公司 328 Support Services Gmb H	DO-328-300	DO-328JET
巴西飞机工业公司 EMBRAER	EMB-135 EMB-145	EMB-145
	ERJ-170 ERJ-190	ERJ-170，ERJ-190
	EMB-505（Phenom300）	EMB-505S/D
	EMB-500（Phenom100）	EMB-500S/D

制造厂商	机型编号	型别等级签署代码
美国雷神公司 Hawker Beechcraft Corporation	Hawker800XP，850XP，900XP	HS-125
	HawkerHorizon4000	RA-4000
	PremierIRA-390S（需要副驾驶）	RA-390
	PremierIRA-390（单个驾驶员）	RA-390S
俄罗斯伊留申设计局 Ilyushin，Russia	IL-86	IL-86
美国利尔喷气公司 LearJetInc.，USA	LearJet36，55	LR-JET
	LearJet45	LR-45
	LearJetLR-60，LR-60XR	LR-60
瑞典萨伯－斯康尼亚航空公司 SaabAB，Saab Aerosystems	SAAB-340B	SF-340
中国西安飞机工业公司	Y7，Y7-100，Y7-100XZ，Y7-200A，Y7/C3	Y-7
	Y7B，Y7C1，Y7C2	
	MA60（新舟60）	MA-60
	MA600	
中国陕西飞机工业有限公司	Y8F100	Y-8
俄罗斯雅克福列夫设计局 Yakoviev，Russia	YAK-42Ⅱ	YAK-42
荷兰福克公司 FokkerServices，b.v.	FOKKER-100	FK-100
俄罗斯图波列夫设计局 Tupolev，Russia	TU-154	TU-154
	TU-204	TU-204
Piaggio Aero Industries S.p.A.	PiaggioP.180AvantiⅡ	Piaggio180

只有按照经批准的训练大纲，圆满完成了相应型别飞机和相应机组成员位置的下列训练，方可以担任该型别飞机的机组必需成员。

1. 新雇员训练

新雇员训练是指合格证持有人新雇佣的人员，或者已经雇佣但没有在机组成员或者飞行签派员工作岗位上工作过的人员，在进入机组成员或者飞行签派员工作岗位之前需要进行的训练。新雇员训练包括基础理论教育和针对特定机型、岗位的训练。

对于新雇员，应当圆满完成新雇员训练提纲中的地面基础教育内容，并根据不同新雇员的原有经历和拟担任的职位，完成相应的训练内容。

2. 初始训练

初始训练是指未曾在相同组类其他飞机的相同职位上经审定合格并服务过的机组成员和飞行签派员需要进行的改飞机型训练。

对于未在相同组类其他飞机的相同职位上经审定合格并服务过的机组成员，应当圆满完成初始训练。

3. 转机型训练

转机型训练是指曾在相同组类不同型别飞机的相同职位上经审定合格并服务过的机组成员和飞行签派员需要进行的改飞机型训练。

对于已在相同组类其他型别飞机的相同职务上经审定合格并服务过的机组成员，在转入该机型的同一职位之前，应当圆满完成转机型训练。

4. 升级训练

升级训练是指已在某一特定型别的飞机上经审定合格并担任副驾驶的机组成员，在该型别飞机上担任机长之前需要进行的训练。

对于在某一型别飞机上合格并担任副驾驶的机组成员，应当圆满完成升级训练，方可以担任该机型飞机的机长。

5. 差异训练

差异训练是指对于已在某一特定型别的飞机上经审定合格并服务过的机组成员和飞行签派员，当局方认为其使用的同型别飞机与原服务过的飞机在性能、设备或者操作程序等方面存在差异，需要进行补充性训练时应当完成的训练。

对于已在某一特定型别的飞机上经审定合格并服务过的机组成员，当使用的同型别飞机与原飞机存在差异时，应当圆满完成差异训练。

6. 定期复训

定期复训是指已取得资格的机组成员和飞行签派员，为了保持其资格和技术熟练水平，在规定的期限内按照规定的内容进行的训练。需要符合下列要求：

（1）对于每个飞行机组成员，在前 12 个日历月之内，应当圆满完成本规则规定的服务于每一机型的复训的地面和飞行训练。

（2）对于客舱乘务员，应当在前 12 个日历月内完成复训地面训练和资格检查。

7. 重新获得资格训练

重新获得资格训练是指已在特定飞机型别和特定工作岗位上经审定合格，但因某种原因失去资格的机组成员和飞行签派员，为恢复这一资格所应当进行的训练。

对于因为不符合近期经历要求、未按照规定期限完成定期复训、未按照规定期限完成飞行检查或者飞行检查不合格等原因而失去资格的机组成员，应当进行相应的重新获得资格训练。

8. 危险品运输训练

对于履行危险物品处理或者载运职责的人员（含地面人员）应当按照《民用航空危险品运输管理规定》（CCAR-276 部）进行训练并保持训练记录。

9. 机组成员的应急生存训练

机组必需成员应当针对所飞飞机的型别、布局及所实施的每种运行，完成规定的应急生存训练。

【例题】某飞行机组成员曾在 MA600 飞机上担任机长，如若在 B737-800 型飞机上同样担任机长，需要完成（　　　）。

　　A. 升级训练　　　　　B. 转机型训练　　　　C. 初始训练　　　　D. 差异训练

答案：C。

讲解：根据规章要求，初始训练是要求那些未在相同组类其他飞机的相同职位上经审定合格并服务过的机组成员或者签派人员，必须圆满完成的训练。

四、新机型和新职位上的运行经历要求

1. 机组必需成员运行经历要求

在飞机上担任机组必需成员的人员，应当在该型别飞机和在该机组成员位置上，圆满完成本条要求的巩固知识与技术所需的飞行经验、飞行次数和航线飞行经历时间，取得规定的运行经历。但下列情况除外：

（1）除机长之外的机组成员，可以按照本条规定，在担任本职工作中，获得符合本条要求的运行经历。

（2）符合机长要求的驾驶员可以担任巡航机长或者副驾驶。

（3）对于同一型别中的各个改型，不要求在该改型上建立新的运行经历。

2. 机组成员获得运行经历规定

（1）持有适合于该飞行机组成员职位和该飞机的执照与等级。

（2）已经圆满完成有关该型别飞机和该飞行机组成员职位的相应地面与飞行训练。

（3）客舱乘务员已经圆满完成有关该机型和客舱乘务员职位的相应地面训练。

（4）这些经历应当在按照本规则实施的运行中获得。但是，当某一飞机先前未曾由合格证持有人在按照本规则实施的运行中使用过时，在该飞机验证飞行或者调机飞行中所获得的经历可以用于满足本条的运行经历要求。

3. 驾驶员获得运行经历具体要求

（1）待取得机长运行经历的驾驶员，应当在飞行检查员或者飞行教员的监视下履行机长职责。对于完成初始或者升级训练、待取得机长运行经历的驾驶员，应当在局方监察员或者局方委任代表的监视下完成规定的职责至少一个航段飞行（包括起飞和着陆）。在取得运行经历的过程中，飞行检查员或者飞行教员应当担任机长并坐在驾驶员座位上。

（2）副驾驶应当在飞行检查员或者飞行教员监督下完成其职责。

（3）运行经历所要求的飞行经历时间和飞行次数应当符合下列规定：

①组类Ⅰ飞机，飞行经历时间至少 20 小时。

②组类Ⅱ飞机，飞行经历时间至少 25 小时。

③本项要求的运行经历中，应当包括至少 4 次飞行，其中包括至少 3 次作为该飞机的操作驾驶员的飞行。其中的 1 次操作应当在高度 3 000 米（10 000 英尺）以下用人工飞行的方式操作飞机。

（4）对于新机型、新职位的驾驶员，为巩固其知识与技术，合格证持有人应当采取下列措施，保证其飞行连续性：

① 在完成新机型或者新职位上的训练之后的120天之内，应当安排航线飞行至少100小时。

② 如果驾驶员在完成必需的100小时航线飞行经历时间前，到该合格证持有人运行的另一型别飞机上担任驾驶员，则该驾驶员在重新回到新机型上担任驾驶员时，应当首先在飞行模拟机或者飞机上完成经批准的复习训练。

③ 对于在120天之内没有完成必需的100小时航线飞行经历时间的驾驶员，应当在飞行模拟机或者飞机上完成熟练检查并重新建立120天之内100小时的航线飞行经历。

（5）驾驶员的近期经历要求：

合格证持有人不得使用任何驾驶员，任何驾驶员也不应在运行中担任飞行机组必需成员，除非该驾驶员于前90个日历日之内，在所服务的该型别飞机上，至少已做过3次起飞和着陆。本款要求的起飞和着陆可以在经批准的飞行模拟机上完成。

除了满足本规则所有适用的训练和检查要求之外，在任一连续的90个日历日内未能完成要求的3次起飞和着陆的人员，应当按照下列要求重新建立近期经历：

① 在飞行检查员监视下，在所飞的该型别飞机上，或者在经批准的飞行模拟机上，至少完成3次起飞和着陆。

② 前述3次起飞和着陆应当包括至少1次模拟最临界发动机失效时的起飞、至少1次使用仪表着陆系统进近到该合格证持有人经批准的仪表着陆系统最低天气标准的着陆以及至少1次全停着陆。

当使用飞行模拟机完成以上任何要求时，飞行机组必需成员的位置应当由具有恰当资格的人员占据，并且飞行模拟机应当严格模拟正常飞行环境，不得使用飞行模拟机重新设定位置的特性。

飞行检查员应当对被监视的人员做出鉴定，判断其是否熟练和在规定的运行中执行飞行任务是否合格，并且可以决定增加他认为做出这种鉴定所需要增加的动作。

4. 飞行机械员获得运行经历具体要求

飞行机械员应当在飞行机械检查员或者教员的监督下履行飞行机械员职责至少达到下列小时数：

（1）组类Ⅰ飞机，10小时。

（2）组类Ⅱ飞机，12小时。

5. 客舱乘务员获得运行经历具体要求

客舱乘务员应当在航线飞行中按照下述要求获得运行经历：

（1）在客舱乘务教员指导下履行规定的职责。

（2）在客舱乘务检查员的监督下履行规定的职责至少达到5小时。

正在获得运行经历的客舱乘务员不得担任飞行机组必需成员。

五、航线检查

机长应当在前 12 个日历月内，在其所飞的一个型别飞机上通过航线检查，在检查中圆满完成机长职责。航线检查应当由在该航路和该型别飞机两方面都合格的飞行检查员实施，并且至少有一次检查飞行是在合格证持有人的典型航路上进行的。

六、熟练检查

担任飞行机组必需成员的驾驶员应当在前 6 个日历月之内在所服务的机型（别）上完成熟练检查，否则不得担任飞行机组必需成员。

熟练检查可以在定期复训中进行。熟练检查每隔一次可以用规定的飞行模拟机训练课程代替。按照《民用航空器驾驶员合格审定规则》（CCAR-61 部）完成的型别等级飞行考试可以代替熟练检查。熟练检查应当满足下列要求：

（1）至少包括 CCAR-121 部附件 E 所规定的程序和动作，除非该附件中另有特殊规定。

（2）由局方监察员、局方委任代表或者合格证持有人的飞行检查员进行。

对于 CCAR-121 部附件 E 中中规定可以放弃的动作与程序，实施熟练检查的人员可以根据自己的判断放弃检查，但应当满足下列要求：

（1）局方没有发布应当完成该动作或者程序的特别指令。

（2）被检查的驾驶员，在合格证持有人的该型别飞机和飞行机组成员职位上，具有一年以上的安全运行经历。

如果被检查的驾驶员在任一要求的动作上失败，实施熟练检查的人员可以在熟练检查过程中，给该驾驶员增加训练。除了重复完成曾失败的动作之外，可以要求被检查的驾驶员重复他认为对判断驾驶员熟练程度所必需的任何其他动作。如果被检查的驾驶员未通过熟练检查，合格证持有人不得在本规则运行中使用该人员，该人员也不得在本规则运行中任职，直至其令人满意地完成熟练检查为止。

七、机长的区域、航路和机场合格要求

1. 对于非特殊区域、航路和机场的要求

合格证持有人应当向机长提供所飞区域和所飞各机场与终端区的下述各方面的最新信息，保证这些信息的完整和正确，并且确保该机长对这些信息有足够的了解和有能力使用：

（1）该季节相应的气象特征。

（2）导航设施，包括机场目视助航设备。

（3）通信程序。

（4）地形和障碍物类型。

（5）最低安全飞行高度。

中国民航运输航空飞行员技能
全生命周期管理体系建设实施路线图

（6）航路和终端区进场与离场程序、等待程序和有关机场经批准的仪表进近程序。

（7）驾驶员将要使用的终端区的每个机场的活动拥挤区和自然布局。

（8）航行通告。

2. 对于特殊区域、航路和机场的要求

局方可以根据周围地形、障碍物、复杂的进近程序或者离场程序等因素，将某些机场确定为特殊机场，要求机长具有特殊的机场资格，并可以对某些区域或者航路提出特殊类型的导航资格要求。

合格证持有人应当保证，在飞往或者飞离特殊机场的运行中担任机长的驾驶员，应当在前12个日历月之内曾作为飞行机组成员飞过该机场（包括起飞和着陆），或者曾使用经局方认可的该机场图形演示设备或者飞行模拟机进行训练并获得资格。但是，如果机场的云底高度，至少高于最低航路高度（MEA）、最低超障高度（MOCA）或者该机场仪表进近程序规定的起始进近高度最低者之上 300 m（1 000 ft），而且该机场的能见度至少为 4 800 m（3 mi），则进入该机场（包括起飞或者着陆）时，可以不对机长做特殊机场资格要求。

在需要特殊类型导航资格的航路或者区域上两个航站之间担任机长的驾驶员，应当在前12个日历月之内，以局方认可的方式，用下列方法之一证明其合格于使用该导航系统：

（1）使用该特殊类型导航系统，担任机长在某一航路或者区域上飞行。

（2）使用该特殊类型导航系统，在航空检查人员的监视下，担任机长在某一航路或者区域上飞行。

（3）完成 CCAR-121 部附件 I《多普勒雷达和惯性导航系统》规定的训练。

3. 新机长的要求

如果机长在其驾驶的某型别飞机上作为机长按照 CCAR-121 部运行未满 100 小时，则该机长被规定为新机长。

合格证持有人运行规范中对于正常使用机场、临时使用机场或者加油机场规定的最低下降高（MDH）或者决断高（DH）和着陆能见度最低标准，分别增加 30 m（100 ft）和 800 m（1/2 mi）或者等效的跑道视程（RVR）。对于用作备降机场的机场，最低下降高（MDH）或者决断高（DH）和能见度最低标准无须在适用于这些机场的数值上增加，但是任何时候，着陆最低天气标准不得小于 90 m（300 ft）和 1 600 m（1 mi）。

如果该驾驶员在另一型别飞机上作为机长在按照本规则实施的运行中至少已飞行 100 小时，该机长可以用在本型飞机上按照本规则实施运行中的一次着陆，代替必需的机长经历 1 小时，减少 100 小时的机长经历，但取代的部分不得超过 50 小时。

八、飞行机械员的合格要求

针对飞行机械员的合格要求包括以下内容：

（1）在飞机上担任飞行机械员的人员，应当持有飞行机械员执照和相应的等级，并完成《民用航空器飞行机械员合格审定规则》（CCAR-63FS）为保持该执照和等级有效性所要求的

训练和检查以及本规则要求的训练和检查。

（2）在飞机上担任飞行机械员的人员，应当在前 6 个日历月之内，在该型别飞机上至少担任飞行机械员飞行了 50 小时；或者，合格证持有人或者局方在该型别飞机上对其进行了检查，并认为其熟悉且掌握了所有现行重要信息和操作程序。

九、客舱乘务员的合格要求

在飞机上担任客舱乘务员的人员，应当通过局方按照批准的训练大纲训练并经合格证持有人检查合格。在按照规则运行时，应当持有现行有效的航空人员体检合格证和合格证持有人颁发的客舱乘务员训练合格证。

客舱乘务员应于前 12 个日历月之内，在按照批准的可服务的一种机型上，至少已飞行 2 个航段，方可在此机型上担任客舱乘务员。

十、飞行机组成员的英语要求

合格证持有人应当对飞行机组成员进行专业英语训练，使其能够在飞行中使用英语进行陆空通话，阅读各种英文飞行手册、资料，使用英文填写各种飞行文件和使用英语进行交流。

自 2008 年 3 月 5 日起，除经局方批准外，未通过局方组织或认可的英语语言能力 4 级或 4 级以上等级评定，且其执照上低于英语语言能力 4 级等级签注的，不得在使用英语通话的航线上担任驾驶员。

1960 年 1 月 1 日（含）以后出生的驾驶员，未获得英语语言能力 3 级或以上等级签注的，不得参加组类 Ⅱ 飞机的初始或升级训练。

第三节　机组成员健康管理

为了保证从事民用航空活动的空勤人员身体状况符合履行职责和飞行安全的要求，根据《中华人民共和国民用航空法》制定了《民用航空人员体检合格证管理规则》（CCAR-67 部）。本节重点阐述在签派过程中，机组评估环节健康管理相关内容。

一、体检合格证类别

1. 体检合格证分类

（1）Ⅰ级体检合格证。
（2）Ⅱ级体检合格证。

（3）Ⅲ级体检合格证，包括Ⅲa、Ⅲb级体检合格证。

（4）Ⅳ级体检合格证，包括Ⅳa、Ⅳb级体检合格证。

2. 体检合格证适用标准

各级体检合格证适用的医学标准见《民航航空人员体检合格证管理规定》。

（1）民用航空人员体检合格证样式（见图3-1）。

正面

说 明 Remarks	
1. 本证根据中国民用航空局规章《民用航空人员体检合格证管理规则》(CCAR－67FS) 颁发。 1. This certificate is issued under the Civil Aviation Medical Certificate Management Rules (CCAR－67FS). 2. 体检合格证自颁发之日起生效，有效期在本证标注。 2. The medical certificate is valid from the date of issue. The period of validity is labeled on this certificate. 3. 履行相应职责时应当携带本证。 3. This certificate shall be carried on during performing corresponding duties.	 民用航空人员体检合格证 Civil Airman Medical Certificate 中国民用航空局 Civil Aviation Administration of China FS－CH－67－001(05/2012)

（a）正面

背面

| _____级体检合格证
CLASS OF MEDICAL CERTIFICATE

编号 No. _____

姓名 Name _____ 性别 Gender _____

_____ －
出生年月 _____ 国籍
Date of birth　　　　　Nationality

持证人的身体情况满足《民用航空人员体检合格证管理规则》(CCAR－67FS)规定的相应类别体检合格证的医学标准。
　　The holder has met the medical standards in CCAR － 67FS, for this class of Medical Certificate. | 限制：
Limitations

体检鉴定
结论日期：_____年___月___日

Date of examination
主检医师：
Aviation Medical Examiner

签发人：
Signature of issuing officer
发证(生效)日期：_____年___月___日
Date of issue(effect)
有效期至：_____年___月___日
Date of expiry

发证单位(盖章)
Stamp of issuing authority |

（b）背面

图 3-1　民用航空人员体检合格证样式

54

（2）外籍飞行人员体检合格证认可证书样式（见图 3-2）。

正面

说 明 Remarks	
1.持有国际民航组织缔约国民航当局颁发的有效体检合格证的外籍民用航空器飞行人员,在申请参加中国航空单位飞行运行时间不足 120 日的,可以申请取得外籍飞行人员体检合格证认可证书。 　　1. The foreign pilot, who holds a valid medical certificate issued by any authority of ICAO contracting countries, can apply for this qualification if he participates Chinese civil aviation operation for less than 120 days. 　　2.本认可证书依据＿＿＿＿（颁发国）颁发的编号为＿＿＿＿体检合格证颁发,且仅当其外籍体检合格证有效时有效。 　　2. This verification is issued according to the Medical Certificate (No. ＿＿＿) of ＿＿＿ (Authority). And its validity requires the validity of the latter. 　　3. 履行相应职责时应当同时携带有效体检合格证和本证。 　　3. This Verification and the Medical Certificate shall be carried on during performing corresponding duties.	外籍飞行人员体检合格证认可证书 Verification of Medical Certificate For Foreign Pilots 中国民用航空局 Civil Aviation Administration of China FS－CH－67－002(05/2012)

（a）正面

背面

| 认可证书编号:
License No.

体检合格证等级:　　Ⅰ□　Ⅱ□
Class of Medical Certificate

姓名 Name
性别 Gender
出生日期:　　　　年　　　月　　　日
Date of birth　　Y　　　M　　　D
国籍:
Nationality

体检合格日期:　　　年　　　月　　　日
Date of Examination　Y　　M　　　D
体检合格证签发日期:　年　　月　　日
Date of Issue　　　　Y　　　M　　　D | 限制:
Limitations

认可证书签发人:
Signature of issuing officer
签发日期:　　　年　　　月　　　日
Date of issue　　Y　　　M　　　D

有效期至:　　　年　　　月　　　日
Date of expiry　Y　　　M　　　D

发证单位(盖章)
Stamp of issuing authority |

（b）背面

图 3-2　外籍飞行人员体检合格证认可证书样式

二、体检合格证适用人员

（1）航线运输驾驶员执照、多人制机组驾驶员执照、商用驾驶员执照（飞机、直升机或倾转旋翼机航空器类别等级）申请人或者持有人应当取得并持有Ⅰ级体检合格证。

（2）其他航空器驾驶员执照、飞行机械员执照申请人或者持有人应当取得并持有Ⅱ级体检合格证。

（3）机场管制员、进近管制员、区域管制员、进近雷达管制员、精密进近雷达管制员、区域雷达管制员应当取得并持有Ⅲa级体检合格证；飞行服务管制员、运行监控管制员应当取得并持有Ⅲb级体检合格证。

（4）客舱乘务员应当取得并持有Ⅳa级体检合格证。

（5）航空安全员应当取得并持有Ⅳb级体检合格证。

三、体检合格证的有效期

（1）体检合格证自颁发之日起生效。年龄计算以申请人进行体检鉴定时的实际年龄为准。

（2）Ⅰ级体检合格证有效期为12个月，年龄满60周岁以上者为6个月。其中参加《大型飞机公共航空运输承运人运行合格审定规则》（CCAR-121部）规定运行的驾驶员年龄满40周岁以上者为6个月。

（3）Ⅱ级体检合格证有效期为60个月。其中年龄满40周岁以上者为24个月。

（4）根据体检合格证持有人所履行的职责，Ⅲ级体检合格证的有效期为：

① Ⅲa级体检合格证有效期为24个月。其中年龄满40周岁以上者为12个月。

② Ⅲb级体检合格证有效期为24个月。

（5）Ⅳa级体检合格证和Ⅳb级体检合格证有效期为12个月。

（6）体检合格证持有人可以在体检合格证有效期届满30日前，按照本规则的规定，申请更新体检合格证。

四、身体缺陷期间的限制

驾驶员已知身体有缺陷或者已知身体缺陷加重，不符合现行体检合格证标准时，不得担任机长或者飞行机组的其他必需成员。

五、禁止使用和携带毒品、麻醉药品和精神药品

担任安全敏感工作的人员，包括机组成员、飞行签派员等，不得使用或者携带鸦片、海洛因、甲基苯丙胺（冰毒）、吗啡、大麻、可卡因，以及国家规定管制的其他能够使人形成瘾癖的麻醉药品和精神药品。合格证持有人不得安排明知其使用或者携带了上述禁用毒品和药品的人员担任安全敏感工作，该人员也不得为合格证持有人担负此种工作。

六、饮用含酒精饮料后的值勤限制

对于机组成员、飞行签派员等担任安全敏感工作的人员，如果其呼出气体中所含酒精浓

度达到或者超过 0.04 g/210 L，或者在酒精作用状态下，不得上岗或者继续留在岗位上担任安全敏感工作。任何合格证持有人，在明知该人员呼出气体中所含酒精浓度达到或者超过 0.04 g/210 L，或者在酒精作用状态下，不得允许其担任或者继续担任安全敏感工作。

有关人员在担任安全敏感工作过程中，不得饮用含酒精饮料。任何合格证持有人，在明知有关人员在担任安全敏感工作过程中饮用含酒精饮料时，不得允许该人员担任或者继续担任安全敏感工作。

有关人员在饮用含酒精饮料后 8 小时之内，不得上岗值勤。任何合格证持有人在明知该人员在 8 小时之内饮用过含酒精饮料时，不得允许该人员担任或者继续担任上述工作。

第四节　机组成员值勤期限制、飞行时间限制和休息要求

在实施 CCAR-121 部运行中，应当建立用于机组成员疲劳管理的制度和程序，保证机组成员符合法规要求的值勤期限制、飞行时间限制和休息要求。任何违反本规定的人员不得担任机组必需成员。

一、相关定义

1. 扩编飞行机组

扩编飞行机组是指飞行机组成员数量超过飞机机型 所要求的操纵飞机的最小值，从而可以由其他合格的飞行机组成员替换某一飞行机组成员，被替换的飞行机组成员可以在飞行中休息；扩编飞行机组中应当至少包含一名具备机长资格和一名具备巡航机长或者以上资格的人员。

2. 机上休息设施

机上休息设施是指安装在飞机内可以为机组成员提供休息机会的铺位或者座位，其中分为：

1 级休息设施，是指休息用的铺位或者可以平躺的其他平面，独立于驾驶舱和客舱，机组成员可以控制温度和光线，不受打扰和噪音的影响；

2 级休息设施，是指飞机客舱内的座位，至少可以利用隔帘与乘客分隔，避免被乘客打扰，可以平躺或接近平躺，能够遮挡光线、降低噪音；

3 级休息设施，是指飞机客舱内或者驾驶舱内的座位，应可倾斜 40°，并可为脚部提供支撑，或者符合局方要求的其他方式。

3. 置　位

置位是指机组成员根据合格证持有人的要求为完成指派的飞行任务，作为乘员乘坐飞机或者地面交通工具，但不包括其往返当地适宜的住宿场所的交通。置位属于值勤，置位时间

不能作为休息时间。当置位计入飞行值勤期时,在确定非扩编飞行机组最长飞行值勤时间时,置位不视作航段。

4. 适宜的住宿场所

适宜的住宿场所是指可以控制温度、降低噪声、条件良好的场所,该场所能够控制光线亮度,使机组成员可以在床位或者椅子上以平躺或者接近平躺姿势睡觉或者休息。适宜的住宿场所只适用于地面设施,不适用于机上休息设施。

5. 值　勤

值勤是指机组成员按照合格证持有人的要求执行的所有任务,包括但不限于飞行值勤、置位、备份(包括主备份和其他备份)和培训等。

6. 飞行值勤期

飞行值勤期是指机组成员接受合格证持有人安排的飞行任务后(包括飞行、调机或者转场等),从为完成该次任务而到指定地点报到的时刻开始,到飞机在最后一次飞行后发动机关车且机组成员没有再次移动飞机的意向为止的时间段。一个飞行值勤期还可能包括机组成员在某一航段前或者航段之间代表合格证持有人执行的其他任务,但没有必要休息期的情况(如置位、主备份、飞机或者模拟机培训发生在某一航段前或者航段之间,但没有安排必要的休息期)。在一个值勤期内,如机组成员能在适宜的住宿场所得到休息,则该休息时间可以不计入该飞行值勤期的值勤时间。

7. 日历日

日历日是指按照世界协调时间或者当地时间划分的时间段,从当日 00:00 至 23:59 的 24 小时。

8. 主备份

主备份是指机组成员根据合格证持有人的要求,在机场或者合格证持有人指定的特定地点随时等待可能的任务。

9. 休息期

休息期是指从机组成员到达适宜的住宿场所起,到为执行下一次任务离开适宜的住宿场所为止的连续时间段。在该段时间内,合格证持有人不得为机组成员安排任何工作和给予任何打扰。值勤和为完成指派的飞行任务使用交通工具往来于适宜的住宿场所和值勤地点之间的时间不得计入休息期。

10. 疲劳风险管理系统(FRMS)

疲劳风险管理系统是一种以科学原理和运行经验为基础,通过数据驱动,对疲劳风险进行持续监测和控制,保证相关人员在履行职责时保持充分警觉性的管理系统。

11. 飞行时间

飞行时间是指飞机为准备起飞而借自身动力开始移动时起，直到飞行结束停止移动为止的时间。

二、飞行机组的飞行时间限制、飞行值勤期限制

1. 飞行机组的累积飞行时间、飞行值勤时间限制

飞行机组累计飞行时间包括飞行机组成员在一段时期内代表合格证持有人所执行的所有飞行时间，含按照 CCAR-121 部实施的运行以及 CCAR-121 部之外的运行，如训练、调机和作业飞行等。

合格证持有人不得为飞行机组成员安排、飞行机组成员也不得接受超出下列规定限制的飞行时间：

（1）任一日历月，100 小时的飞行时间。

（2）任一日历年，900 小时的飞行时间。

合格证持有人不得为飞行机组成员安排、飞行机组成员也不得接受超出下列规定限制的飞行值勤期：

（1）任何连续 7 个日历日，60 小时的飞行值勤期。

（2）任一日历月，210 小时的飞行值勤期。

2. 飞行机组的飞行时间限制

在一个值勤期内，合格证持有人不得为飞行机组成员安排、飞行机组成员也不得接受超出以下规定限制的飞行时间：

（1）非扩编飞行机组执行任务时，飞行时间限制见表 3-5。

表 3-5　非扩编飞行机组运行最大飞行时间限制

报到时间	最大飞行时间/小时
00:00—04:59	8
05:00—19:59	9
20:00—23:59	8

（2）配备 3 名驾驶员的扩编飞行机组执行任务时，总飞行时间 13 小时。

（3）配备 4 名驾驶员的扩编飞行机组执行任务时，总飞行时间 17 小时。

如果在飞机起飞后发生超出合格证持有人控制的意外情况，为将飞机安全降落在下一个目的地机场或者备降机场，飞行机组成员的飞行时间可以超出以上所规定的最大飞行时间限制以及规定的累积飞行时间限制。若出现任何超出以上所规定的最大飞行时间限制的情况，合格证持有人必须在 10 天内报告局方，报告应当包括下列内容：

（1）对于延长飞行时间限制及本次延长情况必要的说明。

（2）合格证持有人为将此类延长控制在最小范围内而采取的修正措施。若此种情况适用，合格证持有人应在延长飞行时间限制事发当天起 30 天内实施对应的修改措施。

3. 飞行机组的飞行值勤期限制

（1）对于非扩编机组的运行，合格证持有人不得为飞行机组成员安排、飞行机组成员也不得接受超出表 3-6 规定限制的飞行值勤期。其中，航段限制数不包括因备降所产生的航段。

表 3-6　非扩编飞行机组运行最大飞行值勤期限制

报到时间	根据航段数量确定的飞行机组成员最大飞行值勤期/小时			
	1~4 个航段	5 个航段	6 个航段	7 个航段或以上
05:00—11:59	14	13	12	11
12:00—23:59	13	12	11	10
00:00—04:59	12	11	10	9

（2）对于扩编机组的运行，合格证持有人不得为飞行机组成员安排、飞行机组成员也不得接受超出表 3-7 规定限制的飞行值勤期。

表 3-7　扩编飞行机组运行最大飞行值勤期限制

报到时间	根据休息设施和飞行员数量确定的最大飞行值勤期/小时					
	1 级休息设施		2 级休息设施		3 级休息设施	
	3 名飞行员	4 名飞行员	3 名飞行员	4 名飞行员	3 名飞行员	4 名飞行员
00:00—23:59	18	20	17	19	16	18

在扩编机组运行的所有飞行时间内，至少有一名机长或者符合 CCAR-121 部要求的巡航机长在驾驶舱内操纵飞机。在着陆阶段执行操纵飞机任务的飞行机组成员，应在飞行值勤期的后半段获得至少连续 2 小时的休息时间。对于航段时间不足 2 小时无法满足前述要求的情况，应当保证执行操纵飞机任务的飞行机组成员在着陆前得到适当的休息。

若起飞前发生意外运行情况，飞行值勤期可以适当延长，具体要求如下：机长和合格证持有人可以将表 3-6 或者表 3-7 中允许的最大飞行值勤期延长 2 小时。需要注意的是，此处规定的将飞行值勤期延长 30 分钟以上的情况，只可在获得 CCAR-121 部规定的机组成员休息期之前发生一次。若此处规定的飞行值勤期延长导致飞行机组成员超出 CCAR-121 部规定的累积值勤期限制，则该飞行值勤期不得延长。若出现任何超过表 3-5 或者表 3-6 所允许的最大飞行值勤期限制 30 分钟以上的情况，合格证持有人必须在 10 天内报告局方，报告应当包括下列信息：

（1）对于延长飞行值勤期限制及本次延长必要情况的说明。

（2）合格证持有人为将此类延长控制在最小范围内而采取的修正措施。若此种情况适用，合格证持有人必须在延长飞行值勤期限制事发当天起 30 天内实施对其的修正措施。

若起飞后发生意外运行情况，飞行值勤期可以适当延长，具体要求如下：机长和合格证持有人可以将表 3-6 或者表 3-7 中允许的最大飞行值勤期延长至可以将飞机安全地降落在下一个目的地机场或者备降机场。需要注意的是，此处规定的将飞行值勤期延长 30 分钟以上的情况，只可在获得 CCAR-121 部规定的机组成员休息期之前发生一次。此处规定的飞行值勤期延长可以超出 CCAR-121 部所规定的累积飞行值勤期限制。若出现任何超过表 3-5 或者表 3-6 所允许的最大飞行值勤期限制的情况，合格证持有人必须在 10 天内报告局方，报告应当包括对于延长飞行值勤期限制及本次延长必要情况的说明。

三、客舱乘务员的飞行时间限制、飞行值勤期限制

1. 客舱乘务员的累计飞行时间、值勤时间限制

客舱乘务员累计飞行时间、值勤时间包括客舱乘务员在适当时期内代表合格证持有人所执行的所有飞行。

合格证持有人不得为客舱乘务员安排、客舱乘务员也不得接受超出下列规定限制的累积飞行时间：

（1）任一日历月，100 小时的飞行时间。

（2）任一日历年，1 100 小时的飞行时间。

合格证持有人不得为客舱乘务员安排、客舱乘务员也不得接受超出下列规定的累积飞行值勤时间限制：

（1）任何连续 7 个日历日，70 小时的飞行值勤期。

（2）任一日历月，230 小时的飞行值勤期。

其中，客舱乘务员在飞机上履行安全保卫职责的时间应当计入客舱乘务员的飞行和值勤时间。

2. 客舱乘务员的飞行值勤期限制

按照 CCAR-121 部规定的最低数量配备客舱乘务员时，客舱乘务员的飞行值勤期不得超过 14 小时。若在规定的最低数量配备上增加客舱乘务员人数时，客舱乘务员的飞行值勤期限制和休息要求应当符合表 3-8 所示规定。

表 3-8　客舱乘务员飞行值勤期限制

客舱乘务员配置	最大飞行值勤期/小时
最低数量配置	14
增加 1 名乘务员	16
增加 2 名乘务员	18
增加 3 名及以上乘务员	20

若发生意外运行情况，飞行值勤期可以适当延长，具体要求如下：合格证持有人可以将规定的值勤期限制延长 2 小时或者延长至可以将飞机安全地降落在下一个目的地机场或者备降机场。需要注意的是，此处规定的将值勤期延长 30 分钟以上的情况，只可在获得 CCAR-121 部规定的机组成员休息期之前发生一次。

四、机组成员休息时间的附加要求

合格证持有人不得在机组成员规定的休息期内为其安排任何工作，该机组成员也不得接受合格证持有人安排的任何工作。

任一机组成员在实施运行的飞行任务或主备份前的 144 小时内，合格证持有人应为其安排一个至少连续 48 小时的休息期。对于飞行值勤期的终止地点所在时区与机组成员的基地（指合格证持有人确定的机组成员驻地并接受排班的地方）所在时区之间时差少于 6 小时的，除仅实施全货物运输飞行的合格证持有人外，如机组成员飞行值勤期和主备份已达到 4 个连续日历日，不得安排机组成员在第 5 个日历日执行任何飞行任务，但是前续航班导致的备降情况除外。

如果飞行值勤期的终止地点所在时区与机组成员的基地所在时区之间有 6 小时或者 6 小时以上的时差，则当机组成员回到基地以后，合格证持有人必须为其安排一个至少连续 48 小时的休息期，其中这一休息期应当在机组成员进入下一值勤期之前安排。

除非机组成员在前一个飞行值勤期结束后至下一个飞行值勤期开始前，获得了至少连续 10 小时的休息期，任何合格证持有人不得安排，且任何机组成员也不得接受任何飞行值勤任务。

当合格证持有人为机组成员安排了其他值勤任务时，该任务时间可以计入飞行值勤期；当不计入飞行值勤期时，在飞行值勤期开始前应当为其安排至少 10 小时的休息期。

第五节　机组排班与搭配

机组排班是航空运行管理中十分重要的一部分，一个训练有素、彼此信任、配合默契的机组既能为乘客提供良好的飞行体验，也是保障乘客飞行安全的关键。

一、机组排班

在介绍机组排班过程中涉及的几个概念定义如下，相关概念之间的关系如图 3-3 所示。

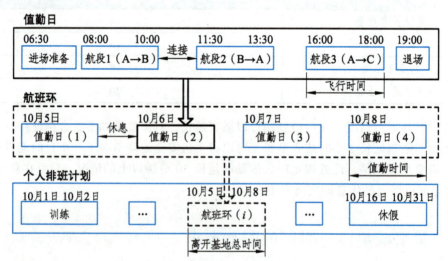

图 3-3　机组排班相关概念之间的关系

（1）航段，指飞机从一个机场飞到另一个机场（中间没有经停第三个机场）的航班。

（2）连接，指同一值勤日内两相邻航段的衔接时间。

（3）航班环，指从基地始发最终回到基地的连续几日的飞行任务，其中可能包括置位。

（4）个人排班计划，指较长时期内指定机组人员的工作安排，由一系列航班环及其他训练、休假安排连接而成。

机组资源是航空公司最为珍贵的生产资源之一，奠定了机组排班在航空运营管理中的重要地位。但同时，这也是个比较难以解决的问题。一方面航空公司通常需要制订月度排班计划，可能会涉及成千上万条航段；另一方面，出于保障飞行安全和机组人员权益的目的，机组排班还必须满足许多复杂的工作规则，主要可以划分为以下四类：

（1）人员资质类规则，即排班时必须根据航班的各项特殊属性满足其对执飞人员的资质和证件等的要求。

（2）机场资质类规则，即排班时必须根据特殊机场人员资质数量的限制，考虑过夜环人员资质的影响。

（3）机组搭配类规则，即按航班需求安排相应配置的机组团队。

（4）飞行值勤期/值勤/休息时间类规则，可以进一步细分为机组人员在一个飞行值勤期内飞行时长和值勤时长的上限，一段时期内累积飞行时长和飞行值勤时长的上限及各阶段休息时长的最低要求三部分。

机组排班通常是一个系统复杂的求解问题，排班员通常会将机组排班按先后阶段拆分为两个子问题：组环问题（Crew Pairing Problem）和指派问题（Crew Rostering Problem）。前者构造一组能够涵盖所有飞行航段且符合规定的航班环集合，后者则将构造的航班环分别指派给各机组人员，生成个人排班计划。

机组人员的飞行小时费及产生的机组额外费用（外站过夜补贴、搭车或搭机的费用等）基本都取决于航班环的生成过程，因此组环的首要目的是最小化运营过程中产生的机组成本；除此之外，决定排班计划质量的部分指标也需要排班员在组环时充分考虑，如日均飞行/值勤时间、飞行/值勤日数量、排班计划的稳定度、健壮性等。

1. 组环问题

在机组排班组环过程中需要考虑评估的因素有：

（1）过夜机场的选择。

机组人员经常会遇到执行完飞行任务，无法返回基地，只能选择外站过夜的情况，航空公司自然会在这些需要过夜的机场为他们安排酒店等休息场所。但是，不同站点的休息场所的等级可能不同，对应着不同的花费，机组人员从站点去往休息场所的通勤时间也不尽相同。排班员需要权衡过夜成本、过夜次数，甚至休息环境设施等级等方面，选择合适的过夜机场。

（2）置位的选择。

在实际运作中，经常会出现某个地方的机组人数不够的情况，需要将机组人员通过坐车或者搭机的方式送过去执飞航班；或者机组人员由于航班延误等原因，在外站无法执行原本安排的下一趟航班时，也需要让机组人员通过坐车或搭机的方式回到基地，这类操作均属于置位。虽然置位有时必不可少，但机组人员大都希望能尽量避免，而且航空公司的盈利还可能因此减少。所以排班员需要合理安排置位，在满足航班环覆盖所有航段的前提下尽量减少置位的次数。

（3）飞机路径规划。

机组人员在飞机到达目的地后，有时需要赶往另一架飞机去执行下一个飞行任务，相比于执行同一架飞机的航段要耽误更多的时间。而且机组人员执行相邻两航段的最短过站时间也与是否换机有关——不换机时所需的过站时间较短。因此排班员的工作也要与飞机路径规划相结合，灵活调整两航段之间是否换机，此举既能够提高机组人员的满意度，还能增加可行航班环的数量，从而进一步优化机组成本。

（4）过站时间设置。

机组人员的过站时间不足将会导致航班延误。排班员要考虑历史航班的延误情况，适当调整航班之间的过站时间。在不正常航班出现时，控制其影响范围。

（5）可拆班机组数量。

如果已知航班环中前序航段已经延误，通过拆分或者交换航班任务，确保后续航段仍然可按照计划时间运行。

（6）疲劳度的控制。

缓解机组人员的工作疲劳，如降低早晚班的数量、提高排班计划的规律性和稳定度等。需要排班员在组环过程中充分考虑，从而在一定程度上缓解机组人员的疲劳情况，降低事故发生的可能性，提高航班安全性。

2. 指派问题

指派问题是将组环方案中的航班环分别指派给各机组人员执行，也就是制订出各机组人员的个人排班计划，最终得到机组排班计划。指派过程不是简单随意地分配航班环，其不仅要保证各机组人员有资格且有空余时间来执行安排的航班环，更多的还要从机组人员工作满意度的角度出发，考虑分配的公平性及他们工作的舒适度、疲劳度等。在机组排班指派过程中需要考虑评估的因素有：

（1）机组资质匹配。

航班的 EDTO 属性、是否使用英语通话、是否属于外籍可飞航段以及涉及国家/地区或特殊机场等特征都对机组人员的资质和证件有相应的要求，排班员在为他们指派飞行任务时必须做到逐一匹配。

（2）占位影响。

飞行体验上，与真实驾驶舱相比，模拟机的仿真度极高，可以完全替代真实的飞行训练。对于一些突发事件，如发动机失效、飞机快速失去压力、遭遇强烈颠簸、遭遇强下冲气流、遭遇恶劣天气、紧急迫降和水上迫降等，都需要在模拟机上提前演练，不能直接让飞行员驾驶飞机面对这些情况。飞行员在晋升的每个阶段都有一定的模拟机训练要求，并且根据民航的相关规定，飞行员的驾驶执照具有时效性，必须定期参加模拟机复训和考核。

除了训练之外，机组人员休假、地面任务、教员带教等占位都在机组排班之前确认，因此，排班员在为机组人员指派航班环时需要充分考虑占位的影响，不能在时间范围上有重叠。

（3）机组人员搭配。

排班员在进行机组人员搭配时，除了需要遵守法规中的资质匹配要求、备份安排要求、最低排班级别要求及扩编/非扩编机组的最低搭组要求等，还应考虑搭配在一起的机组人员之间的人际关系。

（4）任务分配的公平性。

机组人员的工作满意度与任务分配的公平性息息相关，飞行时长、外站过夜次数、休息日数量、周末航班数量等最好不要相差过大。

（5）疲劳度的控制。

不同机组人员对疲劳的表现和接受程度可能存在一定差异。因此，在为具体的机组人员指派任务时，在组环的考虑基础上，还可以从与个人特质相关的科学考量方面（如年龄、作息习惯等）更进一步优化。

（6）机组人员降级分配。

机组人员分类多且复杂，理论上可以分别对不同级别的机组人员进行排班，但实际上欠妥。首先，在能力水平上，级别较高的机组人员经历了更多的训练考核，拥有更多的飞行经验，本就完全可以承担较低级别的机组人员的飞行任务；其次，航空公司的各级别机组人员的人数并不总是能在飞行中完美匹配，甚至可能无法得到可行的机组排班计划。因此，排班员有时会在满足搭组规则的前提下，安排部分机组人员降级工作，创造更多的排班可能性。

（7）人员基地要求。

航空公司通常会按机组人员的基地属性安排相应地区起飞的航班，如果出现某个基地机组人员人数不够的情况，则需要排班员合理地进行人员调动，安排其他基地的机组人员在执行航班前进行置位。

二、机组搭配相关规章要求

1. 驾驶员的使用限制和搭配要求

（1）如果副驾驶在所飞机型上的飞行经历时间少于100小时，并且机长不具备飞行检查员或者飞行教员资格，则在下列情况下，应当由机长完成所有起飞和着陆：

① 在局方规定或者合格证持有人规定的特殊机场。

② 机场的最新气象报告中有效能见度值等于或者小于 1 200 m（3/4 mi），或者跑道视程（RVR）等于或者小于 1 200 m（4 000 ft）。

③ 所用跑道有水、雪、雪浆或者严重影响飞机性能的情况。

④ 所用跑道的刹车效应据报告低于"好"的水平。

⑤ 所用跑道的侧风分量超过 7 m/s（15 nmile 小时）。

⑥ 在机场附近据报告有风切变。

⑦ 机长认为需谨慎行使机长权力的任何其他情况。

（2）在安排飞行机组搭配时，应当至少有一名驾驶员在该型别飞机上具有 100 小时的航线飞行经历时间。但在下列情况下，局方可以根据合格证持有人的申请，使用对其运行规范作适当增补的方法，批准偏离本款的要求。

① 新审定合格的合格证持有人没有雇用任何符合本款最低要求的驾驶员。

② 现有合格证持有人在其机群中增加了以前未在其运行中使用过的某型飞机。

③ 现有合格证持有人建立了新的基地，指派到该基地的驾驶员需要在该基地运行的飞机上取得资格。

（3）合格证持有人应当建立一套飞行机组排班系统，保证科学合理地搭配飞行机组成员，安全地完成所分派的任务。搭配飞行机组成员时应当考虑以下因素：

① 飞行机组成员的经历、资格满足所飞区域、航路、机场和特殊运行的要求。

② 飞行机组成员对所飞机型得到充分训练，使用设备、操纵飞机的整体能力满足运行要求。

③ 飞行机组成员的年龄和性格特征。

④ 所执行的飞行任务的其他特点。

2. 客舱乘务员的搭配要求

（1）合格证持有人在运行时，应当指定 1 名客舱乘务员为乘务长，作为客舱机组的负责人，履行客舱管理的职责并向机长报告。乘务长的资格应符合局方相关要求。

（2）合格证持有人应当建立一套客舱乘务员排班程序，保证科学合理地搭配客舱机组成员，安全地完成所分派的任务。搭配客舱机组成员时应考虑以下因素：

① 客舱乘务员的年龄和飞行时间经历。

② 客舱乘务员的训练、资格满足所飞机型、区域和特殊运行的要求。

课后参阅规章和手册

1. CCAR-121《大型飞机公共航空运输承运人运行合格审定规则》。
2. CCAR-61《民用航空器驾驶员合格审定规则》。
3. CCAR-63FS-R1《民用航空器飞行机械员合格审定规则》。
4. AC-61-FS-2014-12R3《航空器型别等级和训练要求》。
5. CCAR-67FS-R4《民用航空人员体检合格证管理规则》。
6. AC-121-FS-130R1《机组成员职业作风养成规范》。

1. 简述机组成员的组成和各自资格审定要求。
2. 简述机组成员的值勤限制、飞行时间和休息要求。
3. 如何实现航空公司机组排班的整体优化？
4. 假设 B757 设置的座位总数为 190，指派一组乘务员完成当天的航班任务，计算需要指派的乘务员数量是多少。
5. 论述机组成员职业作风胜任力的养成。

拓展阅读

向中国民航英雄机组学习

2018年9月30日，中共中央总书记、国家主席、中央军委主席习近平专门邀请四川航空"中国民航英雄机组"全体成员参加庆祝中华人民共和国成立69周年招待会。当日下午国庆招待会前，习近平在北京人民大会堂亲切会见机组成员，并与大家合影留念。习近平指出，伟大出自平凡，英雄来自人民。把每一项平凡工作做好就是不平凡。新时代中国特色社会主义伟大事业需要千千万万个英雄群体、英雄人物。学习英雄事迹，弘扬英雄精神，就是要把非凡英雄精神体现在平凡工作岗位上，体现在对人民生命安全高度负责的责任意识上。飞行工作年复一年、日复一日，看似平凡，但保障每一个航班安全就是不平凡。希望你们继续努力，一个航班一个航班地盯，一个环节一个环节地抓，为实现民航强国目标、为实现中华民族伟大复兴再立新功。

9月30日当晚，民航局迅即印发《关于深入学习贯彻习近平总书记接见"中国民航英雄机组"时重要指示精神的通知》，要求全行业深入学习贯彻习近平总书记重要指示精神，在全行业形成"学习英雄事迹、弘扬英雄精神，将非凡的英雄精神体现在平凡的工作岗位上"的浓厚氛围。

2018年5月14日，四川航空股份有限公司3U8633航班在执行重庆至拉萨飞行任务中，驾驶舱右座前风挡玻璃破裂脱落。机长刘传健等全体机组成员沉着应对，克服高空低压、低温等恶劣环境，在多部门密切配合下，成功备降成都双流国际机场。2018年6月8日，民航局和四川省人民政府召开表彰大会，授予四川航空股份有限公司3U8633航班机组"中国民航英雄机组"称号，授予刘传健"中国民航英雄机长"称号。6月11日，民航局召开"中国民航英雄机组"事迹报告电视电话会议。

（资料来源：中国民用航空局网站.http://www.caac.gov.cn/ZTZL/RDZT/2021BNWY/KYFZ/202107/t20210712_208394.html）

请思考：3U8633航班机组成员的行为体现了对人民生命安全的高度负责。作为一名未来的专业人士，你如何看待自己的社会责任？

第四章 飞行签派员管理

强化人员资质管理是民航业持续安全发展的重要基础。为了规范中国民用航空飞行签派员执照与飞行签派员训练机构的合格审定和管理工作，根据《中华人民共和国民用航空法》《中华人民共和国行政许可法》和《国务院对确需保留的行政审批项目设定行政许可的决定》等法律、行政法规，制定《民用航空飞行签派员执照和训练机构管理规则》（CCAR-65FS-R3）。

第一节 飞行签派员执照管理

一、取得签派员执照的颁发条件

申请取得飞行签派员执照，应当具备下列条件：

（1）年满 21 周岁。

（2）身心健康，具有良好的职业道德和敬业精神。

（3）具有国家承认的大学本科（含）以上毕业学历。

（4）能够正确听、说、读、写并且理解汉语。

（5）符合 CCAR-65 部规定经历和训练要求；

执照申请人应当符合本条①款或者②款规定的情形之一：

① 执照申请人在执照理论考试前，应当在训练机构完成至少 1 000 小时的训练，并获得结业证书。

② 执照申请人在执照理论考试前，具有下列执照或者从业经历之一的，在训练机构完成至少 500 小时的训练，并获得结业证书：

a. 持有附加仪表等级的商用驾驶员执照或者航线运输。

b. 驾驶员执照。

c. 持有民用航空情报员执照。

d. 持有民用航空气象人员执照。

e. 持有民用航空空中交通管制员执照。

f. 在国家航空器运行中担任驾驶员至少 2 年。

（6）执照申请人应当至少具备航空法律法规规章、运行控制基础理论、系统安全管理与运行风险管控、航空器、航空气象、航行情报、通信导航与监视、空中交通管理、紧急与非正常情况处置、签派实践应用等方面的知识和能力。

（7）通过CCAR-65部规定的理论考试和实践考试。

① 飞行签派员执照考试包含理论考试和实践考试两部分。符合CCAR-65部规定条件的执照申请人，应当向民航局指定的民航地区管理局申请，并在民航地区管理局指定的时间和地点考试。

② 飞行签派员的执照理论考试和实践考试合格成绩均为百分制的80分。理论考试成绩有效期为36个日历月，实践考试应当在理论考试通过后且在理论考试成绩有效期内完成。

③ 执照申请人应当在初次实践考试前6个月内，在大型飞机公共航空运输承运人飞行签派部门具有执照的飞行签派员监视下进行不少于90个工作日的实习。

二、飞行签派员执照的申请

（1）飞行签派员执照申请人（以下简称执照申请人）应当向民航地区管理局提交下列材料：

① 《飞行签派员执照申请表》。

② 身份证明材料和照片。

③ 学历证书。

④ 飞行签派员执照训练成绩单、结业证书，相关执照或者从业经历证明（如需要）。

⑤ 实习经历证明。

⑥ 理论考试、实践考试合格成绩单。

（2）申请人应当对材料的真实性负责。

三、考试的一般要求

（1）飞行签派员执照考试包含理论考试和实践考试两部分。符合本规则规定条件的执照申请人，应当向民航局指定的民航地区管理局申请，并在民航地区管理局指定的时间和地点考试。

（2）飞行签派员的执照理论考试和实践考试合格成绩均为百分制的80分。理论考试成绩有效期为36个日历月，实践考试应当在理论考试通过后且在理论考试成绩有效期内完成。

（3）执照申请人应当在初次实践考试前6个月内，在大型飞机公共航空运输承运人飞行签派部门具有执照的飞行签派员监视下进行不少于90个工作日的实习。

（4）执照申请人如未通过考试，可以在考试结束30天后向民航地区管理局申请补考，再次参加考试时间应当与前一次考试的时间间隔至少3个月。

（5）理论考试成绩合格，实践考试未通过的，在理论考试成绩有效期内只需申请实践考试部分的补考。理论考试成绩超出有效期的，需重新参加理论考试。

执照申请人如未通过考试，可以在考试结束30天后向民航地区管理局申请补考，再次参加考试时间应当与前一次考试的时间间隔至少3个月。理论考试成绩合格，实践考试未通过的，在理论考试成绩有效期内只需申请实践考试部分的补考。理论考试成绩超出有效期的，须重新参加理论考试。

在考试过程中，不得有下列行为：

（1）以任何形式复制或者有意保存考试试题。

（2）交给其他人员或者从其他人员处得到考试试题的任一部分或者其副本。

（3）在考试过程中，帮助他人或者接受他人的帮助。

（4）代替他人或者由他人代替参加部分或者全部考试。

（5）使用未经局方批准的材料或者其他辅助物品。

（6）破坏考场设施。

（7）故意引起、助长或者参与本条禁止的行为。

（8）其他妨害考试的行为。

四、飞行签派员执照理论考试

飞行签派员执照理论考试是指颁发飞行签派员执照所要求的、通过计算机考试方式实施的民用航空理论知识方面的考试。

考试形式：

（1）考试形式为计算机考试，考试时长为 2 小时。

（2）理论考试每份试卷共 100 道题，题型均为单项选择题，每道题 1 分，满分 100 分，合格成绩为 80 分。

（3）试卷包含中文题目和 15%～25% 的英文题目（题干和选项均为英文），部分题目需要参考图册。

考试范围：

考试范围即飞行签派员理论考试大纲共包含以下 10 个科目，英文题目的考试范围为其中（4）～（10）：

（1）民用航空法律、法规、规章及相关文件。

（2）运行控制基础理论。

（3）系统安全管理与运行风险管控。

（4）航空器。

（5）航空气象。

（6）航行情报。

（7）通信、导航与监视。

（8）空中交通管理。

（9）紧急和非正常情况处置。

（10）签派实践应用等。

理论考试由民航地区管理局或其派出机构每半年举行一轮，初次考试与考试不合格后的再次考试一并进行。每个考试申请人每年最多参加两次理论考试。每次考试计划应当于开考前 1 个月由民航地区管理局或其派出机构在民航航务业务信息网（https://hangwu.caac.gov.cn/）发布，包括考试计划名称、报名时间、考试时间、考试地点和考试类别。

五、飞行签派员执照实践考试

颁发飞行签派员执照所要求的签派应用技能方面的考试包含手工飞行计划和实践应用评估两个环节。

六、不得行使飞行签派员执照权利的情形

有下列情形之一的，执照持有人不得行使飞行签派员执照权利：

（a）未由运营人指定从事飞行运行控制和监督工作的。

（b）未满足公共航空运输运行规章中相关训练、经历、资格等要求的。

（c）生理或者心理状况不适合时。

（d）在饮用任何含酒精饮料之后的 8 小时之内或者处在酒精作用之下、血液中酒精含量等于或者大于 0.04 克/210 升，或者受到任何作用于精神的物品影响损及工作能力时。

（e）定期检查未通过或者未按时完成定期检查的。

（f）执照持有人与民用航空器事故或者征候有直接关系并正在接受调查的。

（g）处于被追究刑事责任期间的。

七、飞行签派员执照真实性

任何人不得伪造或者篡改飞行签派员执照。

八、飞行签派员执照有效期

除法律、法规、规章另有规定外，飞行签派员执照持续 有效。

九、定期检查

（1）执照持有人应当自取得飞行签派员执照之日起在 36 个日历月内至少完成一次定期检查和考核。经检查、考核合格的，方可继续担任其执照载明的工作。

（2）执照持有人应当于定期检查到期前至少 30 个工作日向民航地区管理局提出申请，并在民航地区管理局指定的时间和地点参加检查。

（3）定期检查应当包含航空法律法规规章及相关文件、运行风险管控、签派放行、运行监控、航行情报、飞机性能、航空气象、应急处置等内容。

（4）执照持有人定期检查未通过或者未能按时参加定期检查的，可以再次申请定期检查，再次定期检查的时间应当与前一次定期检查的时间间隔至少 1 个月。

十、飞行签派员执照的换发、补发和迁转

（1）执照持有人因变更基础信息需要换发飞行签派员执照的，应当向民航地区管理局提出书面申请。申请材料应当附有申请人持有的飞行签派员执照和基础信息变更相关材料。

（2）飞行签派员执照遗失或者损坏后，执照持有人可以向民航地区管理局书面申请补发。申请材料应当写明遗失或者损坏飞行签派员执照的持有人姓名、通信地址，并提供身份证明材料。

（3）对飞行签派员执照的换发或者补发申请，民航地区管理局审查后应当报民航局办理飞行签派员执照。执照持有人在换发、补发期间，可以向民航地区管理局说明，继续行使飞行签派员执照权利。

（4）执照持有人工作单位变动且继续行使飞行签派员执照权利的，应当向民航地区管理局办理飞行签派员执照管理关系迁转。执照迁转后，原 36 个日历月定期检查仍然有效。

第二节　飞行签派员的合格要求

飞行签派员是根据 CCAR-65 部审定合格的航空人员，与机长共同承担责任，对商业航空的安全飞行负责。对正在实施的运行类型，飞行签派员必须具备当前有效的资格。

（1）在国内、国际定期载客运行中担任飞行签派员的人员，应当持有飞行签派员执照，并且按照 CCAR-121 部 N 章批准的训练大纲，圆满完成相应飞机组类中的一个型别飞机的下列训练：

① 飞行签派员初始训练，但是如果该飞行签派员已对同一组类的另一型别飞机接受了初始训练，则只需完成相应的转机型训练。

② 运行熟悉，在驾驶舱观察按照 CCAR-121 部实施的运行至少 5 小时（含一次起飞和着陆）。对于驾驶舱没有观察员座位的飞机，可以在配备耳机或者喇叭的前排旅客座位上观察。可以用额外增加一次起飞和着陆代替一个飞行小时的方法，将运行熟悉小时数减少至不低于 2.5 小时。

③ 对于新引进组类的飞机，在开始投入本规则运行后 90 天之内，不满足运行熟悉要求的人仍可以担任飞行签派员。

（2）飞行签派员所签派的飞机与原签派的同型别飞机存在差异时，应当接受该飞机的差异训练。

（3）飞行签派员应当在前 12 个日历月内完成定期复训地面训练和资格检查。

（4）飞行签派员应当在前 12 个日历月内在其签派的每一组类飞机的一个型别飞机上，在其被授权实施飞行运行控制和监督工作的任何地区，进行至少一次满足运行熟悉要求。对每一组类飞机，要求可以使用按照 CCAR-121 部批准的该组类一个型别的飞行模拟机，完成训练观察 5 小时的方法来满足。但是，如果使用飞行模拟机来满足本款要求，不得减少小时数。

（5）合格证持有人在授权飞行签派员执行飞机签派任务前，应当确认该飞行签派员通过演示证明其：

① 具有以下基础知识：

运行手册的内容；飞机上使用的无线电设备；飞机上使用的导航设备。

② 熟悉其被授权实施飞行运行控制和监督工作的运行区间的所有运行程序，并具备以下详细的知识：

季节性气象条件和气象资料的来源；气象条件对飞机使用的无线电接收的影响；运行使用的每一导航系统的特点和限制；飞机装载说明。

③ 具备与签派职责相关的有关人的因素的知识和技能。

④ 有能力履行国内、国际定期载客运行的运行控制责任。

（6）经授权可以签派飞机通过其他某个运行区间的飞行签派员，在与经授权的对该运行区间实施飞行运行控制和监督工作的飞行签派员协调后，可以不满足本条（5）款第（2）项的要求，签派飞机通过其他某个运行区间。

第三节　航空承运人飞行签派员资格检查

实施国内或者国际定期载客运行的合格证持有人，应当在其运行控制中心及分支机构安排有足够数量的合格飞行签派员，以确保对每次飞行进行恰当的运行控制。

一、相关定义

资格检查：是指完成飞行签派员训练后必须包含的检查，以证明每个接受训练的飞行签派员的技术熟练程度和掌握的知识达到合格水平。资格检查应至少包括训练检查和履职能力检查。

训练检查：是指飞行签派员在完成规章要求的训练后，对飞行签派员训练内容掌握程度进行的综合评估，是该训练的组成部分。该检查通过对申请人进行理论考试或实践考试的方式进行。

履职能力检查：是指对飞行签派员是否满足相应工作职责要求，行使相应权力进行的综合评估。该检查通过申请人在生产席位中演示操作并回答问题的方式进行。

飞行签派检查员：是指经航空承运人任命，报局方备案的飞行签派员，其具有相应的训练、经历和能力，可承担航空承运人飞行签派员训练及教学质量的监督、资格检查、资质评估以及对飞行签派员日常运行履职情况进行监督指导等工作。

训练/检查月：指飞行签派员接受必需的复训训练的基准日历月。"日历月"是指某特定月份的第一天至最后一天。

合格期：指包括"训练/检查月"在内的之前和之后各一个月，共三个日历月。在合格期内完成的训练或检查被认为是在"训练/检查月"完成的。

新雇员训练：是指合格证持有人新雇佣的人员，或者已经雇佣但没有在飞行签派员工作岗位上工作过的人员，在进入飞行签派员工作岗位之前需要进行的训练。新雇员训练包括基础理论教育、针对特定机型和岗位的训练。

初始训练：未曾在相同组类其他飞机的相同职位上经审定合格并服务过的飞行签派员需要进行的改飞机型训练。

转机型训练：曾在相同组类不同型别飞机的相同职位上经审定合格并服务过的飞行签派员需要进行的改飞机型训练。

差异训练：对于已在某一特定型别的飞机上经审定合格并服务过的飞行签派员，当局方认为其使用的同型别飞机与原服务过的飞机在性能、设备或者操作程序等方面存在差异，需要进行补充性训练时应当完成的训练。

定期复训：是指已取得资格的飞行签派员，为了保持其资格和技术熟练水平，在规定的期限内按照规定的内容进行的训练。

重新获得资格训练：已在特定飞机型别和特定工作岗位上经审定合格，但因某种原因失去资格的飞行签派员，为恢复这一资格所应当进行的训练。

二、资格检查的背景

加强飞行签派员训练，完善资格检查，切实提高其业务技能、履职和风控能力，可有效降低飞行运行中发生不安全事件的风险，是确保飞行运行安全、高效、有序的有效手段。目前，局方对飞行签派员训练资格检查提出了相关要求与建议，但是航空公司在检查标准、内容以及检查员聘任、授权等具体工作开展中各有不同。

三、资格检查的目的

资格检查是飞行签派员训练和管理的重要环节，组织实施飞行签派员资格检查是航空承运人的主体责任。咨询通告《航空承运人飞行签派员资格检查指南》为规范航空承运人飞行签派员资格检查内容、流程和程序，同时为局方监察员、飞行签派检查委任代表、公司飞行签派检查员实施飞行签派员资格检查及局方监督检查等工作提供了指南。资格检查的对象是完成规章要求训练的所有飞行签派员。

四、资格检查要求

所有完成规章要求训练的飞行签派员需满足以下资格检查要求：新雇员训练、初始和转机型训练、差异训练、年度复训和重获资格训练、D类模拟机训练、运行熟悉、签派资源管理（DRM）、应急处置训练，必须包含训练检查。

承担航空承运人飞行运行控制和监督工作职责的飞行签派员还需满足以下要求：年度复训、重获资格训练。资格检查必须包含履职能力检查，履职能力检查应以在生产席位上对被检查人实际工作演示操作及回答问题的形式开展。

五、培训项目

签派人员上岗前需按照局方规定、IOSA 标准要求及《飞行签派员训练大纲》完成必须进行的基础培训及其补充训练。培训项目包括：

1. 机型运行需要的基础培训

为了能够获取机型签派资格，满足机型运行需要，必须进行初始训练、转机型训练、差异训练、年度定期复训以及因为未能在适宜期完成年度定期复训或间断值勤而进行的重获资格训练，方能行使签派放行/控制权。

2. 岗位值勤必需的训练

签派人员为了胜任高级别岗位需要，必须进行的训练。

3. 公司新开航线及新机场运行需要业务培训

签派为了安全运行之需，对于新开辟的国际、地区航线以及涉及新开国内特殊机场，必须在开航前对保障此航线、机场的签派人员进行业务培训，涉及民航法规、机场保障能力、保障程序及一发失效应急程序、飘降分析等。

4. 签派新专题、新技术、新系统、设备的使用培训

公司新引进设备、计算机软件等，为了使签派人员能够正确使用而必须进行相关操作技能培训。随着公司运行区域的扩大，公司需实施特殊运行如二次签派放行、RVSM、RNP、EDTO、RNAV 等，必须进行相应的新专题训练。

5. 新颁布或修改的规章培训

民航法规是航空公司飞行运行人员的指导性文件，是保障飞行安全的基础。因此，为了使签派人员及时掌握规章或规章的变更，应在民航规章颁布或修改通知下发后组织开展培训。

6. 专机保障培训

根据公司重要专机保障程序结合航线特点，针对重要专机保障组织培训。

第四节　飞行签派员值勤要求

一、相关定义

值勤时间：飞行签派员的值勤时间应当从飞行签派员为签派飞机而了解气象情况和飞机

运行情况的时刻开始，至所签派的每架飞机已完成飞行，或者已超出其管辖范围，或者由另一位经审定合格的飞行签派员接替其工作时止。

连续24小时：连续24小时是从任意时刻起，向后倒推算的24小时内，签派员的值勤和休息时间应当满足CCAR-121部的规定。

休息区：如果航空承运人为值勤签派员安排休息区，休息区应当保持通风、整洁、安静，避免干扰。

无论是在主运营基地、其他运营基地还是外站，凡按照航空承运人运行手册，履行CCAR-121部规定的运行控制责任的签派员均适用于值勤时间限制的要求。

二、飞行签派员值勤要求

除出现了超出合格证持有人控制能力的情形或者紧急情况之外，签派员的值勤时间限制应当符合下列要求：

（1）任何合格证持有人不得安排飞行签派员连续值勤超过10小时。

（2）如果飞行签派员在连续24小时内被安排值勤时间超过10小时，该合格证持有人应当在该飞行签派员值勤时间达到或者累计达到10小时之前为他提供至少连续8小时的休息时间。

（3）合格证持有人应当在任意连续7个日历日内为飞行签派员安排一个至少连续24小时的休息期，或者在任一日历月中为其安排相当时间的休息期。

合格证持有人在经局方批准后，可以安排在境外工作的飞行签派员，在24小时内连续工作超过10小时，但在每个24小时期间内，应当安排该飞行签派员至少连续休息8小时。

三、飞行签派员排班原则

1. 合理排班

排班不合理可能造成签派员工作负荷过大，引起疲劳而导致发生人为差错或事故。航空承运人必须遵守CCAR-121部所规定的签派员值勤时间限制，并且应当清楚该限制在性质上属于计划的最长工作时间和最短休息时间限制，不是实际工作必须强制达到的时限。在实际排班中航空承运人应根据本公司运行特点、可用的人力资源、固定的交接班时间等因素进行合理排班。

2. 明确交接班重叠时间

航空承运人在制订排班计划时，应当考虑到交接班的重叠时间，并将这部分时间计入值勤时间。即交班人员值勤时间终止于完成交班，而接班人员的值勤时间起始于接班工作的开始。航空承运人应当在运行手册中明确签派员交接班重叠时间。

四、运行中的调整

CCAR-121部中"超出航空承运人控制能力的情形或应急情况"是指出现不可控的任何

因素，导致签派员值勤超时。发生此种情况时，航空承运人应当在值勤记录上予以注明。

在可控制的范围内，当预计签派员值勤时间将超时，航空承运人应当采取适当措施，安排符合值勤时间限制要求的签派员替换，避免超时情况发生。

五、值勤记录

航空承运人应当建立和保存签派员值勤时间的记录。航空承运人签派员值勤时间记录内容至少应当包括：值勤日期、起始时间、结束时间、值勤岗位、签名，以及航空承运人认为必要的其他信息。签派员在每次值勤时应当书面填写值勤时间记录，除非有经局方批准的、能够证明其唯一性的其他电子方式。记录应由本人填写，不得委托他人代填。航空承运人应对值勤时间记录的准确性负责。航空承运人应在运行手册中规定签派员值勤时间记录保存程序、保存期和保存地点。记录应保存在签派员服务的基地，与签派放行单保存时限一致。

六、值班人员配置应考虑的因素

1. 履行职责的充分性

评估签派员履行职责的充分性，应依据经批准的运行手册中所规定的签派放行、运行监控的政策和程序。如果证实签派员数量问题导致不能充分履行职责，航空承运人应考虑调整人力资源。航空承运人应确保签派员有效地履行了 CCAR-121 部所规定的相关职责。如果航空承运人赋予签派员履行其他职责，应当考虑签派资源的充足性。

航空承运人应考虑飞行高峰期、不利天气系统、空中交通流量限制、飞机返航和备降以及其他因素造成的签派员工作量增加，配备足够数量的签派员，以确保对每次飞行进行恰当的运行控制。

2. 运行控制系统

航空承运人运行控制系统自动化程度不高是导致工作效率低、人员紧张，造成值勤时间超时的原因之一。应当通过对运行控制中心结构、工作流程、信息平台、计算机飞行计划系统和通信能力等方面的评估，确定满足运行控制要求所需要的签派员数量。

3. 其他因素

航空承运人在配置签派员时，除根据值勤时间限制确定最低人员配置外，还应当考虑以下因素：

（1）休假、出差和培训。
（2）运行区域、时间和复杂程度。
（3）人员业务的熟练程度和力量搭配。
（4）新员工的成长周期。
（5）机队规模与发展。

（6）人员调动与流失。

（7）公司相关政策等。

七、签派员使用药物和饮用含酒精饮料后的值勤限制

担任安全敏感工作的飞行签派员，不得使用或者携带鸦片、海洛因、甲基苯丙胺（冰毒）、吗啡、大麻、可卡因以及国家规定管制的其他能够使人形成瘾癖的麻醉药品和精神药品。合格证持有人不得安排明知其使用或者携带了上述禁用毒品和药品的人员担任安全敏感工作，该人员也不得为合格证持有人担负此种工作。

担任安全敏感工作的飞行签派员如果其呼出气体中所含酒精浓度达到或者超过 0.04 g/210 L，或者在酒精作用状态下，不得上岗或者继续留在岗位上担任安全敏感工作。任何合格证持有人在明知该人员呼出气体中所含酒精浓度达到或者超过 0.04 g/210 L，或者在酒精作用状态下，不得允许其担任或者继续担任安全敏感工作。

飞行签派员在饮用含酒精饮料后 8 小时之内，不得上岗值勤。任何合格证持有人在明知该人员在 8 小时之内饮用过含酒精饮料时，不得允许该人员担任或者继续担任上述工作。

第五节　飞行签派员人力资源评估及其分级与分工

近年来，在航班运行量快速增长、运行环境日趋复杂以及资源配置紧张等因素的作用下，飞行签派员的工作负荷较以往大大增加。过高的工作负荷会引起签派员疲劳和精力分散，难以确保对每次飞行进行恰当的运行控制，容易发生人为因素差错或事故。航空承运人需要适时规划、调整签派人力资源，控制签派员工作负荷处于合理的水平，从而让签派员能够有效履行其职责，确保飞行运行安全和效能。

一、飞行签派员人力资源评估

更先进的系统及新技术，如卫星通信技术、电子飞行包（EFB）等的引入和运用，给签派员工作负荷乃至航空公司运控模式带来改变，签派员在继续从事日常事务性工作的同时，将更为专注于管理层级的运行控制。因此，航空承运人在进行签派员人力资源配置时，应适应未来的变革和发展方向。

签派员工作负荷是制约签派工作质量的关键因素之一，不适当的工作负荷会导致签派员难以有效地履行其职责，从而影响飞行运行安全。航空承运人应通过合理配置签派人力资源等方式，保证签派员的工作负荷处于可接受的范围内。对于超过可接受水平的工作负荷评估结果，航空承运人应及时采取相应措施调整，直至工作负荷下降至可接受水平。

航空承运人每年至少应开展一次签派员人力资源评估，并制订评估方案流程，如图 4-1

所示。在遇到席位工作职责、运行种类或区域有重大调整，运行环境因素有较大变更（如航班换季、飞机数量改变、AOC 系统设施设备升级、人员流动等）以及在局方认为有必要时，承运人需要及时启动人力资源评估工作。航空承运人在评估签派员人力资源配置时需要考虑系统失效带来的影响。

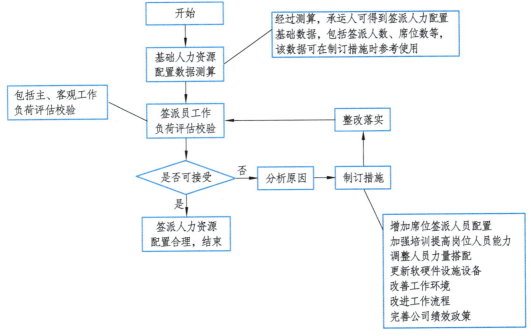

图 4-1　评估方案流程

　　航空承运人应当根据自身实际情况，制订并持续修订、完善局方可接受的评估方案、指标体系、采样标准（包括确定采样对象、采样时机、采样持续时间）等。比如，航空承运人可根据本公司航班性质及席位设置等特点，按照国内、国际运行两种运行种类分别进行评估。

航空承运人飞行签派员
人力资源评估指南

　　根据公司机队引进等发展规划，航空承运人应适时开展签派员人力资源评估，做好签派员储备及规划，以便更好地适应和满足公司的安全运行和发展需求。航空承运人应将签派员人力资源的配置及评估要求放入运行手册中，并在运行规范 A 部进行描述。

二、飞行签派员分级与分工

1. 飞行签派员职责

　　飞行签派机构设立后，航空公司应根据本公司的飞行业务量和派出机构的多少，配备一定数量的飞行签派员。每个飞行签派室一般由飞行签派主任、飞行签派员和助理签派员组成。

　　（1）助理签派员职责。

　　助理签派员协助签派员组织航空器的飞行和运行管理工作。其职责是：

① 根据签派员的指示，传达飞行任务，承担飞行组织保障工作。

② 拟定每日飞行计划，提交空中交通管制部门审批，并通知飞行、运输、机务等有关保障部门。

③ 计算航空器起飞重量、油量和载量，提请机长和签派员审定。

④ 根据航空器起飞时间，计算预计到达时间，并通报有关部门。

⑤ 及时收集和掌握气象情报、航行情报和机场、航路设备工作情况，并向机长提供。

⑥ 向机长递交经签派员签字的飞行放行单。

⑦ 向空中交通管制部门申报飞行计划（FPL）。

（2）责任签派员职责。

签派员是航空公司不可或缺的人员。他们的主要工作是搜集飞行信息、制订并申请飞行计划，与机长共同放行每个航班。属于非常重要的工种，可以根据情况推迟、调配甚至取消航班。每一个航班都需要签派员签字放行，还要提供给飞行机组相应的飞行计划（FPL）、天气实况（METAR）和预报（TAF）、航行通报（NOTAM）并对其正确性负责，对放行的航班负责，实施飞行保障组织指挥和运行管理工作，保证公司各类飞行任务按计划完成。其主要工作内容包括：

责任签派员负责组织航空器的飞行和运行管理工作，其职责是：

① 监督、检查和指导助理签派员的各项工作。

② 检查、了解机组和各项保障部门飞行前的准备情况。

③ 审核助理签派员计算的航空器起飞重量、油量和载量。

④研究起飞、降落、备降机场以及航线天气和保障设备的情况，正确做出放行航空器的决定，签发飞行放行单或电报以及飞行任务书。

⑤ 了解并掌握本签派区内天气演变情况、飞行保障设备情况以及航空器飞行情况，在机长遇到特殊情况，不能执行原定飞行计划时，协助机长正确处置。

⑥ 航空器遇到特殊情况，不能按预定时间或预定计划飞行时，应采取一切措施，在保证安全的前提下，恢复正常飞行。

⑦ 听取机长飞行后的汇报。

⑧ 综合每日飞行情况，编写飞行简报。

（3）签派带班主任职责。

主任签派员除承担助理签派员和责任签派员的职责外，还要组织、指挥飞行签派人员实施运行管理工作，通过对飞行签派业务工作质量进行管理与控制，保证公司飞行运行按计划进行。

签派带班主任主要职责包括：

① 组织、领导飞行签派室当日值班工作，检查落实飞行签派员上岗前的准备工作。

② 监督、检查飞行签派各岗位业务工作进展情况。

③ 组织当班全体飞行签派人员（包括见习人员）根据天气、通告、导航及空中交通管制等运行条件，提出签派放行与飞行监控对策。

④ 根据公司值班经理要求，组织和统一协调处理飞行运行过程中发生的重大问题，采取妥善措施，恢复正常运行。

⑤ 协调当班期间与航管、机场、供油单位等外部飞行保障部门的工作配合。

⑥ 检查落实飞行签派人员工作记录的处理与归档、工作文件与设备的管理工作。

⑦ 完成领导交办的其他工作。

2. 不同公司飞行签派员技术分级示例

示例 1：按照运行控制业务的等级，将签派员技术等级分为：初级、中级、高级和资深阶段，具体划分方式如图 4-2 所示。

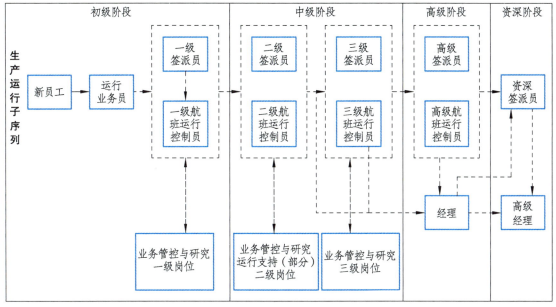

图 4-2　飞行签派员技术分级

示例 2：总签派室下设应急管理、放行控制和运行监控三个单元。根据签派员资质管理及岗位要求，应急管理单元岗位分为应急管理签派主任、应急管理签派和应急管理助理签派；放行控制单元签派岗位分为放行控制主任签派、放行控制责任签派和放行控制助理签派；运行监控单元岗位分为运行监控主任签派、运行监控签派和运行监控助理签派。其中，履行应急管理签派主任和放行控制主任签派岗位的人员必须具备主任签派员资格；履行应急管理签派、放行控制责任签派和运行监控主任签派及签派岗位的人员必须具备飞行签派员资格；履行应急管理助理签派、放行控制助理签派和运行监控助理签派岗位的人员必须具备助理签派员资格。

课后参阅规章和手册

1. CCAR-121《大型飞机公共航空运输承运人运行合格审定规则》。
2. CCAR-65FS-R3《民用航空飞行签派员执照和训练机构管理规则》。
3. AC-121-FS-2017-134《航空承运人飞行签派员资格检查指南》。
4. AC-121-FS-2009-30《飞行签派员执勤时间指南》。
5. AC-121-FS-2014-121《航空承运人飞行签派员人力资源评估指南》。

复习 思考题 📖

1. 简述取得我国飞行签派执照的基本要求。
2. 描述签派员执照管理和训练基本要求。
3. 简述飞行签派员值勤规定。
4. 简述我国当前航空公司签派员分级与分工特点。
5. 在121.395条中，实施国内或者国际定期载客运行的合格证持有人，应当在其运行控制中心及分支机构安排有足够数量的合格飞行签派员，以确保对每次飞行进行恰当的运行控制。请使用思维导图说明你对"足够数量"的理解。

拓展阅读

东航2024年飞行签派员技能比武大赛在沪圆满收官

为进一步优化岗位技能，发掘与培育杰出技术人才，增强运控团队的凝聚力和使命感，6月25日，东航集团2024年飞行签派员比武大赛在上海东航之家圆满收官。

自今年5月起，来自运控中心总签一队、运控中心总签二队、西北运控分中心、北京运控分中心、江苏运控分中心、武汉运控分中心、上航运控部、云南运控部、中联航运控部、一二三航运控部、中货航运控部10家东航单位的11支队伍，共473名签派员参与了本次角逐，展现出扎实的签派放行监控知识技能。经过层层遴选，44名杰出选手脱颖而出，入围了6月25日的半决赛和决赛。运控中心总签2队荣获2024年度"最佳签派团队"荣誉称号，一二三航运控部获第二名，北京运控分中心和中联航运控部并列第三名。

大赛共设置必答题、情景题、抢答题三个模块，涉及签派放行、运行监控、性能、情报等理论知识。必答题和抢答题环节主要考查签派人员的理论基础和相关专业知识；情景题环节聚焦签派员在空中处置、禁航分析、系统运用等方面，通过"学起来、练起来、比起来、赛起来"，激励签派员在专业技能上精益求精、不断进步。

中国东航党组成员、副总经理刘铁祥在比赛的闭幕致辞中强调：一是要不断提高政治站位，切实增强签派员对保障安全运行的责任感和使命感，确保安全第一的理念始终贯穿每一个航班、每一个决策、每一个环节当中；二是要不断增强专业本领，切实提升签派放行、科学决策、系统支持的能力和水平。每一位签派员都需要不断学习、探索和创新，以适应时代发展和行业需要；三是要不断扩大业务边界外延，持续加强内外部交流与合作，切实把总书记关于"确保两个绝对安全""人民至上、生命至上"的要求落到实处。

探索安全本源，提升精益运行。据悉，东航运控中心自2021年以来，持续开展"强三基、提能力"专项行动，通过"每日练、月月考、年年赛"的形式，持续关注专业人员的知识薄弱环节，有针对性地补充和完善专业培训课程体系及题库，达到"以考代练、以考促训、考训并重"目标。此外，东航运控中心每年通过技能比武竞赛的形式，来优化岗位技能，发掘与培育杰出技术人才，推动教学与训练走深走实，不断增强东航运控团队的专业能力。

今年 6 月是全国第 23 个"安全生产月",除飞行签派员技能比武大赛外,东航运控中心还开展了"人人讲安全、个个会应急——畅通生命通道"安全知识竞赛,并在东航之家 OCC 大厅、各办公楼层、虹桥浦东两机场的 HCC 大厅张贴相关海报,以多样化的宣传活动助推"安全生产月"热度持续攀升。

请思考:东航通过技能比武大赛传递了什么样的企业文化与价值观?东航通过"年年赛"的形式来提升签派员的专业能力,这种持续学习的方式对你个人的职业发展有何启发?

（资料来源：中国民航网.http://www.caacnews.com.cn/1/6/202406/t20240626_1379352.html）

第五章 飞机运行管理

航空器是指任何能够凭借空气的反作用力获得在大气中的支承力并由所载人员驾驶的飞行器械，包括固定翼航空器、旋翼航空器、载人气球、飞艇以及中国民用航空局认定的其他飞行器械。

民用航空器，是指除用于执行军事、海关、警察飞行任务外的航空器。在中华人民共和国领域内飞行的民用航空器，应当具有规定的国籍标志和登记标志或临时登记标志，并携带国籍登记证书或临时登记证书。

飞机，是指具有机翼和一台或多台发动机，靠自身动力能在大气中飞行的重于空气的航空器。飞机按用途可以分为军用机和民用机两大类。军用机是指用于各个军事领域的飞机，而民用机则是泛指一切非军事用途的飞机（如旅客机、货机、农业机、运动机、救护机以及试验研究机等）。截至 2023 年年末，中国运输飞机在册架数 4270 架，比上年末增加 105 架。其中，客运飞机 4013 架，增加 71 架；货运飞机 257 架，增加 34 架。民用飞机可以按照发动机、飞行速度、航程远近、最大起飞重量、尾流间隔和进近类别等方式分类。

其中，按飞机进近类别划分，则是以批准的航空器最大着陆重量，以着陆形态的失速速度的 1.3 倍（飞机在跑道入口时的指示空速 Vat）将航空器分为 A、B、C、D、E 五类。A 类指示空速小于 169 km/h；B 类指示空速 169 km/h 或以上但小于 224 km/h；C 类指示空速 224 km/h 或以上但小于 261 km/h；D 类指示空速 261 km/h 或以上但小于 307 km/h；E 类指示空速 307 km/h 或以上但小于 391 km/h。

飞机类别一旦确定，不因日常运行条件的变化而改变。飞机类别与机场飞行区指标代码是两个不同的概念，在制定机场运行最低标准时，应包含该机场可能运行的所有飞机类别。

第一节 航空器注册管理

世界上每个国家的民用航空器都有国籍标志，并要取得国际民航组织的认同。中国是国际民航组织的成员国，根据国际规定，于 1974 年选用"B"作为中国民用航空器的国籍标志。

一、航空器的国籍管理和登记注册规定

国际民航公约规定：航空器必须在一国申请国籍登记，取得该国的国籍和登记标志，这

84

是其开始航行的先决条件之一。航空器的登记国有权利和义务对航空器进行管辖和保护，该国法律适用于该航空器及发生在其上的法律行为。

航空器禁止双重国籍登记。航空器在一个以上国家登记不得视为有效，但其登记可以由一国转移至另一国。未注销外国国籍的民用航空器，不得在中华人民共和国申请国籍登记；未注销中华人民共和国国籍的民用航空器，不得在外国办理国籍登记。

管理登记的国家法律：航空器在任何缔约国登记或转移登记，应按该国的法律和规章办理。标志的展示：从事国际航行的每一航空器应载有适当的国籍标志和登记标志。

登记的报告：缔约各国承允，如经要求，应将关于在该国登记的某一航空器的登记及所有权情况提供给任何另一缔约国或国际民用航空组织。此外，缔约各国应按照国际民用航空组织制定的规章，向该组织报告有关在该国登记的经常从事国际航行的航空器所有权和控制权的可提供的有关资料。如经要求，国际民用航空组织应将所得到的资料提供给其他缔约国。

二、我国航空器国籍注册登记办法

在中华人民共和国境内飞行的民用航空器必须具有国籍登记证。在中华人民共和国注册登记的民用航空器，具有中华人民共和国国籍，国籍登记证由民航局颁发。民用航空器取得国籍登记证后，必须按照规定在该民用航空器的外表标明国籍登记识别标志。

1. 申请国籍登记

民用航空器的所有人或者占有人（以下简称申请人）向民航局申请中华人民共和国民用航空器国籍登记，应当按照民航局规定的格式如实填写民用航空器国籍登记申请书，并提交下列文件：

（1）证明申请人合法身份的文件。

（2）作为取得民用航空器所有权证明的购买合同和交接文书，或者作为占有民用航空器证明的租赁合同和交接文书。

（3）未在外国登记国籍或者已注销外国国籍的证明。

（4）民航局要求提交的其他有关文件。

2. 国籍登记申请审查和受理

民航局自收到民用航空器国籍登记申请之日起 7 个工作日内，对申请书及有关证明文件进行审查；经审查，符合本规定的，即在中华人民共和国民用航空器国籍登记簿上登记该民用航空器，并向申请人颁发中华人民共和国民用航空器国籍登记证书。民用航空器国籍登记证书的有效期自颁发之日起至变更登记或注销登记之日止。

3. 国籍登记证内容

民航局在民用航空器国籍登记簿中载明下列事项：

（1）民用航空器国籍标志和登记标志。

（2）民用航空器制造人名称。

（3）民用航空器型号。

（4）民用航空器出厂序号。

（5）民用航空器所有人名称及其地址。

（6）民用航空器占有人名称及其地址。

（7）民用航空器登记日期。

（8）民用航空器国籍登记证书签发人姓名。

（9）变更登记日期。

（10）注销登记日期。

三、国籍标志和登记标志

1. 我国民用航空器国籍和登记标志

中华人民共和国民用航空器的国籍标志为罗马体大写字母 B。中华人民共和国民用航空器登记标志为阿拉伯数字、罗马体大写字母或者二者的组合。该组合不得与下列标志产生混淆：

（1）Q 简语电码中所用的以 Q 字为首的三字组合。

（2）遇险求救信号 SOS，或者 XXX、PAN、TTT 等其他紧急信号。

中华人民共和国民用航空器国籍标志置于登记标志之前，国籍标志和登记标志之间加一短横线。

取得中华人民共和国国籍的民用航空器，应当将规定的国籍标志和登记标志用漆喷涂在该航空器上或者用其他能够保持同等耐久性的方法附着在该航空器上，并保持清晰可见，如图 5-1 所示。

图 5-1　航空器注册和登记标志

民用航空器上国籍标志和登记标志的位置应当符合下列规定：

（1）固定翼航空器：位于机翼和尾翼之间的机身两侧或垂直尾翼两侧（如系多垂直尾翼，则应在两外侧）和机翼的下表面。机翼下表面的国籍标志和登记标志应位于左机翼的下表面，除非它们延伸穿过机翼的整个下表面。

（2）旋翼航空器：位于尾梁两侧或垂直尾翼两侧。

（3）飞艇：位于飞艇艇身或安定面上。如标志在艇身上，则应沿纵向配置在艇身两侧及顶部对称线处；如标志在安定面上，则应位于右水平安定面上表面、左水平安定面下表面和垂直安定面下半部两侧。

（4）载人气球：靠近球体表面水平最大圆周直径两端对称部位上。

航空器构形特别，其国籍标志和登记标志的位置不符合本条前款规定的，应当位于易于识别该航空器的部位。

2. 国籍和登记标志的字体和尺寸规定

民用航空器上国籍标志和登记标志的字体和尺寸应当符合下列规定：

（1）字母、数字、短横线（以下简称字）均由不加装饰的实线构成。

（2）除短横线外，机翼及飞艇、气球上每个字的字高不小于50厘米，机身、垂直尾翼、尾梁上每个字的字高不小于30厘米。

（3）每个字的字宽和短横线的长度为字高的三分之二。

（4）每个字的笔划的宽度为字高的六分之一。

（5）每两个字的间隔不小于字宽的四分之一，不大于字宽的四分之三。

（6）每个单独一组的国籍标志和登记标志的字高应相等。

民用航空器上国籍标志和登记标志的字体或尺寸不符合本条前款规定的，应当经过民航局核准。

民用航空器两侧标志的位置应当对称，字体和尺寸应当相同。机翼或水平安定面上字母和数字的顶端应朝向前缘，其距前后缘的距离应尽可能相等。国籍标志和登记标志的颜色应与背底颜色成鲜明对照，并保持完整清晰。

任何单位或者个人不得在民用航空器上喷涂、粘贴易与国籍标志和登记标志相混淆的图案、标记或者符号。未经民航局批准，不得在民用航空器上喷涂中华人民共和国国旗、民航局局徽、"中国民航"字样或者广告。

民用航空器所有人或占有人的法定名称和标志，应当按下列规定在其每一航空器上标明：

（1）名称喷涂在航空器两侧，固定翼航空器还应当喷涂在右机翼下表面、左机翼上表面。

民用航空器上喷涂民用航空器所有人或占有人法定名称简称的，其简称应当经过民航局核准。

（2）标志喷涂在航空器的垂尾上；航空器没有垂尾的，喷涂在民航局同意的适当位置。取得中华人民共和国国籍的民用航空器，应当载有一块刻有国籍标志和登记标志的识别牌。该识别牌应当用耐火金属或者其他具有合适物理性质的耐火材料制成，并且应当固定在航空器内主舱门附近的显著位置。

3. 国内外航空公司主要标识

国内外航空公司主要标识如图 5-2 和图 5-3 所示。

中国国际航空公司　中国东方航空公司　中国南方航空公司　海南航空公司　联合航空公司　厦门航空公司

上海航空公司　天津航空公司　山东航空公司　昆明航空公司　深圳航空公司　重庆航空公司

图 5-2　部分国内航空公司标识示意图

新加坡航空　阿联酋航空　韩亚航空　泰国航空　德国汉莎航空　美国联合航空

加拿大航空　日本全日空航空　卡塔尔航空　新西兰航空　法国航空　瑞士国际航空

图 5-3　部分国外航空公司标识示意图

　　尽管国籍标志是法定的标识，但航空公司会在其运营的飞机上喷涂自己的品牌标识、涂装和其他视觉元素。这有助于乘客和公众识别航空公司的品牌。例如，中国国际航空公司的飞机除了有"B-"国籍标志外，还会喷涂国航的品牌标识和特有的红色涂装。

　　国籍标志和航空公司之间存在紧密的关系，国籍标志代表了飞机的法律归属，而航空公司则负责实际的运营。两者共同作用，确保了航空运输的安全、合法和高效运行。航空公司可以拥有或租赁多架飞机。这些飞机可能在不同的国家注册，但通常会注册在航空公司所在国家或运营基地所在的国家。例如，中国南方航空公司的飞机通常在中国注册，因此会有"B-"作为国籍标志。在商业运作中，国籍标志和登记标志对于保险、维修记录、财务报告等都是必需的信息。航空公司需要维护详细的记录，包括每一架飞机的国籍标志和登记标志，以便于管理和追踪。国际双边或多边航空服务协议通常会规定哪些国籍的航空器可以在特定航线上运营。因此，国籍标志也影响着航空公司的国际业务扩展能力。

　　航空公司需要获得其运营所在国家以及飞往国家的相关许可。国籍标志是确认航空器合法性的关键因素之一。航空公司在申请航线和飞行许可时，需要提供航空器的国籍标志和登记标志。国籍标志还涉及到航空器的安全标准和监管。注册国负责确保其注册的航空器符合国际和

88

本国的安全标准。航空公司在购买或租赁新飞机后，需要确保这些飞机通过了必要的检查，并且符合注册国的要求。

第二节　仪表、设备及供氧要求

除具体指明适用于特定运行外，所述关于仪表和设备的要求适用于按照 CCAR-121 部实施的所有运行。CCAR-121 部所要求的仪表和设备，应当按照适用的适航要求进行批准和安装。

一、仪表和设备要求

每个空速指示器应当以千米/小时或者海里/小时为单位校准，并且飞机飞行手册和有关标牌中的每个空速限制和有关资料中的空速应当相应地以千米/小时或者海里/小时表示。

除经局方批准外，2005 年 7 月 1 日后首次投入运行的飞机应当装备有以米为单位显示的高度表。如果该飞机需在以英尺为单位确定飞行高度的国家或者地区运行，则应当同时装备有以英尺为单位显示的高度表。

1. 飞机仪表和设备

按照本规则运行的飞机应当装备下列飞行和导航的仪表与设备：

（1）一个空速指示系统，带有加温空速管或者可以防止由于结冰而失效的等效装置。对于以马赫数为单位来表示速度限制的飞机，则还应至少装有一个马赫数指示器。

（2）一个灵敏高度表，带有以百帕斯卡（毫巴）为单位的校正装置，并且该装置对于飞行中可能遇到的气压可以进行修正。

（3）一个带指针和/或数字式显示的精确指示小时、分和秒的时钟（或者经批准的等效装置）。

（4）一个大气静温指示器。

（5）一个陀螺坡度与俯仰指示器（地平仪）。

（6）一个组合有侧滑指示器的陀螺转弯速率指示器，但在按照本条（k）款装有第三套姿态仪表系统（可以在 360°俯仰和滚转飞行姿态中使用）时，只需要侧滑指示器。

（7）一个陀螺航向指示器（航向陀螺或者等效仪表）。

（8）一个磁罗盘。

（9）一个垂直速度指示器（升降率指示器）。

（10）当运行要求有两名驾驶员时，第二名驾驶员位置处应具有以下参数的显示：

① 气压高度。

② 指示空速。

③ 垂直速度。

④ 转弯和侧滑。

⑤ 姿态。

⑥ 航向。

（11）除局方批准的某些涡桨飞机外，在涡轮动力飞机上，除在每位驾驶员工作位置上各有一个陀螺坡度与俯仰指示器（地平仪）可以供使用之外，还应当配备满足下列要求的第三套陀螺坡度与俯仰指示器（地平仪）：

① 由独立于飞机正常发电系统的应急备用电源供电。

② 在正常发电系统全部失效之后至少能继续可靠地工作 30 分钟。

③ 不依赖任何其他姿态指示系统而独立工作。

④ 在正常发电系统全部失效之后无须选择就能工作。

⑤ 位于仪表板局方认可的位置上，使得任一驾驶员在其工作位置上都能清楚地看见并使用。

⑥ 在使用的所有阶段均有适当照明。

（12）对于本条要求的飞行和导航设备：

① 可以通过仪表组合或者中央飞行系统或者在电子显示器上参数的组合来满足这些条款的各项要求，但要求每一必需驾驶员能够获得的信息不少于本条所规定的仪表及相应设备提供的信息。

② 可以使用其他等效符合性方法来满足这些条款的设备要求，但要求在飞机型号审定批准过程中已表明该方法具有等效的安全水平。

2. 飞行记录器

（1）除经局方批准外，除本条（2）款、（3）款和（4）款适用的情况外，按照本规则实施运行的飞机应当装备满足下列要求的飞行记录器：

① 一台符合局方记录参数要求，并至少保存最后 25 小时运行中所记录信息的飞行数据记录器。

② 一台至少保存最后 2 小时运行所记录信息的驾驶舱话音记录器。

（2）2016 年 1 月 1 日（含）以后提交型号合格审定申请的最大审定起飞重量超过 15 000 千克的飞机，应当以安装两台组合式飞行记录器的方式代替独立的飞行数据记录器和驾驶舱话音记录器，并且其一台应当尽量安装靠近驾驶舱位置，另一台应当尽量安装在飞机后部位置。

（3）2022 年 1 月 1 日（含）之后首次颁发单机适航证的最大审定起飞重量超过 27 000 千克的飞机，驾驶舱话音记录器应当至少保存最后 25 小时运行所记录的信息。

（4）对于 2016 年 1 月 1 日（含）以后首次颁发单机适航证且应用数据链通信的飞机，飞行记录器上还应当记录数据链通信电文。数据链通信最短的记录时间应当与驾驶舱话音记录器的记录时间相等，并且能够与记录的驾驶舱音频相互并联。

（5）在飞行中不得关断飞行记录器，但在发生事故或者事件的飞行结束后，为保存飞行记录器的记录，应当关断飞行记录器，并且在局方事故或者事件调查人员按规定对飞行记录器进行处理前，不得重新接通。

（6）对于飞行数据记录器和驾驶舱话音记录器的记录，航空运营人必须按照局方的要求进行运行检查和校准，以保证记录器的持续可用性。

小贴士

"黑匣子"是航空业中对飞行记录器的俗称，尽管它的实际颜色通常是橙色或亮黄色，以便于在事故发生后更容易被发现。飞行记录器包括两种主要类型：飞行数据记录器（FDR）和驾驶舱语音记录器（CVR）。它们的主要功能是在飞机运行期间记录关键数据，以帮助调查人员在事故或事件发生后分析原因。

1. 飞行数据记录器（FDR）

飞行数据记录器记录飞机的各种参数，如高度、速度、航向、加速度、发动机性能等。它通常能够记录数百个不同的参数，具体取决于飞机型号和记录器的能力。这些数据对于理解飞机的技术状态以及飞行员的操作非常重要。

2. 驾驶舱语音记录器（CVR）

驾驶舱语音记录器记录驾驶舱内的声音，包括飞行员之间的对话、与空中交通管制员的通信以及其他背景噪声。这有助于了解飞行员在特定情况下的决策过程以及可能影响飞行安全的因素。

3. 黑匣子的特点

耐久性：设计上非常坚固，能够承受极端的温度、撞击力和压力，甚至能够在深海中长时间浸泡而不损坏内部存储的数据。

位置：通常安装在飞机尾部，这是因为在大多数情况下，该部位受到的冲击相对较小。

电池寿命：配备有水下定位信标（ULB），一旦黑匣子浸入水中，信标会自动激活并发出声波信号，持续约30天，便于搜索者定位。

4. 黑匣子的用途

事故调查：当发生航空事故时，黑匣子中的信息是确定事故原因的关键证据。

预防措施：通过分析常规飞行中的数据，航空公司可以识别潜在的安全隐患，并采取相应措施改进安全标准。

黑匣子的设计目的是为了确保即使在最恶劣的情况下也能保留重要信息，从而为航空安全提供宝贵的见解。

二、涡轮发动机飞机用于生命保障的补充氧气要求

1. 生命保障氧气和分配设备

在运行涡轮发动机驱动的飞机时，每个合格证持有人应当根据本条的规定，在飞机上配备生命保障氧气和分配设备以供使用：

（1）所提供的氧气量应当至少是为遵守本条（2）和（3）款所必需的量。

（2）每一特定运行所需要的生命保障和急救用氧气量，应当根据座舱气压高度和飞行持

续时间来确定,这些座舱气压高度和飞行持续时间要与为该运行和航路制定的运行程序一致。

（3）对具有增压座舱的飞机,氧气量应当根据座舱气压高度和下列假设来确定:座舱增压故障发生在供氧需求临界的飞行高度或者飞行中某点,然后飞机按照飞机飞行手册中规定的应急程序,在不超过其使用限制的情况下,下降到一个允许顺利结束本次飞行的飞行高度。

（4）发生了这种故障之后,座舱气压高度被视为与飞行高度相同,除非能证明座舱或者增压设备任何可能的故障均不会导致座舱气压高度等于飞行高度。在这种情况下,可将达到的最大座舱气压高度作为审定或者确定供氧量的基础。

2. 机组成员

每个合格证持有人应当按照下列要求为机组成员提供氧气源:

（1）在座舱气压高度 3 000 米（10 000 英尺）以上至 3 600 米（12 000 英尺）（含）时,应当对在驾驶舱内值勤的每一飞行机组成员提供氧气,并且他们也应当用氧,如果在这些高度上超过 30 分钟,则对于 30 分钟后的那段飞行应当对其他机组成员提供氧气。

（2）在座舱气压高度 3 600 米（12 000 英尺）以上时,应当对在驾驶舱内值勤的每一飞行机组成员提供氧气,并且他们也应当用氧,在此高度上整个飞行时间内,应当对其他机组成员提供氧气。

（3）当要求飞行机组成员用氧时,他应当连续用氧,除非为执行其正常任务需要除去氧气面罩或者其他氧气分配器。对那些处于待命状态的或者在完成此次飞行前肯定要在驾驶舱内值勤的后备飞行机组成员,视为本款第（1）、（2）项所述的其他机组成员。如果某一后备飞行机组成员不在待命状态,并且在剩下的一段飞行中将不在驾驶舱内值勤,则就补充氧气要求而言,可以将其视为一名旅客。

3. 旅　客

除经局方批准外,每个合格证持有人应当按照下列要求为旅客提供氧气:

（1）对于座舱气压高度 3 000 米（10 000 英尺）以上至 4 000 米（13 000 英尺）（含）的飞行,如果在这些高度上超过 30 分钟,则对于 30 分钟后的那段飞行应当为 10%的旅客提供足够的氧气。

（2）对于座舱气压高度 4 000 米（13 000 英尺）以上的飞行,在此高度上整个飞行时间内为机上每一旅客提供足够的氧气。

（3）对于在特定区域运行符合上述（1）、（2）条款存在困难的,经局方批准,可以按照以下要求实施运行。

对于座舱气压高度 3 000 米（10 000 英尺）以上至 4 300 米（14 000 英尺）（含）的飞行,如果在这些高度上超过 30 分钟,则对于 30 分钟后的那段飞行应当为 10%的旅客提供足够的氧气;

对于座舱气压高度 4 300 米（14 000 英尺）以上至 4 600 米（15 000 英尺）（含）的飞行,足以为 30%的旅客在这些高度的飞行中提供氧气;

对于座舱气压高度 4 600 米（15 000 英尺）以上的飞行,在此高度上整个飞行时间内为机上每一旅客提供足够的氧气。

CCAR-121 部对涡轮发动机飞机用于生命保障的旅客补充氧气要求见表 5-1。

表 5-1　CCAR-121 部关于涡轮发动机飞机用于生命保障的旅客补充氧气要求

座舱气压高度	飞行时间段	应当提供氧气的人员
3 000 米（10 000 英尺）以上至 4 000 米（13 000 英尺）（含）	超过 30 分钟，则对于 30 分钟后的那段飞行	10%的旅客
4 000 米（13 000 英尺）以上	整个飞行时间内	每一旅客

第三节　飞机适航管理

民用航空器的适航性是指该航空器各部件及子系统的整体性能和操纵特性，在预期运行环境和使用限制下安全性和物理完整性的一种品质。该品质主要是通过适航认证与管理来实现的，其中适航认证管理又包括初始适航管理与持续适航管理。初始适航管理是对设计、制造环节的控制与管理。持续适航与初始适航管理不同，持续适航管理是在航空器获得适航证、投入运行后，对其使用、维修的控制与管理。在中国，由民航局（CAAC）下属适航司及飞标司进行航空器适航管理。

设计民用航空器及其发动机、螺旋桨和民用航空器上设备，应当向国务院民用航空主管部门申请领取型号合格证书。经审查合格的，颁发型号合格证书（Type Certificate，TC）。

生产、维修民用航空器及其发动机、螺旋桨和民用航空器上设备，应当向国务院民用航空主管部门申请领取生产许可证书（Production Certificate，PC）、维修许可证书。经审查合格的，发给相应的证书。

外国制造人生产的任何型号的民用航空器及其发动机、螺旋桨和民用航空器上设备，首次进口到中国的，该外国制造人应当向国务院民用航空主管部门申请领取型号认可证书。经审查合格的，发给型号认可证书。已取得外国颁发的型号合格证书的民用航空器及其发动机、螺旋桨和民用航空器上设备，首次在中国境内生产的，该型号合格证书的持有人应当向国务院民用航空主管部门申请领取型号认可证书。经审查合格的，发给型号认可证书。

具有中华人民共和国国籍的民用航空器，应当持有国务院民用航空主管部门颁发的适航证书，方可飞行。出口民用航空器及其发动机、螺旋桨和民用航空器上设备，制造人应当向国务院民用航空主管部门申请领取出口适航证书。经审查合格的，发给出口适航证书适航证（Airworthiness Certificate，AC）。租用的外国民用航空器，应当经国务院民用航空主管部门对其原国籍登记国发给的适航证书审查认可或者另发适航证书，方可飞行。民用航空器适航管理规定，由国务院制定。

任何单位或者个人的民用航空器取得适航证以后，必须按照民航局的有关规定和适航指令，使用和维修民用航空器，保证其始终处于持续适航状态。

C919 大型客机
获颁生产许可证

一、适航管理分类

1. 初始适航管理

初始适航管理是在航空器交付使用前，适航部门依据各类适航标准和规范，对民用航空器的设计和制造所进行的型号合格审定和生产许可审定,以确保航空器和航空器部件的设计、制造是按照适航部门的规定进行的。

初始适航管理颁发的证书：TC、PC、AC 等。

2. 持续适航管理

持续适航管理，是在航空器满足初始适航标准和规范、满足型号设计要求、符合型号合格审定基础，获得适航证、投入运行后，为保持它在设计制造时的基本安全标准或适航水平，为保证航空器能始终处于安全运行状态而进行的管理。

持续适航管理颁发的证书：维修许可证、机载设备制造人批准书（Parts Manufacturer Approval，PMA）等。

二、适航性责任

合格证持有人应当对飞机的适航性负责，包括机体、发动机、螺旋桨、设备及其部件的适航性。

合格证持有人应当依据局方批准或者认可的手册、程序实施下列工作，以确保飞机的适航性和运行设备、应急设备的可用性：

（1）按照本规则第 121.367 条要求的飞机维修方案完成所要求的维修任务。

（2）对于报告或者发现的故障、缺陷和损伤进行处理并达到飞机持续适航文件所规定的标准，如对超出持续适航文件标准的情况推迟维修，应当符合局方要求的最低设备清单或者外形缺损清单的要求。

（3）按照本规则第 121.368 条要求的可靠性方案分析并保持本规则第 121.367 条要求的飞机维修方案的有效性。

（4）完成适航指令和《运输类飞机的持续适航和安全改进规定》（CCAR-26 部）中规定的适用要求，以及局方要求强制执行的任何其他持续适航要求。

（5）对于非强制性改装，制定评估及执行政策，并依据批准的标准完成适用执行的改装。

三、飞机的要求

1. 飞机的基本要求

（1）合格证持有人运行的飞机应当符合下列要求：

① 是在中华人民共和国登记的民用飞机，并携带现行有效的适航证、国籍登记证、无线电电台执照和噪声合格审定的证明文件。噪声合格审定证明文件可以载于 CCAR-121 部要求的飞机飞行手册中。在国际运行时，该证明文件必须包括一份英文译文。

② 处于适航状态并符合中国民用航空规章适用的适航要求，包括与标识和设备有关的要求。

③ 合格证持有人可以使用经批准的重量与平衡控制系统来符合适用的适航要求和运行限制，该重量与平衡控制系统可以以平均的、假定的或者估算的重量为基础。

（2）合格证持有人可以租用不含机组人员的国际民用航空公约缔约国所属的某一国家登记的民用飞机实施本规则运行，但应当符合下列规定：

① 该飞机带有经中国民航局审查认可的原国籍登记国颁发的适航证和由中国民航局颁发的适航认可证书，以及无线电电台执照和噪声合格审定的证明文件。

② 合格证持有人已将该飞机的租赁合同副本报局方。

2. 飞机的运行验证试飞

（1）合格证持有人使用以前未在公共航空运输运行中使用过的飞机，应当完成局方认可的至少100小时的运行验证试飞，包括相当数量的进入航路机场的飞行。在运行验证试飞过程中，如果局方认为试飞已达到令人满意的熟练水平，则局方可以减少验证试飞时间。上述运行验证试飞至少应当有10小时在夜间完成。

（2）除经局方特殊批准外，合格证持有人首次使用曾在公共航空运输运行中使用过的某一型号飞机，或者使用在设计上做了实质性更改的某一型号飞机，则在拟使用该飞机实施运行之前，应当完成经局方认可的至少25小时的运行验证试飞，包括相当数量的进入航路机场的飞行。

飞机在设计上进行了实质性更改是指下列情形之一：

① 整套动力装置的型号与飞机合格审定时所装动力装置的型号不相类似。

② 对飞机或者其部件进行了实质上影响其飞行特性的更改。

试飞携带客货要求：除了实施试飞所需的人员和局方指定的人员之外，合格证持有人不得在运行验证试飞的飞机上携带旅客。经局方批准，运行验证试飞的飞机可以携带邮件、快递或者其他货物。

四、飞机文件的要求

参考国际民航组织公约中"航空器应备文件"要求：

缔约国的每一航空器在从事国际航行时，应按照本公约规定的条件携带下列文件：

（1）航空器登记证。

（2）航空器适航证。

（3）每一机组成员的适当的执照。

从事国际航行的每一航空器驾驶员及飞行组其他成员，应备有该航空器登记国发给或核准的合格证书和执照；在本国领土上空飞行，缔约各国对其任何国民持有的由另一缔约国发给的合格证书和执照，保留拒绝承认的权利。

（4）航空器航行记录簿。

从事国际航行的每一航空器，应保持一份航行记录簿，以根据本公约规定的格式，随时记载航空器、机组及每次航行的详情。

（5）航空器无线电台许可证（如该航空器装有无线电设备）。

各缔约国航空器在其他缔约国领土内或在其领土上空时，只有在具备该航空器登记国主管当局发给的设置及使用无线电发射设备的许可证时，才可以携带此项设备。在该航空器飞经的缔约国领土内使用无线电发射设备，应遵守该国制定的规章。无线电发射设备只准许飞行组成员中持有航空器登记国主管当局为此发给的专门执照的人员使用。

（6）列有乘客姓名及其登机地与目的地的清单（如该航空器载有乘客）。

（7）货物舱单及详细的申报单（如该航空器载有货物）。

五、航空器的使用与维护

1. 飞机的使用寿命

寿命指标有三类：

一是飞行小时寿命，就是按照飞机的实际飞行时间来计算飞机的寿命。如今大部分飞机的飞行小时寿命都在 6 万小时左右，有些机型的飞机已经逼近 8 万小时。

二是飞行起落寿命，以飞行一起一落为一个单位来计算飞机的寿命，干线机的飞行起落寿命一般在 4 万个左右，而支线机的飞行起落寿命，可以达到大约 6 万个。之所以有不同的标准，是因为干线客机一般是执行长距离的飞行任务，飞行时间长，起落次数少；而支线客机一般飞国内，飞行时间短，起落次数多。

三是飞行年限寿命，目前各种机型的使用年限一般在 25 ~ 30 年。对于一架飞机，三个寿命指标中任何一个达到，则该飞机必须被淘汰。

2. 飞机航程日志

飞机航程日志是每一次飞行的简报，一般飞机自出厂或投入使用时起应建立飞机的航程日志。飞机航程日志一般包括飞机国籍和登记、日期、空勤组成员名单、空勤组各成员担任的职务、起飞地点、到达地点、起飞时间、到达时间、飞行时间、飞行性质、意外事件观察情况、负责人签名。

飞机航程日志中的各项应用不易擦除的墨水当时填写，填完的航程日志应加以保存，应保存最近 6 个月的飞行连续记录。

3. 飞机维护的类型

飞机的维护检查通常分为航前检查、航行后维护、定期维护、分区维护、进厂大修等。

各型飞机的维护均有不同的规定和要求，应严格按照各机型维护手册，根据飞行时间的长短对各型飞机进行维护。

（1）航前检查。

航前检查通常是指营运的飞机在完成航后检查工作后的第一个航班飞行前需要完成的检查工作。航前检查在始发站的停机坪上进行，按航前维护工作单绕机一周，对飞机进行目视检查，检查内部和外部是否有明显的缺陷，按需做勤务工作。如果执行完航前检查后飞机因为流控或排故等原因停留时间超过 12 小时，则在起飞前需要再执行一次航前检查工作。

（2）航后维护。

航后维护通常是指飞机完成了全部计划航班任务后停留在停机坪上，立即进行的维修项目。航后维护工作按航后维护工作单进行，完成比航前、过站更全面的检查工作，并进行飞机内外清洁，排除空/地勤人员提出或发现的故障，完成规定的勤务工作。此工作可以在停机坪进行，也可以在其他符合要求的维修场所进行。航后维护适用于飞机停留时间超过 12 小时的情况。

（3）定检。

A 检——主要工作有油滤更换，加注滑油、液压油，电气系统测试等，一般结合航后维护进行，飞机不需要停场。

B 检——滑油、液压油的更换，所有备用/应急系统的测试，电子、电气线路、传动钢索、引气管路等的检查，飞机需要停场 1~2 天。

C 检——主要受力构件的探伤、金属材料的腐蚀性检查，飞机需要停场 10 天。

D 检——飞机被完全拆散，彻底检查，飞机需要停场 30 天以上。

飞机的维护手册一般包括：勤务及维护工作程序；各种检修、翻修或检验的周期；各级维护人员的职责；飞机所属公司事先批准的各种勤务及维护方法；填写维护放行单的程序，要求签发此维护放行单的情况和签证人资格。

（4）过站检查。

过站检查是指对短停的飞机进行基本的围绕飞机检查，以确保飞机的连续可用性。即在中途短停时检查飞机的内部和外部是否有明显的损坏或故障，并按需进行勤务和清洁，排除影响飞机放行的故障。此工作在停机坪进行。过站检查适用于飞机停留时间不超过 12 小时且没有过夜的情况。

第四节　最低设备清单

最低设备清单（Minimum Equipment List，MEL）也叫作"最低设备放行清单"，是一份由航空公司编写，并由民航当局批准使用的文件。它规定了在符合经批准的型号合格设计，并由合格的维修人员实施了维修、预防性维修和检查工作的基础上，可以允许飞机保留故障，按照一定限制和工作程序进行有限的飞行。对不同的飞机，根据具体的飞行任务和环境，制订出不同的最低设备放行清单，机上设备符合清单要求就可以继续飞行，最大限度地保证了飞机的持续运行，并减少不必要的停场时间。

在放行飞机前，签派员和机长应当确认该飞机处于适航状态，并安装有局方规定的适合于该航线运行的仪表和设备，且根据机务维修部门提供的有关飞机状况信息，对照 MEL 和 CDL（外形缺件清单），综合考虑航路天气等各种运行信息后认为该飞机适合执行本次航班、不存在影响安全运行的各种运行限制，否则不得签派放行该次飞行。

一、最低设备清单制订依据

建议主最低设备清单（PMMEL）：建议的"主最低设备清单"是由制造商制订、提交给中国民用航空局作为制定"主最低设备清单"的基础的一种清单。

主最低设备清单（MMEL）：局方确定在特定运行条件下可以不工作并且仍能保持可接受的安全水平的设备清单。主最低设备清单包含这些设备不工作时飞机运行的条件、限制和程序，是运营人制定各自最低设备清单的依据。

最低设备清单（MEL）：运营人依据主最低设备清单并考虑到各飞机的构型、运行程序和条件为其运行所编制的设备清单。最低设备清单经局方批准后，允许飞机在规定条件下，所列设备不工作时继续运行。最低设备清单应当遵守相应飞机型号的主最低设备清单，或者比其更为严格。

外形缺损清单（CDL）：针对特定型号飞机，局方确定的在飞行开始时可以缺失的外部零部件清单，清单中还包括必要的运行限制、性能修正的相关信息。

1. 仪表或者设备失效时的放行

在飞机所装的仪表或者设备失效时，只有符合下列条件，方可起飞：

（1）该飞机具有经批准的最低设备清单。

（2）局方颁发给该合格证持有人的运行规范批准其按照最低设备清单运行，飞行机组应当能在飞行之前直接查阅经批准的最低设备清单上的所有信息。查阅方法可以是阅读印刷资料或者其他方式，但这些方式应当经局方批准并规定在合格证持有人的运行规范中。经批准的最低设备清单，在运行规范中得到局方授权的，构成经批准的对型号设计的修改，而不需要重新进行型号合格审定。

2. 不得包含在最低设备清单中的仪表和设备

（1）该飞机型号合格审定所依据的适航规章中明确规定或者要求的，并且在所有运行条件下对安全运行都是必需的仪表和设备。

（2）适航指令要求应当处于工作状态的仪表和设备，但适航指令提供了其他方法的除外。

（3）CCAR-121 部规章要求该种运行应当具有的仪表和设备。

尽管有上述规定，飞机上某些仪表或者设备不工作时，仍可以依据局方颁发的特殊飞行许可运行。

二、最低设备放行清单（MEL）的内容

最低设备放行清单的内容有：允许保留的故障设备名称、该设备在飞机上的正常安装数量、该设备的最低放行数量要求，修复期限、备注或例外等（示例见图 5-4）。保留故障放行仅限于在 MEL 手册中明确列出的设备类型，凡是在 MEL 手册中没有列出的设备类型，都是保证飞机适航所必需的，如右发电机故障或磁罗盘故障。在保留故障放行飞前，必须对故障设备和相关设备执行必要的预防性维修和检查程序。

21-01 空调组件 Air Conditioning Packs

21-01-01 全客构型 All Passenger Configuration(All Models)

21-01-01-06 -800

修复期限 Interval	安装数量 Installed	放行所需数量 Required	程序 Procedure
C	2	0	(M)(O)

备注或例外 REMARKS OR EXCEPTIONS

除了 ER 飞行外，两个均允许失效，条件是：
Except for ER operations, both may be inoperative provided:
a) 作非增压飞行。
   Flight is conducted in an unpressurized configuration.
b) 再循环风扇工作正常。
   Recirculation fan(s) operates normally.
c) 两个电子设备冷却排气风扇工作正常。
   Both E/E equipment cooling exhaust fans operate normally.
d) 确保货舱全都保持空舱，或确认只有货物装载设备。压舱物(可装在集装箱中)和/或飞行器材包。
   Procedures are established and used to ensure lower cargo compartments remain empty or are verified to contain only empty cargo handling equipment, ballast (ballast may be loaded in ULDs), and/or Fly Away Kits.
注：随机器材可以包括随机航材和随机工具。沙袋或铁（钢）块可作为压舱物。
NOTE: Fly Away Kits may include onboard spares and onboard tools. Sand bags or iron(steel) bars may be used as ballast.

- -

标牌 PLACARD

受影响的组件电门一置以"不工作"标记。
Affected pack switch (es)-INOP.

维护程序(M) MAINTENANCE (M)

非增压飞行(AMM21-00-00/901)。
Configure airplane for unpressurized flight (AMM 21-00-00/901):
1. 人工将外流活门操作至全开位。
   Manually position the outflow valve in the full open position.
   A. 增压模式选择器置"MAN"位。
      Position the Pressurization Mode selector to MAN.
   B. 将 VALVE 扳动电门保持在 OPEN 位，直至活门位置指示表显示活门全开。
      Hold the VALVE toggle switch in the OPEN position until valve position indicator indicates full open.
2. 使流量控制和关断活门失效(锁在关闭位置)：
   Deactivate (locked closed) the flow control and shutoff valve for the associated pack:
   A. 对于左流量控制和关断活门,脱开并妥善处理 D488 插头。
      For the left flow control and shutoff valve, disconnect and stow the D488 electrical connector.
   B. 对于右流量控制和关断活门,脱开并妥善处理 D492 插头。
      For the right flow control and shutoff valve, disconnect and stow the D492 electrical connector.
   C. 按下列步骤将流量控制和关断活门至于关闭位。
      Do these steps to lock the flow control and shutoff valve in the closed position:
      1) 拉出手动控制杆。
         Pull out the manual control shaft.
      2) 将手动控制杆推入。
         Push in the manual control shaft.
3. 拔出在 P6-4 面板上的"A/C OVERBOARD EXH VALVE RECONFIG CONT"跳开关并安装跳开关保险夹。
   Open and collar the P6-4 Panel circuit breaker A/C OVERBOARD EXH VALVE RECONFIG CONT.
4. 将一个组件电门置 HIGH 位并挂上标记。
   Position one of the PACK switches in HIGH and placard.
5. 如果安装了客舱远程通讯系统,拔出 P6-1 面板上的"ENTERTAINMENT PASS TAL CTU"跳开关并安装跳开关保险夹。

图 5-4　B737-800 空调组件 MEL21-01-01-01 示例

1. MEL 项目名称

该部分为设备、系统或部件的名称，或功能描述。在某一项目下如果有子系统、子部件、子功能或者机型限制时，通常会在上一级项目号后加"××"，以表示子项目。而在同一系统、部件或功能下，若有不同的放行条件，通常在该项目号后加大写字母，以示区别。例如，"21-21-02-02A"。

2. 安装数量

确定机载设备、部件、系统或功能的数量。

3. 放行所需数量

明确按照放行条件附带条件确定的必须工作的设备，部件系统或功能的最低数量以放行飞机。

4. 放行条件

在"备注栏"中，以数字或小写字母表示的条目。表示在带有失效设备、部件运行时，必须满足的条件和限制。

5. 设置标牌

对于失效项目必须设置"不工作"标牌。一般而言，标牌应设置在失效项目的控制器或指示器附近，以提醒机组和机务人员该设备目前的状态。

6. 修复期限代码

"修复期限"是指限定完成修复工作的期限。修复期限按字母分 A、B、C、D 类，具体如下：

A 类：按照具体所限定的期限以前完成修复工作。

B 类：在 3 个连续的日历日（72 小时）内完成修复工作。

C 类：在 10 个连续的日历日（240 小时）内完成修复工作。

D 类：在 120 个连续的日历日（2 880 小时）内完成修复工作。

注：上述连续日历日是指从发现不工作项目当天的午夜零时起计算。例如，故障是在 1 月 26 日上午 10 时做的记录，B 类则从 26 日的午夜零时开始计算，到 29 日的午夜零时结束。

7. 程　序

操作或维护程序，以保证一个合格的安全等级。

M 项：需要由机务人员完成的检查、预防性维修工作。

100

O 项：需要由签派检查的运行限制，或需要由飞行机组执行的特殊程序。

8. 保留故障放行飞机的原则

（1）需要由机务、签派、机长共同作出决定。
（2）不得超过故障保留期限。
（3）保留故障放行飞机必须遵守规定的程序。

9. 飞机故障保留放行的基本流程

（1）机务签发 MEL 故障保留项目单。
（2）签派查询 MEL 手册相应的故障保留项目。

签派查询 MEL，重点检查 M/O 项程序，尤其涉及性能限制、特殊运行要求以及对天气条件的特殊要求等。

（3）与机长共同决定放行。

涉及 O 项或特殊运行要求的故障保留项目，要重点提醒机组，与机长共同放行。

10. MEL 适用范围

MEL 适用于飞机地面带故障放行在飞行中发现或出现的飞机缺陷或故障，不适用"最低设备放行清单"。一旦飞机靠自身动力运动，飞行机组必须按照批准的"飞机飞行手册"（AFM）和"快速检查单"（QRH）处置任何设备故障。

三、CDL

1. CDL 的意义

外形缺损清单，也叫构形偏差单（Configuration Deviation List，CDL），由负责型号设计的机构制定的、经设计所在国批准的清单。它指明在飞行开始时可缺损的某航空器型别的任何外部部件，并且包含与使用限制和性能纠正相关的任何必要资料。航空公司依据飞机制造厂提供的 CDL 确定本公司飞机机体或发动机某些次要零/部件在缺损的情况下飞机继续飞行的可能性。CDL 是 DDG 的一部分，一般出现在飞机飞行手册（AFM）的附录中，或者与 MEL 一起出现，但也可以单独发行。

2. CDL 的内容

CDL 上有各种项目和图例，包括了允许缺损的次要部件及其对飞机性能的影响，这些影响主要有对起飞、着陆、航路的重量的限制，对飞行速度的限制等，如图 5-5 所示。外形缺损清单主要是说明飞机外部的各种舱门、盖板在放行时的安装要求。它的格式与最低设备清单基本相同，但除了该清单的基本内容外，还有在飞机上位置的图示。

零件说明	正常数量	备注或例外
1-冲压进气门	2	允许全部丢失。
		每丢失一个性能减载情况： -最大起飞全重应减载 0.15%。 -燃油耗量增加 0.5%。 -单发航路限高值减少 70 英尺。 注：加温方式下的系统性能可能下降。

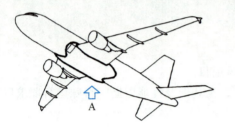 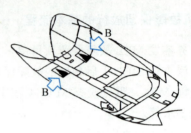

图 5-5　CDL 的结构和内容

四、案　例

（一）案例 1

1. 基本信息

机型：B737-700　机号：B2518　航班号：CA4123

飞行规则：IFR　起飞时间：4 月 30 日 9:20

起飞机场：KMG　目的地机场：PEK

备降机场：ZYTLZBYN

飞行航线：KMGH4NSHG212TYNB215VYKPEK

2. 飞机故障

（1）防滞刹车系统故障不工作。

（2）机翼照明灯左侧失效（航修厂暂无库存）。

（3）机翼防冰活门故障不工作。

3. 故障的 MEL 描述

（1）防滞刹车系统故障不工作。

参照 MEL 手册（见图 5-6）：防滞刹车系统，安装数量：1 个；放行需要的数量：0 个；说明或例外：（O）可以失效，只要参照 AFM4.13 防滞系统不工作时，着陆跑道长度和着陆速度的限制。

（参照 MEL32-2——防滞刹车系统）

修理周期			安装数量
			放行所需数量
			附注或例外
项目 32-2 防滞系统	C	1	0	（M）（O）可以失效，只要： a）使相应防滞通道被解除工作；且 b）按飞行手册规定操作； c）机场标高小于 1 600 m。

图 5-6　防滞系统 MEL 内容

说明：防滞系统有两个跳开关，一个内侧、一个外侧机轮刹车。如果两个防滞刹车通道中的一个失效，另一个通道可让其接通以提供内侧或外侧机轮的防滞刹车保护。失效的通道必须转到关位，以确保全人工刹车的能力。

（2）机翼照明灯左侧失效（航修厂暂无库存）。

MEL 手册相关项目叙述（见图 5-7）：安装数目 2 个；放行需要的数量 0 个；说明或例外，（O）夜间飞行时，只要地面除冰程序不使用该灯，机翼照明灯可以失效。白天飞行时，可以不使用机翼照明灯。

（参照 MEL33-7——机翼照明灯）

修理周期			安装数量
			放行所需数量
			附注或例外
项目 33-7 机翼照明灯	C	2	0	（O）只要地面除冰程序不要求使用，在夜航时可以失效。
	C	2	0	昼间飞行时可以失效。

图 5-7　机翼照明灯 MEL 内容

（3）机翼防冰活门故障不工作。

MEL 手册相关内容和叙述如图 5-8 所示。

（参照 MEL30-1——机翼防冰活门）

修理周期			安装数量
			放行所需数量
			附注或例外
项目 30-1 机翼防冰活门	C	2	0	（M）（O）除非增程飞行超过 120 分钟，可以在关位不工作，只要飞机不在已知或预报结冰条件下飞行。
	C	2	1	（M）（O）一个可以在开位不工作，只要： a）除起动发动机外，当外界温度高于 10OC（50OF）时，对相关管路释压。 b）当总管增压后，遵守相关发动机引气推力极限，且 c）当一个总管释压后，遵守空调和增压要求。

图 5-8　机翼防冰活门 MEL 内容

注：航路是否结冰以向气象台证实的气象预报为准。如需降低高度飞行，须重新计算航线耗油量。

4. MEL 放行前各部门的相关叙述

（1）机务维护人员：B2518，MEL 项目（2）本次飞行属于白天飞行，根据 MEL 手册，白天飞行可以不使用机翼照明灯；项目（3）一个可以在开位不工作，相关管路释压正常，增压系统正常。

（2）签派放行席位值班签派员：B2518，目的地北京，MEL 项目（1）目的地机场着陆跑道长度在限制要求之外，通报机组参照 AFM4.13 控制相应的着陆速度；项目（3）航路天气预报中无重要天气和结冰情况。

（3）某航 B2518 机组：本次机组为双 1/1 教员机长机组，确认已收到某航航修厂及 FOCC 的 MEL 放行简报，注意参照 AFM4.13 调整在首都机场的进近着陆速度，有信心胜任本次飞行。

（4）最终的签派放行：通过以上机务、签派、飞行的三方联络协调，签派确认本次 B2518 带故障飞行符合相关手册规定，注意到 B2518 为某航 B737 机队中机龄最长的，考虑到执飞本次航班的为双 1/1 教员机组，经验丰富，最终当日放行席位值班签派员在向 FOCC 值班经理做例行简报后，决定签派放行本次航班。

（二）案例 2

1. 基本信息

机型：B737-800　　　起飞机场：KMG　　　备降机场：ZUUU ZUGY

飞行航线：KMG H4 HX YBP　　　　飞行规则：IFR

目的地机场：YBP　　　　起飞时间：2015 年 6 月 11 日 8:15

2. 航空器故障

（1）辅助全压管加温器（右下探头）不工作。

（2）马赫指示器有一套工作不稳定，视为不工作。

（3）风挡雨刷系统低速功能失效。

3. 故障的 MEL 描述

（1）辅助全压管加温器（右下探头）不工作。

参照 MEL 手册相关叙述：安装项目 2 个；放行所需数量 0 个。允许失效，但需，a）左右两个全压加温器工作正常；b）飞机不在已知或预报有结冰的条件下飞行。

[参照 MEL30-05-02-02——辅助全压管加温器（右下探头）]

（2）马赫指示器有一套工作不稳定，视为不工作。

参照 MEL 手册相关叙述：马赫指示器安装数目 2 套；放行需要的数量 1 套；附注，如果马赫/空速警告及马赫配平系统工作正常，允许一个失效。

（参照 MEL34-01-01——马赫/空速指示器）

（3）风挡雨刷系统低速功能失效。

参照 MEL 手册：安装数目 2 个；放行需要的数量 0 个；附注，当两个高速功能都工作正常时允许失效。

（参照 MEL30-13-03——风挡雨刷系统）

4. MEL 放行前各部门的相关叙述

（1）机务维护人员：MEL 项目（1）左右两个全压加温器工作正常；项目（2）马赫/空速警告及马赫配平系统工作正常，允许一个失效；项目（3）风挡雨刷系统两个高速功能都工作正常。

（2）FOCC 签派室动态协调席位：收到市场部票管中心的报告，本次航班能提供固定座位数 140 个，订票记录显示当前的确认座位数量仅为 32 个。

（3）放行席位值班签派员：MEL 项目（1）虽然两个全压加温器工作正常，但最新的航路天气预报显示怀疑有可能造成结冰的条件，目的地机场有小到中雨，加之项目（3）风挡刮水系统高速功能正常，低速功能不工作。

5. 本航班放行结论

综合公司市场部的意见，兼顾安全与效益，在报告并综合了当日 FOCC 值班经理的意见后，决定拒签本次航班，调该航新购入的 CRJ-200 支线喷气飞机（50 座位）执飞本次航班，机号 B3013，相关单位的协调通报由 FOCC 情报室、签派室动态协调席完成。至此，原 B2538 机的调机签派工作告一段落。

从以上案例分析可以总结出 MEL 签派放行流程，如图 5-9 所示。

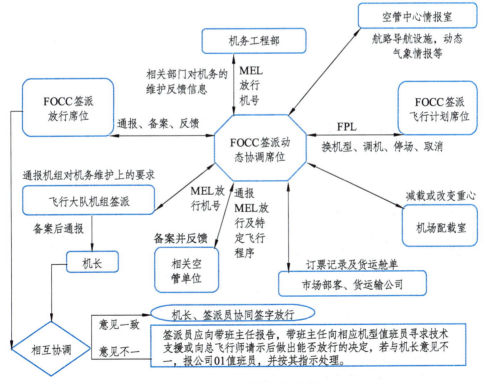

图 5-9 MEL 签派放行流程

（三）案例 3

1. 案例背景

2014 年 1 月 19 日晨，放行签派员进行早班计算机飞行计划制作，当日 B5241 飞机执行 CZ6958（广州—乌鲁木齐航线），发现此飞机有 MEL 保留，根据章节号 27-07-01 自动减速板系统故障，放行签派员查询 MEL 手册对此航班进行放行评估。

2. 飞机故障

根据 B737MEL 章节号 27-07-01 自动减速板系统故障，放行签派员查询 MEL 手册，如图 5-9 所示。

（参照 MEL27-07-01——自动减速板系统故障）

修理周期			安装数量
项目			放行所需数量
27-07-01 自动减速板系统故障	C	1	附注或例外 （M）允许失效，但要求： a）解除系统工作； b）根据 AFM 进行操作。 对于 -700 飞机，当自动减速板系统失效时飞机准备： 1）确认手动减速板工作正常； 2）拔出并套住 P6 面板上的 FLIGHTCONTROLAUTOSPEEDBRAKE（自动减速板）跳开关。 注：对于安装了翼梢小翼且安装了减速板减载系统（LAS）的飞机，必须将 LAS 视为失效，且在自动减速板系统工作之前必须先将 LAS 解除工作。参考 MEL27-20 的（M）程序
		0	

图 5-10 自动减速板系统 MEL 内容

3. MEL 放行评估过程

签派员不清楚此 B5241 飞机是否安装了 LAS 系统，对于是否还要参考 MEL27-20 章节有疑义；经过与机务联系，确认 B5241 安装了 LAS 系统，还要参考 27-20 的（M）程序。对于 MEL 的（M）程序，一般都是由机务完成相应的工作，对签派放行的影响几乎没有。签派员在制作计算机飞行计划时，还是按照正常情况制作了计算机飞行计划。

但是签派员在后续查询 MEL27-20 程序时，却发现此程序对于签派放行影响很大，如果忽视了此项，会对航班放行造成严重后果。

（1）MEL 嵌套 MEL（MEL27-20 程序）。

MEL27-20 程序允许失效，但要求：

① 在全行程上，减速板手柄所受的阻力都在正常范围内。

② 当飞行总重量超过 64 863 千克（143 000 lb）时，空速不超过 265 kn。

③ 当飞行总重量超过 64 863 千克（143 000 lb）时，穿越强湍流的速度为 265 kn 或 931

千米/小时（0.76 马赫）（低者为准）；

④ 自动减速板系统视为失效。

（M）解除减速板减载系统的工作，并将自动减速板系统视为失效（AMM27-00-00/901）。

a. 以下原因可能导致减速板减载系统失效：a）机械故障；b）电气故障（包括中控台上的系统作动器故障）；c）SMYC 在#2 位发出自动收起的错误指令。

b. 在以上任意情况下，应拔出并套住减速板的 AUTOSTOW 跳开关（位于 P6-2 面板）。

c. 对于自动减速板系统失效，参考 MEL27-07（O）程序。

MEL27-20 程序对于航班运行中一定重量下的速度有明确要求，在重量超过 64 863 千克（143 000 lb）时，空速不超过 265 kn，那么制作计算机飞行计划时，就不能按照系统设定的燃油成本指数来计算，否则计算的油量可能会偏少，航班运行时会导致低燃油情况出现。在与性能人员沟通后，目前更改不了系统设定的燃油成本指数，放行签派员与广州配载部门核实 CZ6958 业载，签派员请示领导后，决定将航班的起飞权重限制到 64 800 千克，这样飞行时就能够按照设定的燃油成本指数的速度来执行航班。

（2）MEL 嵌套 MEL[MEL27-07（O）程序]。

MEL27-07（O）程序：

① 起飞前，确认减速板操纵杆完全下放位。

② 着陆性能应基于人工减速操作。

③ 中断起飞或降落时，人工放出减速板：

对于中断起飞：

a）同时关闭推力杆，脱开自动油门并采用最大人工刹车或确认 RTO 自动刹车工作正常；

b）人工提起 SPEEDBRAKE（减速板）操纵杆；

c）根据实际情况，采用最大反推。

④ 当减速板操纵杆收起时，自动刹车无法解除预位。可以先将自动刹车选择电门置于 OFF 位，再人工踩刹车或者前推油门杆来解除自动刹车预位。

签派员与机务人员核实，机务人员准予放行。

但签派放行时需要考虑（O）项。

当日值班计划席位签派员在计划中对重量进行了限制，并与机组进行了沟通，最后航班正常执行，避免了签派放行差错事件的出现。

4. 本航班放行分析和总结

（1）放行分析。

该案例中存在 MEL 嵌套 MEL 限载，在签派放行过程中容易忽视：

① 对于相应飞机是否安装了减速板减载系统（LAS），签派员不清楚。

② 对于 MEL 中"在重量超过 64 863 千克（143 000 lb）时，空速不超过 265 kn"的限制，由于签派员对于系统设定性能参数不清楚，很可能忽视了它的重要性，导致出现严重后果。

③ 对于 MEL 中着陆性能应基于人工减速操作，需要性能人员临时完成。

④ 签派员对于 MEL 的理解各有不同，容易出现偏差。

⑤ 签派员对于性能知识的了解不够。

（2）放行总结。

该案例属于 MEL 嵌套 MEL 限制，因此在带故障放行评估时签派员需要特别注意：

① 根据 MEL 限制，及时将 MEL 通知性能人员，对性能进行分析评估，并提供相应的性能图表。

② 对于 MEL 模糊不清楚的地方，一定要追查到底，MEL 中对飞行速度和重量的限制数据要和性能人员充分沟通，避免出现造成了严重差错还不知道的情况。

③ MEL 中对飞行速度和重量的限制需要和机组沟通，尤其要注意提醒机组一定重量下的速度限制，提醒颠簸区域运行时的速度限制。

④ 机务部门在录入 MEL 信息时，对于相应飞机是否安装相关的设备需要说明。

⑤ 需要加强和提高签派员的性能知识。

第五节　飞机排班与航班调配

一、飞机排班

飞机排班是指为每一个航班指定一架具体执行的飞机，又称为挂机号。一般来说，机务飞机调度负责第二天以后的航班飞机安排，而当天的飞机调配由签派负责。

飞机排班需要遵循以下原则：

1. 航站衔接

飞机所执行前一个航班的到达机场与后一个航班的出发机场应一致。例如，B2401 飞机执行 CZ3565（深圳 1615—1835 合肥），后继续执行 CZ3566（合肥 1915—2115 广州），航站是衔接的；但若执行 CZ3252（西安 1925—2140 深圳）就是航站不衔接。

2. 过站时间衔接

飞机所执行的相邻两个航班之间应留有最小过站时间。不同机型飞机要求的过站时间一般为：

（1）B737、A320、MD80、MD90、BAE146 等机型——要求最低 40 分钟过站时间。

（2）B757、A300、A310 等机型——要求最低 50~60 分钟过站时间。

（3）B747、B777、A340 等机型——要求最低 90 分钟过站时间。

3. 满足适航限制

由于设备、性能、MEL 等方面的原因，飞机对该航班不适航时不能排班。例如，B2595 飞机右发性能衰退，不能飞高原机场。又如，B2957 未装救生衣，不能飞日韩航线。

4. 满足维护工作要求

航后已安排了维护工作内容的飞机不能安排外出值班飞行。例如，B2595 飞机次日晚安排了排故工作，且该故障已接近保留期限，不能再推后，则该飞机不能安排 SZ4575/6 航班（烟台—厦门—广州—厦门—烟台），因为该航班在烟台过夜值班。

5. 满足生产调度通告要求

生产调度依据市场需求对执行航班的飞机提出的特殊要求，在排班时必须满足。例如，CA3101/2（广州—北京—广州）有要客，要求安排一架刚清洗过的飞机执行。

二、航班调配

对 AOC 来讲，除保证运营的安全外，还应保证航班的正点和乘客的满意，并尽量使运营效益最大化。航班调配是在航班发生不正常情况时，在保证安全的前提下，调整飞机或航班以达到下列目的：减少航班延误的时间和延误的班次；减少公司因为航班延误而增加的运行成本。

1. 航班调配使用的方案

（1）更换飞机。

更换不正常航班的飞机或机型，使航班恢复正常或基本正常。

（2）合并航班。

将不正常航班和其他起飞站相同的航班合并，或将其他起飞站相同的次要航班合并，以空出飞机执行该不正常航班，保证除被合并航班外，其他航班正常或基本正常。

（3）取消航班。

将旅客人数较少的不正常航班合并给其他公司起飞站相同的航班，或将旅客人数较少的其他次要航班合并给其他公司起飞站相同的航班，以空出飞机执行该不正常航班，保证除被取消航班外，其他航班正常或基本正常。

（4）推迟起飞时间。

（5）次日补班。

2. 飞机调配需要遵循的原则

在同时发生多个航班不正常或需要采取合并、取消航班的方案时，综合考虑经济效益和品牌效应，航班调配的优先顺序一般遵循"先要客后普通航班，先国际/地区航班后国内航班，先干线航班后支线航班，先多段航班后单段航班，先航路时间长的航班后航路时间短的航班"的原则，先保证经济效益好、有重要旅客或关键航班的正常。

三、飞机简易调配案例分析

案例一：

B2586（A319）成都 14:30—16:10 南京（后续无航班）。

B2599（A319）南京 18:00—20:30 成都。

机务早上通知 B2599 飞机故障，预计到 19:00 才能修好。

调整预案如下：由于 B2599 与 B2586 都是 A319，决定将 B2599 的后续航班换由 B2586 飞机执行。

案例二：

B2226（A319）CA1741 杭州 07:35—深圳。

B2226APU 故障，预计 09:00 修好。

B2349（A319）CA1978 杭州 11:40—长沙。

调整预案如下：由于 B2226 与 B2349 都是 A319，决定将 B2226 与 B2349 对换。

案例三：

B2377（B738）CA1751/2 杭州—贵阳—昆明，12:32，CA1751 机组报告在昆明右发关不了。

后续航班：B2377（B738）CA1707/8 杭州—贵阳以及 CA1951/2 杭州—北京。B2376（B738）执行的是 CA1724 广州—杭州。

签派通知机务飞机故障信息，机务建议 B2377 直接从昆明飞杭州，不经停贵阳。

由于 B2377 到杭州后不能再继续执行任务，签派考虑各种因素后，决定（不能合并或取消其他航班）将 CA1707/8 和 CA1951/2 接在 CA1724（广州—杭州）后，由 B2376 执行，CA1707 航班由签派员推延误至 21:30，后续航班顺延。B2377 预计维修时间较长，因此调机执行 CA1752 航班。

航班延误是困扰民航的一大难题，飞机调配是应对延误的有效手段。只有制订以支持航班运行优先、旅客恢复优先、效益优先等不同决策下的多目标航班恢复方案，才能对恶劣天气、飞机故障、机场关闭、流量控制等条件下的不正常航班恢复做出快速响应，在航空公司效益、航班正常性及旅客服务体验上更进一步。

课后参阅规章和手册

1. CCAR-121 部《大型飞机公共航空运输承运人运行合格审定规则》。
2. CCAR-45 部《民用航空器国籍登记规定》。
3. AC-91-037《航空器主最低设备清单的制定和批准》。
4. CCAR-111《民用航空器适航管理条例》。

1. 简述航空器注册管理相关规定。
2. 描述航空器适航管理的基本要求。

3. 简述航空器带故障放行基本原则和步骤。

4. 描述航空器排班与调配基本原则。

5. 航班智能恢复系统的作用是什么？

拓展阅读

C919 大型客机成功首飞 大型客机项目取得重大突破

2017 年 5 月 5 日下午，C919 大型客机首架试飞机（编号 101 架机）在上海浦东国际机场成功首飞，整个飞行过程顺利平稳，飞机各系统功能正常，运行良好。中共中央、国务院对 C919 大型客机成功首飞发来贺电。

C919 大型客机成功首飞，标志着我国首次按照国际民航规章自行研制的、具有自主知识产权的 C919 大型喷气式民用干线飞机项目研制取得重大突破，是我国民用航空工业发展的重要里程碑。这是在以习近平同志为核心的党中央坚强领导下取得的重大成就，体现了中国特色社会主义道路自信、理论自信、制度自信、文化自信，对于落实新发展理念，实施创新驱动发展战略，建设创新型国家，推进供给侧结构性改革和制度强国建设，具有十分重要的意义。

首飞成功后，C919 大型客机还将开展大量艰巨繁重的科研试飞和取证试飞，研制全线将深入贯彻党中央、国务院关于大飞机事业发展的重要指示精神，大力弘扬"两弹一星"精神、载人航天精神，不忘初心，牢记使命，早日胜利完成专项目标。

（资料来源：中华人民共和国工业和信息化部网站.https://www.miit.gov.cn/jgsj/zbes/gzdt/art/2020/art_4537eefe031b4c5eadbad1ff82901024.html）

请思考：中国自主研制大型客机对于提升我国在国际航空领域的地位有何重要意义？

第六章　航班计划管理

　　航空公司的运行离不开和航空生产活动相关的一系列生产计划，运行控制是以各类计划为基础来实施开展各项工作的。这些生产计划包括航班计划、飞机维护计划、飞机排班计划、机组排班计划、运营飞行计划等。

　　航班计划是航空公司长远发展的战略决策，是航空公司经营规划的核心。航班计划安排的好坏直接影响航空企业的经济效益和持续发展。航班计划的申请离不开航班时刻的使用，为了规范民航航班时刻管理工作，加强对航班时刻使用的监督和管理，保障航班按计划飞行，提高运输服务质量，中国民航局颁发了《民航航班时刻管理办法》《航班安全运行保障标准》、CCAR-289 部《中国民用航空国内航线经营许可规定》、CCAR-300 部《航班正常管理规定》等法规文件，从而使航空公司在制订航班计划、申请航班时刻和经营航班时有章可循。本章内容以上述规章及规范性文件为基础，阐述航班计划管理在签派放行工作中的重要作用。

第一节　航班计划的制订

　　航班计划是航空公司向社会承诺提供的航空运输服务产品，是航空公司最重要的生产作业计划，是组织与协调航空运输生产活动的基本依据。从飞机调配、空勤组排班、座位销售到地面运输服务组织，航空公司运输生产过程的各个环节，都要依据航班计划进行组织与安排。科学地制订航班计划，有效地执行航班计划，是保证航空运输生产正常进行，实现企业发展目标的重要环节。航空公司生产计划关系如图 6-1 所示。

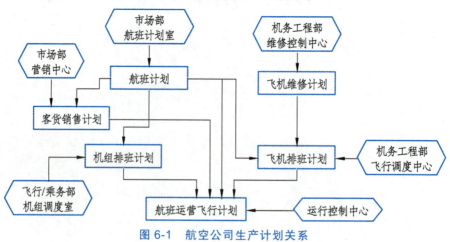

图 6-1　航空公司生产计划关系

一、航班计划的作用

航班计划是对计划内开辟和撤销某航线及在此航线上运力投入规模所做出的系统安排，是航空运输市场研究的结果，是航空公司经营的准则。航班计划在航空公司的经营管理中有以下三个方面的作用：

1. 航班计划是航空公司经营规划工作的核心

航空运输市场研究的结果是发现和提供航空公司发展的机会。是否利用这些机会、在多大程度上利用、在什么时间内利用，是航班计划工作中最主要的问题。如果一个航空公司没有准确和完善的航班计划，该公司的经营管理就是一句空话，可以说航班计划是全部经营规划的核心。

2. 航班计划是航空公司的战略决策

航班计划是民航运输企业向社会提供的用于满足社会需要的产品，而这一产品的选择对于航空企业来说是至关重要的。如果选择不当，企业就会亏损，从而处于不稳定状态，影响经济效益，也就丧失了盈利的机会。所以说航班计划不是一个短期的战术性安排，而是事关企业长期发展的战略决策，必须慎重对待。

3. 航班计划是提高航空公司经济效益的关键

航班计划的编制，一方面要根据航空市场需求，另一方面要根据企业已有和将有的能力。编制航班计划的目的在于使企业的生产力得到充分发挥，并提高经济效益。对于民航运输企业来说，效益实现于生产的过程，开始于计划的过程。如果没有把握准市场机会，企业经济效益的提高就会成为泡影，所以抓经济效益，应该从编制航班计划抓起。

二、航班计划的要素

航空运输生产飞行包括正班飞行、加班飞行、专机飞行、包机飞行等运输种类，其中正班飞行是按照对外公布的班期时刻表进行的航班飞行。航班计划是规定正班飞行的航线、机型、班次、班期和航班时刻的计划。航班计划的要素包括航线、机型、班次、班期、航班号和航班时刻。

1. 航　线

航线是由具有一定商业载量的航空器在两个以上地点从事定期运输服务而形成的航空运输线。航空器在空中飞行的预定路线，沿线必须有为保障飞行安全所必需的设施。航线确定了飞机飞行的具体方向、起讫点和经停点，可以分为国际航线、国内航线和地区航线三大类。

（1）国际航线，是指运输的始发地、经停地和目的地至少有一个处于中华人民共和国境内的航线。

（2）国内航线，是指运输的始发地、经停地和目的地均在中华人民共和国境内的航线。

（3）地区航线，是指在一国之内，各地区与有特殊地位地区之间的航线，如我国内地（大陆）与港、澳、台地区的航线。

2. 机　型

机型是指将重于空气的航空器（主要指飞机和直升机）按照设计制造型式不同而分出的类别，如 B737、A320、ARJ21。

3. 班　次

班次是指航空公司在某条航线上每天飞几个航班。它表示航空公司在各条航线上的运力投放情况。例如，东方航空公司星期三在成都至海口航线有 3 个航班，即班次为 3。

4. 班　期

班期是指该航班每周具体的执行日期。例如，东方航空执行成都至海口航班的班期为 1、3、5、7，表示该航班每周一、周三、周五、周日执行。

5. 航班时刻

航班时刻是指航空器在指定日期和时间，为抵离某个机场而使用相关基础设施和服务的权利。航班时刻的时间基于挡轮挡时间和撤轮挡时间。

6. 航班号

航班号是航班的代号，由公司代码和航班编号两部分组成。例如，CA4115/6 表示中国国际航空公司西南分公司成都至北京的往返航班，其中 CA 为中国国际航空公司的两字代码，4115 代表去程航班（成都至北京），4116 为回程航班（北京至成都）。

按照国际民航组织规定，航空公司设置了 ICAO 三字码和 IATA 两字码，我国主要航空公司及其代码见表 6-1。

表 6-1　我国主要航空公司名称、代码及主运营基地

序号	航空公司名称	ICAO 代码	IATA 代码	主运营基地
1	中国国际航空 AIR CHINA	CCA	CA	北京
2	中国南方航空 CHINA SOUTHERN	CSN	CZ	广州
3	中国东方航空 CHINA EASTEN	CES	MU	上海
4	海南航空 HAINAN AIRLINES	CHH	HU	海口
5	厦门航空 XIAMEN AIRLINES	CXA	MF	厦门
6	四川航空 SICHUAN AIRLINES	CSC	3U	成都
7	山东航空 SHANDONG AIRLINES	CDG	SC	济南
8	首都航空 CAPITAL AIRLINES	CBJ	JD	北京

序号	航空公司名称	ICAO 代码	IATA 代码	主运营基地
9	中国联合航空 CHINAUNITED AIRLINES	CUA	KN	北京
10	奥凯航空 OKAIR	OKA	BK	天津
11	天津航空 TIANJIN AIRLINES	GCR	GS	天津
12	河北航空 HEBEI AIRLINES	HBH	NS	石家庄
13	西藏航空 TIBET AIRLINES	TBA	TV	成都
14	成都航空 CHENGDU AIRLINES	UEA	EU	成都
15	西部航空 WEST AIRLINES	CHB	PN	重庆
16	祥鹏航空 LUCKY AIR	LKE	8L	昆明
17	昆明航空 KUNMING AIRLINES	KNA	KY	昆明
18	华夏航空 CHINA EXPRESS	HXA	G5	贵州
19	深圳航空 SHENZHEN AIRLINES	CSZ	ZH	深圳
20	春秋航空 SPRING AIRLINES	CQH	9C	上海
21	上海航空 SHANGHAI AIRLINES	CSH	FM	上海
22	吉祥航空 JUNEYO AIRLINES	DKH	HO	上海

（1）正班航班号的含义。

正班航班由三位或四位数字组成。国际/地区航班号用三位数字表示，国内航班号用四位数字表示，第一位数字表示航空公司基地所在地的地区代码，第二位数字表示航班目的地的地区代码，最后两位数字为顺序号，且去程航班为奇数，回程航班为偶数，对于正班航班，最后两位数字一般不超过 50。地区对应的代码见表 6-2。

表 6-2　地区对应代码

序号	地区	代码
1	中国大陆（内地）以外	0
2	华北地区	1
3	西北地区	2
4	中南地区	3
5	西南地区	4
6	华东地区	5
7	华北地区	6

（2）非正班航班号的含义

临时的补班航班采用"正班航班号+英文字母"的方式表示；长期的加班包机采用"航班号的后两位数大于 90"的方式表示；国际及地区航线上的非正班航班采用"航班号 4 位数且第二位数为 0"的方式表示。

三、航班计划分类

根据 CCAR-121 部《大型飞机公共航空运输承运人运行合格审定规则》要求，可将航班运行分为定期载客运行和补充运行两大类。

1. 定期载客运行

定期载客运行是指航空承运人或者航空运营人以取酬或者出租为目的，通过本人或者其代理人以广告或者其他形式提前向公众公布的，包括起飞地点、起飞时间、到达地点和到达时间在内的任何载客运行。航空公司经营的主要形式就是依靠班期飞行，也称为正班飞行，即航空运输企业按规定的航线、日期、时刻经营的定期飞行活动。定期载客运行又分为国内定期载客运行和国际定期载客运行。

国内定期载客运行，是指在中华人民共和国境内两点之间的运行，或者一个国内地点与另一个由局方专门指定、视为国内地点的国外地点之间的运行。

国际定期载客运行，是指在一个国内地点和一个国外地点之间，两个国外地点之间，或者一个国内地点与另一个由局方专门指定、视为国外地点的国内地点之间的运行。

2. 补充运行

补充运行是指使用旅客座位数超过 30 座或者最大商载超过 3 400 千克的多发飞机实施的不定期载客运输飞行，或者使用最大商载超过 3 400 千克的多发飞机实施的全货物运输飞行。

根据民航局的规定，没有固定时刻的运输飞行，根据临时任务进行航班安排的称为不定期航班，即临时经营、不定期运行的航线，包括加班、包机、临时经营、特殊任务等。

（1）加班，是指公共航空运输企业为满足市场需求，在被批准运营的定期航线上已确定的航班数目以外临时增加的航班。

（2）包机，是指根据公共航空运输企业与包机人所签订的包机合同而进行的点与点之间的不定期飞行，包括普通包机飞行、专机飞行、急救包飞行、旅游包机飞行等。

（3）临时经营航班，是指公共航空运输企业因特殊原因不能安排正班运营而申请的短期航班。

（4）特殊任务，此类航线涉及的起降机场和执飞机型可能在公司运行规范中未获得过批准。特殊任务多涉及国防、政治等特殊情况，如撤侨、押解犯罪嫌疑人等。

虽然补充运行所占的航线比例低于定期正班航线，但这些航线的运行不仅给航空公司提供了可观的额外经济效益，而且为公司的品牌形象带来了更大的展示和提升，是航空公司运营不可或缺的一部分。

四、航班计划制订流程

1. 航班计划制订考虑因素

各航空公司在制订航班计划时要充分考虑市场的需求，包括客货源流量流向、机组配套、航空器、机场条件及地面保障设施、空中交通管制、通信导航、气象条件、油料供应等因素。航空公司应对其进行科学分析，使其在航班计划中发挥作用。在航班计划制订过程中特别要重视航线选择、运力投入以及航线结构布局等环节。

1）航线选择

单一航线的选择，包括进入或退出某一航线，是航班计划编制的开始。航线选择的合理性和可行性是航班计划合理的基础。开辟一个新的航线市场，或进入一个新的航线市场，要看它是否具备如下的必要条件：

（1）经济和政治上的稳定。这种稳定表现在长期经营的可能性，经济增长刺激了航线市场的需求，政治上的稳定是航线稳定的依据。

（2）有比较充足的客货运量，并有较好的前景。如果对该航线市场的调查和预测表明，该航线市场的客货运量现状和发展趋势较好，便可考虑进入该市场。在考察运量时，要考虑三种情况：

① 市场需求旺盛而供给不足，且需求有继续增长趋势。此时是进入市场的最佳机会，这样可以争取到较多的市场份额。

② 市场需求量大，供给也充足，但市场显得相对狭小。此时要考虑本企业的竞争能力，谨慎进入或放弃这一市场。

③ 目前市场需求不大，但市场有很大的潜力，几年后有可能成为一条"热线"。对于这样的市场，企业应根据自己的财务实力，适时果断地进入该市场。适时就是在竞争中首先进入市场，并在进入该市场时企业有相对雄厚的财务实力。

（3）有适宜的机场和航路。机场和航路是航空公司进行运输生产的客观条件，机场和航路的状况将直接影响航空运输生产的进行和航路的经济效益。选择航线应从三个方面考虑：

① 从使用和安全的角度看机场和航路是否符合一定的标准和要求，包括机场所允许的最大起飞重量、最大着陆重量、跑道长度、气象条件、净空条件、导航条件、航路的最低安全高度和高度层的配备。例如，某公司在某航线上使用 B737 机型，它的目的地机场为高原机场，当夏季到来温度升高时，由于飞机本身性能的限制，势必要减载起飞，导致飞机载运率降低，从而影响经济效益。

② 从经济角度看机场和航路的条件对航班正常性和成本的影响程度。例如，机场和航路上大雾、雷雨、台风、风暴天气出现频繁，使航班不能正常起飞，正常性差，社会效益不好，从而影响经济效益；或由于备降、改航、绕航、延误造成的成本增加，也会影响经济效益。另外，虽然该航线上运量很大，但地面的机场很小，限制了机型或运力的投入，或航路上的许多限制区、禁区等客观原因也会影响企业效益。因此对于新开的机场、航路的气象、地理和使用条件等数据要有充分的了解，并做出准确的判断。

③ 从航线的长短和备降机场的分布上考虑。当航线较长时，由于飞机本身载重的限制，企业将被迫选择合适的经停点。经停点选择得好，可以充分发挥飞机的性能，使业务载量达到最优。备降机场的分布和选择在很大程度上直接影响飞机的载油量，如果备降机场距目的地机场的距离较近，则航行备用油量较少。

（4）具备适宜的机型。飞机是航空公司进行运输生产的主观条件，是民航运输企业满足社会需求、实现企业目标的工具，其运力的状况对航线的选择具有决定意义。由于飞机的技术性能是一定的，因而它的使用范围也是一定的。因此，既要使航线适应飞机——根据机型选择适宜的航线，又要使飞机适应航线——根据航线选择适宜的飞机。在航线选择中，要根据已有的运力或将要增加的运力，确定所选航线是否适合。

（5）与本企业已有的航线有协同作用。新航线的开辟不仅要有利于该线本身，而且要有利于本公司整个航线网络的改善，使各航线间能相互输送运量，并使公司的总体收益有所提高。切忌以新线挤旧线，除非准备撤销那条旧航线。

（6）对于国际航线，要有利于进入市场。国际航线的选择更要充分准备，进行经济调查和可行性分析。例如，当初国航开航新加坡，我方确定的航线为北京—广州—新加坡，而对方确定的航线为新加坡—上海—北京，后来事实证明新加坡航空公司的载运率比我方的高。

（7）已经获得或可能获得该航线的经营权。在我国，航线经营权属于国家，因为空域也是一种资源，而这种资源属于国家。经营某条航线，企业必须向航空运输主管部门提出申请，经批准后方有权经营。所以企业要开辟或进入某一航线市场，必须准备充足的资源和方案，作为申请航线权的理由，并接受管理部门的审查。

当有如下情况出现时，可做出退出航线市场的选择：

① 航线市场供应增加，竞争激烈，本企业在竞争中处于不利地位，市场占有率低。

② 由于地面运输方式的改进和规模的扩大，航空运量锐减。

③ 航线运营收不抵支且有继续恶化的趋势。

退出某一航线市场，也要提前向航空运输主管部门提出申请，经批准后方可实施。

2）运力投入

如果确定了要开辟或进入航线市场，就要研究运力投入问题，即研究为该航线提供多大运输能力，具体来说就是以何种机型、多少班次服务于该航线市场。

运力投入的确定，基本依据是该航线市场调查和预测的数据，它包括年、月、周、日的平均运量，季节性客货流规律、峰值、时间分布等，在这些数据的基础上，确定以下问题：

（1）航线机型的选择。

在机场和航路的一定使用范围内，如果企业只有一种机型，则选择问题就不存在了。如果企业有多种机型，就要根据该航线的特点，认真地进行航线机型选择。主要应从两方面考虑：

① 使用角度。

能在同一航线上进行飞行的若干机型，其使用上的差异主要表现在航速、客座和业务载量、舒适度上。在业务载量一定的情况下，根据机舱内空间结构的布置，可将飞机分为三类：客机型、货机型和客货组合机型。一般应根据航线的平均运量和运量的时间分布选择业务载量适宜的机型。运量大而集中的，用较大业务载量的机型；运量小而分散的，用较小业务载量的机型。在业务载量一定的情况下，应根据客货比例选择适宜的机型，以充分利用业务载量。在客运量很大而货运量很小的航线上（如旅游城市），选择客机型；在工业较发达的城市且人员流动量很大的航线上，则应考虑使用客货组合机型。另外，还应根据旅客的身份、旅行的性质和要求，选择舒适的机型。

② 经济角度。

从经济角度选择机型，主要是根据航段的长度和标准飞行剖面，选择接近其经济航程和经济飞行剖面的航段长度和机型。在选择机型时应科学计算，反复推敲，选出经济效益最大值的机型。

（2）航班次数选择。

在机型一定的情况下，航班安排的次数决定该航线运力投入的总规模，而这个规模对市场需求和本企业的成本运价、收益水平都是至关重要的影响因素。所以航班次数的确定要多方权衡，并主要考虑以下因素：

① 航班次数与运量的关系。

航班安排多少，应根据运量的大小决定。在有竞争的情况下，应考虑自己所能取得的市场份额。从这个意义上讲，运量是自变量，班次是因变量，班次是运量的函数；但是从供给创造需求水平并影响需求的角度看，班次的多少又是自变量，运量是因变量，运量是班次的函数。也就是说，在班次很少的情况下，实际运量和需求量都是很低的；当班次达到一定水平时，实际运量和需求量就会大幅度上升到峰值，并使市场达到饱和状态，此时若再增加航班的班次，几乎不能再吸引额外的需求。由此可见，一定数量、一定强度的稳定供给，将会培养出一定数量的稳定需求。因此航班安排要有一定密度，以利于社会利用航班。用供给促进需求，这点在新开辟的航线上尤其重要。如果只根据实际运量安排班次，就可能出现运量越小，班次越少；而班次越少，运量就越小的恶性循环。另一方面，航班次数还与航线长度有关。长航线，如国际航线，旅客对时间的要求，即对航班密度的要求较低，故而航班次数对运量影响不大；但对于短航线，如国内干、支线，班次对运量的影响就很敏感。

② 航班次数与载运率的关系。

在运量需求规模一定的情况下，班次少，载运率就高；班次多，载运率就低。一般来说，载运率高对企业有利，因为生产效率较高，单位收益率就高；但也有不利的方面，就是拒载旅客人数多，使收益总水平降低。高载运率对需求者不利，一部分需求者得不到满足，而且服务质量会下降。低载运率对需求来讲是有利的，需求可及时得到满足，服务水平会提高。但低载运率对企业不利，会导致生产率低。因此航班班次的安排应使载运率维持在一个适宜的水平，既满足需求者，又不使企业受损。目前，我国航空公司的载运率一般控制在 60% ~ 80%。

③ 航班次数与收益水平的关系。

班次对收益水平影响很大，在一定范围内班次的增加使航线总成本上升，另一方面运量也随之上升。由于收入是运量的函数，而运量又是班次的函数，所以收入与班次也存在函数关系。企业在取得一定收益水平的前提下，要确定出一个对企业有利的最佳班次。

3）航线结构

以上主要是从单条航线的角度来研究的，它是航班计划的起点。但一个航空公司不可能只有一架飞机飞一条航线，而是有多架飞机飞若干条航线。这就要求在编制航班计划时，在研究单条航线的基础上，对整个航线网络做全盘考虑，寻求总体最优化。具体应从以下几方面对航线网络与结构进行综合考虑：

（1）各航线间要有扩大运量的促进关系，而不是彼此削弱，造成自己航线间的竞争。

（2）各航线间要有利于对外竞争的支持关系。航线的多样化，不同航线间相互的服务和衔接是竞争的有力手段，所以彼此服务的航线、航班、时刻的安排会大大增加每个航班对旅客的吸引力。

（3）各航线间彼此的运力合理分配。根据不同的季节，合理调整各航线上的运力投入，使企业的经济效益最佳。在供大于求的情况下，要充分提高飞机的利用率，降低航线成本；在供小于求的情况下，要合理调配，使飞机用于效益高的航线。

（4）航线结构要具有分散风险的功能。航线太少，航班过于集中在少数盈利大的航线上，从短期收益看是正确的，但有一定风险，一旦政治、经济、军事等原因造成需求下降或无法正常运营时，企业将没有回旋的余地。一家航空企业，应不惜牺牲一些眼前收益来建立一个风险较小的航线网，腾出部分运力建立新的航线，使企业有一定的回旋余地。

合理选择航线结构的形式。航线结构有两种形式：

（1）将一对对的城市用直线连接起来的直接式结构，又称为城市对（city to city）或城市串结构（见图6-2）。这种线性结构需要的资本少，运营方式灵活，对集中运行控制要求不高，适用于小规模的航空公司在局部区域内组织运营，但不利于发挥规模优势，载运不稳定。

（2）中枢轮辐式结构，即将许多中小城市的客货运到一个中心枢纽站，并在那里衔接飞往最终目的地的航班（见图6-3）。

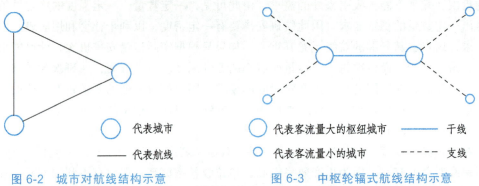

图 6-2　城市对航线结构示意　　　　　图 6-3　中枢轮辐式航线结构示意

比较这两种航线结构可以发现，轮辐式航线结构具有双重优点，它既可以尽量降低飞机的投资和航线成本，又可以提高营运的灵活性和可靠性。因为一个轮辐中心可以连接许多城市，比一个扩大的直线或航线结构中连接每个城市所需的航班数目要少得多。中枢轮辐式航线结构要求航空公司在购买飞机时充分考虑中远程飞机和短程飞机的比例，且其在载运率高、能够充分发挥规模优势并能垄断局部市场的同时，对集中运行控制提出了较高的要求，它需要以雄厚的资金和技术实力为支撑。目前，我国的主流航空公司航线基本形成了中枢轮辐式结构。

2. 航班计划制订具体流程

1）季度航班计划制订流程

目前，在我国民航企业的实际运营中，为适应空运市场季节性变化，每年制订两次航季航班计划，即冬春航班计划和夏秋航班计划。季度航班计划的制订流程如图6-4所示。

（1）相关部门。

航班计划部门负责季度航班计划的制订，整合各方资源、各相关部门的资料及意见、局方对航季的评审规则和相关政策、航季历史航班库的整理、上一个航季的市场销售数据和运营状况分析、公司运行手册、公司基地规划和航线网络规划，组织相关部门讨论，制订季度航班计划初稿，主管领导审批后报局方批准，直至具体实施。其他相关部门协助完成航班计划的制订工作。涉及的公司部门包括市场部、运行控制中心、飞行部、乘务部、机务部、计划财务部、公司管理办公室、货运公司等，以及民航局、管理局、空管局和有关机场当局等。

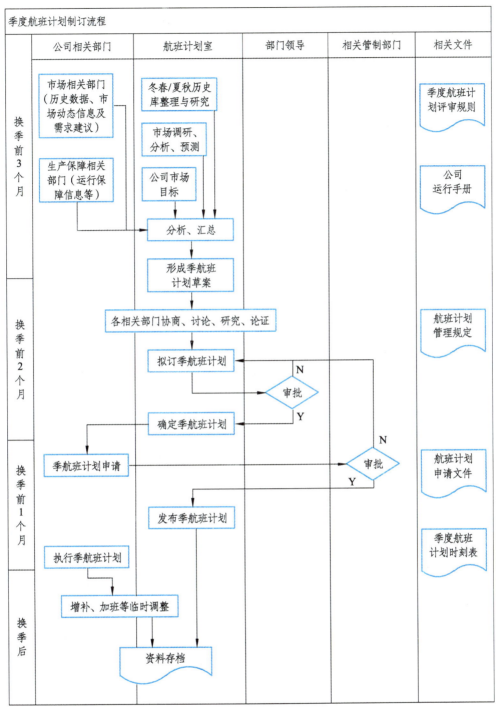

图 6-4　季度航班计划制订流程

（2）时间范围。

冬春航季航班计划：执行时间是当年 10 月份的最后一个星期日至次年 3 月份的最后一个星期六止；夏秋航季航班计划：执行时间是当年 3 月份最后一个星期日至 10 月份的最后一个星期六止。具体日期根据日历确定。

（3）工作流程。

① 前期准备阶段工作。

航班计划部门分别在每年6月初（冬春航季航班计划）和11月初（夏秋航季航班计划）向相关部门征求冬春和夏秋航季航班安排意见。

各相关部门在接到通知的14个日历日内以书面形式向航班计划部门提出反馈意见。航班计划部门对反馈意见进行汇总、整理与分析。

② 制订季度航班计划草案阶段工作。

航班计划部门在现有航班的基础上，根据公司的战略目标、公司基地规划和航线网络规划、机队规划，以及客、货运的市场需求情况，在航班换季开始执行新航班前三个月完成航季航班计划草案初稿制订工作。即每年的6月底至7月初制订冬春航班计划草案，每年的11月底至12月初制订下一年的夏秋航班计划草案。

在航班换季开始执行新航班前2个月，航班计划部门将航季航班计划修改稿报部门及公司主管领导批准，制订出航季航班计划表。即每年的7至8月确定冬春航班计划，每年的12月至下一年1月确定下一年的夏秋航班计划。

③ 航班计划申报、协调。

根据航季航班计划表的内容，填写新开航线计划表，新增航班计划表，新增使用空、海军机场计划表，并汇总，在航班换季开始执行新航班前1个半月，由航班计划部门公共事务室（时刻协调部门）向民航局、空管局、管理局等有关部门申报；负责参加航季航班计划的汇总会、审定会、时刻协调会、时刻校对会和校对会等五个民航规定的系列会，完成季度航班计划全部的申请批复工作。公共事务室应在航班计划审定会和航班时刻校对会等五个系列会全部结束后，将会议审批结果整理形成书面报告，呈报航班计划部门；同时将航线经营权、航班量、时刻资源等情况通告各相关部门。

④ 航季航班计划执行。

航班计划部门根据获得批准的冬春/夏秋航班计划，新开辟的航线航班表，增加的航线航班表，新增使用空、海军机场计划表，制订冬春/夏秋航班计划。

航班计划部门在航班换季开始执行新航班前1个月将冬春航班计划（9月底）或夏秋航班计划（2月底）向公司相关部门公布，相关部门签收、执行并进入销售系统。

航班计划部门将冬春/夏秋航班计划等相关资料归档留存，一般存档期至少两年。

航季航班计划在执行的过程中，各相关部门对航班运行状况和市场销售情况进行跟踪监控，根据需要做出临时调整。需要临时调整的航班，执行航班计划优化调整工作程序。

2）月度航班计划制订流程

月度航班计划是在销售部门的需求建议、月度市场分析、航班优化调整等综合研究的基础上，发挥"市场快速反应"机制，抓住一切可能的市场机会，以收益最大化为目标制订的。月度航班计划主要指春运、暑运加班航班计划的制订，如图6-5所示。

（1）相关部门。

航班计划部门负责月度春运/暑运航班计划的制订，整合各方资源，组织相关部门讨论，制订春运/暑运航班计划初稿，主管领导审批后报局方批准，直至具体实施。涉及的相关部门及相关管制部门见前面季度航班计划的制订。

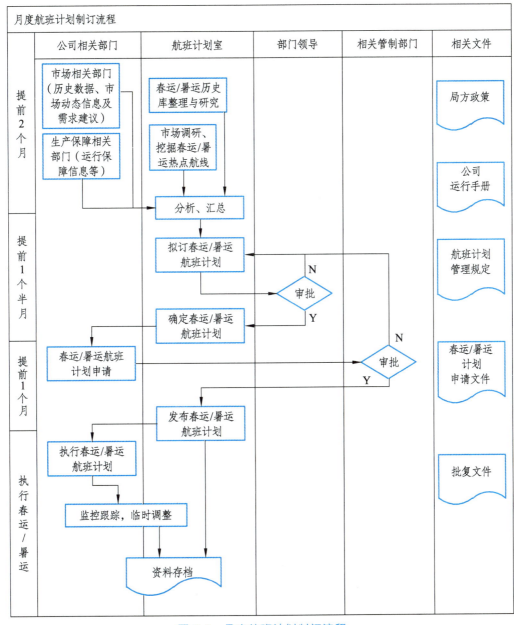

图 6-5　月度航班计划制订流程

（2）时间范围。

春运航班计划：执行日期大致为春节开始前 15 天到元宵节后 5 天，根据市场情况变化有所不同（每年国家会发布具体春运时间）。

暑运航班计划：执行日期大约为每年 7、8 两个月，根据市场（地域）情况变化也会有所不同。

（3）工作流程。

① 前期准备工作。

航班计划部门根据市场部等相关部门所提供的历年春运/暑运历史数据、当前市场信息及春运/暑运计划的需求建议，结合本部门对市场的监控与分析结果，分析出春运/暑运热点航线，拟定加班重点。并汇总机务部等运行保障部门所提供的飞机检修停场计划和其他运行保障信息，根据公司运力安排等实际情况提前两个月拟订春运/暑运加班计划，在春运/暑运旺季一个半月前，召开各部门协调会及递交部门主管领导审批，最终确认春运/暑运航班计划。

② 申请批复。

根据春运/暑运航班计划表的内容，在春运/暑运开始执行前一个月，由公共事务部门（时刻协调部门）向民航局、空管局、管理局等有关部门申报并获得批准。

③ 确定航班计划。

航班计划部门根据批复情况对航班计划进行必要调整，形成最终计划，并在执行日期前半个月向公司相关部门公布春运/暑运航班计划，相关部门签收、执行。

春运/暑运航班计划在执行的过程中，各相关部门对航班运行状况和市场销售情况进行跟踪监控，根据需要做出临时调整。对于需要临时调整的航班，执行航班计划优化调整程序。

第二节　航班时刻管理

为了规范民航航班时刻管理工作，促进航班时刻资源配置的公平、高效、竞争和廉洁，保障民航航班运行的正常与有序，根据《民用航空法》有关规定，民航局制定了《民航航班时刻管理办法》。

航空公司的主要业务是飞定期航班，也就是执行航班时刻表上公布的航班任务。每一家航空公司按照自己的飞行能力、开通的航线，把航行的线路和地点在一段时间内固定下来。民航有关部门把各家航空公司的这种计划汇集起来，然后召集各方协商讨论取得共识，经民航当局批准后，按开航城市名称的首字母顺序编制出航班时刻表。乘客根据航班时刻表所提供的乘机时刻、机型、经停地点、服务项目等信息，选择乘坐自己满意的航班。对于航空公司来说，航班时刻表就是它在此段时间内的行动纲领。航空公司为此要调配飞机、安排人员、组织力量、协调管理、按部就班的工作，保证准时完成时刻表上规定的航班任务。对于空勤人员来说，航班时刻表就是他们的任务书，一经承诺，就要全力以赴地进行准备，保证执行好任务。

一、相关定义

1. 夏航季

夏航季是指日历年 3 月最后一个星期日至 10 月最后一个星期日之前的星期六。

2. 冬航季

冬航季是指日历年 10 月最后一个星期日至次年 3 月最后一个星期日之前的星期六。

3. 同航季

同航季是指相邻的夏航季（两个夏航季），或者相邻的冬航季（两个冬航季），区别于两个连续的航季（夏航季和冬航季）。

4. 航班时刻池

航班时刻池是指所有可供配置航班时刻的集合，包括新增航班时刻、未配置航班时刻以及归还、召回、撤销的航班时刻。

5. 航班时刻库

航班时刻库是指已经配置给航空承运人的航班时刻集合。

6. 历史航班时刻

历史航班时刻是指具有历史优先权资格的航班时刻。

7. 航班时刻主协调机场

航班时刻主协调机场是指在大部分时间段里，航班时刻需求远大于供给的机场。

8. 航班时刻辅协调机场

航班时刻辅协调机场是指在特定月份或者特定时间段内，航班时刻需求大于供给的机场。

9. 非航班时刻协调机场

非航班时刻协调机场是指除航班时刻主协调机场和辅协调机场以外的其他机场。

10. 新进入航空承运人

新进入航空承运人是指在特定机场特定运营日持有时刻少于 3 个（含），或者运营周内持有的航班时刻少于 21 个（含）的航空承运人。

11. 在位航空承运人

在位航空承运人是指除新进入航空承运人之外的航空承运人。

二、国内航班时刻管理一般规则

主协调机场采用 24 小时全时段航班时刻协调配置管理方式，辅协调机场在特定月份或者特定时间段采用航班时刻协调配置管理方式。机场之间进港、离港航班时刻匹配时，按照主协调机场、辅协调机场、非协调机场的优先顺序进行。

航班时刻管理的基本规则为：

（1）在主协调机场、辅协调机场协调时段运营，应当协调获得航班时刻。

（2）航班时刻只配置给航空承运人。

（3）航班时刻按照周的特定运营日进行配置和考核。

（4）历史优先权规则是航班时刻管理的核心规则。

（5）航班时刻协调配置独立于航线航班经营权分配。

航班时刻管理部门应当在主协调机场、辅协调机场建立时刻池和时刻库。所有可供配置的航班时刻应当进入时刻池，所有已配置的航班时刻应当进入时刻库。时刻池和时刻库之外，不得存在不受监督的航班时刻，不得存在一月一批复、一周一批复等形式的长期执行航班。

时刻池内航班时刻协调配置的通用优先顺序为：历史航班时刻确认、历史航班时刻调整、新进入航空承运人协调配置、在位航空承运人协调配置。

航空承运人申请航班时刻，应当符合下列基本条件：

（1）具有在中国执行航空服务的安全运行许可。

（2）具有在中国执行航空服务的经营许可。

（3）未被列入航班时刻申请资格受限名单。

航空承运人有下列情形之一的，由中国民用航空局列入航班时刻申请资格受限名单：

（1）有意或反复滥用航班时刻，情节严重。

（2）存在其他严重失信行为，被列入严重失信黑名单。

（3）严重扰乱市场秩序或者严重损害市场公平竞争。

获得航班时刻历史优先权，应当符合下列要求：

（1）上一个同航季至少80%的航班时刻执行率。

（2）执行时段不少于整航季的2/3。

（3）航班时刻未被召回或撤销。

（4）航班时刻历史优先权适用于主协调机场以及辅协调机场特定时段，不适用于非协调机场。

航空承运人有下列行为之一的，应当界定为有意或反复滥用航班时刻：

（1）向社会公众公布的离港、到港时间，与获得的航班时刻不一致。

（2）将获得的航班时刻用于与其申请目的明显不同的航空运营业务。

（3）故意在明显不同的时间运营业务。

（4）其他有确凿证据表明存在有意或反复滥用航班时刻的行为。

三、航班时刻管理机构及其职责

我国航班时刻管理工作主要由中国民用航空局、民航地区管理局、民航局运行监控中心、空中交通管制单位以及航空承运人等协同负责。

1. 中国民用航空局

中国民用航空局在航班时刻管理工作中的职责包括如下几个方面：

（1）制定航班时刻配置政策和管理办法。

（2）审查批准主协调机场名单、辅协调机场名单、机场容量标准和航班时刻协调参数。

（3）处理有关航班时刻管理工作的投诉，保留对航班时刻配置的裁决权和最终决策权。

（4）根据国家战略利益需要以及国家基本航空服务需要，在机场容量标准之内安排航班时刻。

（5）组织航班时刻管理系统的建设和维护。

（6）监督检查航班时刻管理工作。

2. 民航局运行监控中心

民航局运行监控中心主要针对航班时刻管理负责以下方面工作：

（1）人道主义、专机、应急、外交等紧急重要飞行的时刻安排。

（2）根据民航局航班时刻管理部门委托，负责公务、校验、调机等飞行的时刻申请受理和安排，并定期向民航局航班时刻管理部门报备。

3. 空中交通管制单位

空中交通管制单位主要负责次日补班飞行的时刻安排，并定期向民航地区管理局航班时刻管理部门报告。

4. 航空承运人

航空承运人主要负责短期航班计划的制订，7 日以内的航班计划由营销委或市场部制订，3 日以内的航班计划由航空公司运行控制中心以及机务工程部共同制订，次日的航班计划由次日计划席位签派员根据当前运力条件以及人员资质情况进一步确定并生成最终的第二天航班计划。

四、航班协调会

航班的协调是通过航班协调会来实现的。航班协调会的主要内容是检查航班计划执行的情况，研讨航班安排和管理的问题，审议各航空公司所编制的航班计划，协调各航空公司之间的航线、班次、班期并统一协调编排航班时刻等。

航班协调会每年召开两次，夏秋季航班（4 月 1 日至 10 月 31 日）协调会定于每年 11 月初召开，冬春季航班（11 月 1 日至次年 3 月 31 日）协调会定于每年 6 月初召开。长期定期航班每两年协调一次，在当年的夏秋季航班协调会上协调。

航班协调会由民航局召开。各航空运输企业有关部门、民航局和地区管理局有关部门派人参加，必要时请有关机场、旅游部门参加，各部门按其职责对航空公司所上报的航班计划进行审核协调。

各航空公司在会上介绍本公司航班计划安排情况以及飞机、机组等执行情况，提出对其他公司航班安排的问题和意见，与其他公司及有关部门协调航线、班期、时刻，并根据协调情况和民航局的意见调整航班计划。

五、航班时刻申请的条件和内容

1. 国内航空公司申请航班时刻时应符合的条件

（1）换季航班时刻申请时必须在全国民航航班时刻协调会前取得需要核准航线的航线经营许可。

（2）换季定期航班时刻申请至少保证 80% 的历史时刻不调整。

（3）申请应以航班计划形式上报。

（4）换季定期航班时刻申请按规定格式制成数据库文件，通过电子邮件或时刻管理网上报；日常航班时刻申请以传真形式上报，并需同时录入时刻管理网进行公布。

（5）航班计划应符合标准航段运行时间。

（6）航班计划应满足使用机型的最少过站时间。

2. 国内航空公司提交的航班时刻申请应包含的内容

（1）申请航班时刻所属航季。

（2）航班类型（国际、地区、国内）。

（3）航班性质（客班、货班）。

（4）航空公司二、三字代码。

（5）航班号。

（6）使用机型。

（7）执行班期。

（8）飞行航线及起降时刻（对调整、交换航班应注明原飞行航线及起降时刻）。

（9）执行起止日期。

（10）出入境点（国际航班）。

（11）收发电报 AFTN/SITA 地址。

（12）相应的时刻申请是否享有新进入航空公司、基地航空公司等身份。

（13）承办人的身份及联系方式。

第三节　航班正常性管理

改革开放以来，我国民航事业快速发展，取得了世界瞩目的成就，但是航班延误始终是困扰民航工作的一大问题。航班正常与否将直接影响公司形象和信誉。建立航班正常工作的长效机制，必须走法治化的道路，通过立法将治理航班延误的政策措施转化为法规规章。

CCAR-300 部《航班正常管理规定》是中国民航局第一部规范航班正常工作的经济类规章。从航班正常保障、延误处置、旅客投诉管理、监督管理、法律责任等各个方面，进一步明确了航空公司、机场、空管等航空运行主体的责任，为维护乘客的合法权益、保障正常航空运输秩序提供了法律依据。《航班正常管理规定》是以《中华人民共和国民用航空法》《消费者权益保护法》《民用机场管理条例》为主要依据制定的，适用范围包括了在国（境）内运行的外航和港澳台地区航空公司，因此规章设定的义务性规范严格遵守了1999年《蒙特利尔公约》的要求。

为进一步正确处理安全与正常的关系，切实抓好航班运行保障各个环节，中国民航局制定了《航班安全运行保障标准》，适用于航班运行保障工作。

一、相关定义

1. 承运人

承运人是指使用民用航空器从事旅客、行李或者货物运输的公共航空运输企业，包括国内承运人（含港澳台地区承运人）和国外承运人。

2. 机型分类（表6-3）

表6-3 机型分类

60座以下	EMB145、CRJ200等
61~150座	EMB190、ARJ21、A319、B737（700型以下）、CRJ900等
151~250座	B737（700型以上）、B757、A310、A320、A321等
251~500座	B747、B777、B787、A300、A330、A340、A350等
500座以上	A380

3. 计划离港时间

计划离港时间指航班时刻管理部门批准的离港时间。

4. 目标离港时间

目标离港时间指航班收到许可后能够立即推出/开车的时间。

5. 计划到港时间

计划到港时间指航班时刻管理部门批准的到港时间。

6. 预计到港时间

预计到港时间指航班从对方机场起飞后，预计到达目的地挡轮挡时间。

7. 航班班次

航班的每一次起降为一个航段班次。航班正常性统计以航段班次为统计单位。

8. 航班到港延误

航班到港延误是指航班实际到港挡轮挡时间晚于计划到港时间超过 15 分钟的情况。

9. 航班出港延误

航班出港延误是指航班实际出港撤轮挡时间晚于计划出港时间超过 15 分钟的情况。

10. 航班取消

航班取消是指因预计航班延误而停止飞行计划，或者因延误而导致停止飞行计划的情况。

11. 机上延误

机上延误是指航班飞机关舱门后至起飞前或者降落后至开舱门前，旅客在航空器内等待的时间超过机场规定的地面滑行时间的情况。

12. 大面积航班延误

大面积航班延误是指机场在某一时段内一定数量的进、出港航班延误或者取消，导致大量旅客滞留的情况。某一机场的大面积航班延误由机场管理机构根据航班量、机场保障能力等因素确定。

二、航班安全运行保障标准

1. 航班信息

机场、航空公司、空中交通管理部门等单位应建立信息共享机制，及时向旅客和各航班保障单位提供必要的生产运营信息。

机场运行指挥部门负责发布航班停机位分配信息，并至少在航班到达前 30 分钟确定停机位。到港航班预计落地前 30 分钟，机场运行指挥部门原则上不得变更停机位。如停机位发生变更，应及时通知各相关航班保障单位。

2. 航空器始发

1）始发拖曳

机务应在航空器拖曳前完成拖曳检查工作。在出港机位提供使用后，按照航班类型和机型，将航空器拖曳至出港机位（挡轮挡）时间不应晚于以下时间点：

500 座以上航空器在计划/目标离港时间前 120 分钟。

500 座及以下航空器在计划/目标离港时间前 90 分钟。

2）地面保障

在航空器始发环节，地面保障部分需要完成的工作包括：廊桥对接、客梯车对接、航空器监护、电源/空调和气源设备提供、客舱门开启、摆渡车到位、货舱门开启、客舱清洁、清水操作、餐食及机供品配供、航油加注、机组及乘务组保障、货邮、行李装载、客舱门关闭、货舱门关闭、廊桥撤离、客梯车撤离等环节。

（1）廊桥对接。

航空器拖曳至其他停机位出港时，航空器按规范挡好轮挡后，机务应立即给出明确对接指令，10分钟之内完成廊桥对接。

（2）客梯车对接。

500座以上航空器应不晚于航班计划/目标离港时间前120分钟完成客梯车对接工作。

151～500座航空器应不晚于航班计划/目标离港时间前70分钟完成客梯车对接工作。

150座及以下航空器应不晚于航班计划/目标离港时间前60分钟完成客梯车对接工作。

（3）航空器监护。

航空器监护人员应在廊桥、客梯车对接前到位，已实现区域监护的除外。

（4）电源/空调和气源设备提供。

根据机组需要，应及时提供地面电源、空调和气源设备。例如，飞机APU故障情况下，按照MEL保留放行需提供电源车及气源车，视情况需要提供空调车保障。

（5）客舱门开启。

客舱门应在廊桥或客梯车对接完成后1分钟内开启。

（6）摆渡车到位。

按照机型，首辆摆渡车不应晚于以下时间点到达登机口或指定等待区域：

500座以上航空器在计划/目标离港时间前60分钟。

251～500座航空器在计划/目标离港时间前50分钟。

250座及以下航空器在计划/目标离港时间前45分钟。

其他摆渡车应在前车驶离后2分钟内到位。

（7）货舱门开启。

货舱门应在开始装舱时开启。

（8）客舱清洁。

客舱清洁操作应在开始登机前完成，清洁程度应符合航空公司的相关标准和要求。

（9）清水操作。

在廊桥或客梯车对接完毕后可以开始清水操作，清水操作完成时间不晚于航班计划/目标离港时间前15分钟。

（10）餐食及机供品配供。

餐食及机供品配供在航空器处于安全靠泊状态且按规范放置好反光锥形标志物后进行，并且在开始登机前完成。

（11）航油加注。

航油加注应在廊桥或客梯车对接完毕，由航空公司代表确认后进行。航空公司代表或机组应在以下时间点前提前确认并允许加油：

500座以上航空器在计划/目标离港时间前120分钟。

151～500座航空器在计划/目标离港时间前90分钟。

150座及以下航空器在计划/目标离港时间前60分钟。

一般情况下，航油加注操作应在开始登机前5分钟完成。

（12）机组及乘务组保障。

按照机型，机组、乘务组应在以下时间点前到达航空器或机位：

500 座以上航空器在计划/目标离港时间前 70 分钟。

500 座及以下航空器在计划/目标离港时间前 60 分钟。

如果因航油加注、餐食及机供品配供等保障环节需要机组提前到达的，应根据双方协议执行。

按照机型，机组、乘务组应在以下时间点前完成机组协作：

500 座以上航空器在计划/目标离港时间前 60 分钟。

500 座及以下航空器在计划/目标离港时间前 40 分钟。

（13）货邮、行李装载。

所有机型应在航空器计划/目标离港时间前 5 分钟完成货邮、行李的装载。翻找行李的时间节点按照机型不同，应在以下时间点前通知翻找行李：

500 座以上航空器在计划/目标离港时间前 25 分钟；

251～500 座航空器在计划/目标离港时间前 20 分钟；

250 座及以下航空器在计划/目标离港时间前 15 分钟。

（14）客舱门关闭。

客舱门关闭操作在旅客登机完毕、单据交接完毕、边防手续交接（适用于国际航线）确认完毕和地面保障人员全部下机后进行。客舱门关闭操作时间不应超过 1 分钟。客舱门关闭时间不晚于航班计划/目标离港时间前 5 分钟。

（15）货舱门关闭。

货舱门关闭操作在货物、邮件、行李装卸完毕，且无须翻找和加减行李后执行。操作时间不应超过 2 分钟。货舱门应在航班计划/目标离港时间前 5 分钟关闭。

（16）廊桥撤离。

撤离廊桥应在航班关闭客舱门后开始。如使用桥载设备，应在桥载设备撤离后开始撤离廊桥。单桥撤离操作时间不超过 2 分钟，双桥撤离操作时间不超过 4 分钟，三桥撤离操作时间不超过 6 分钟。

（17）客梯车撤离。

客梯车撤离应在航班关闭客舱门后进行，撤离操作时间不应超过 4 分钟。

3）放行推出

牵引车、机务、拖把到位时间不晚于航班计划/目标离港时间前 10 分钟。牵引车对接航空器操作不应超过 3 分钟。轮挡、反光锥形标志物撤离操作时间需满足以下要求：

251 座及以上航空器不应超过 4 分钟。

61～250 座航空器不应超过 3 分钟。

60 座以下航空器不应超过 2 分钟。

机组应在客、货舱门关闭和牵引车、机务、拖把到位后，向塔台或机坪管制申请航空器推出，在收到准予推出的指令后进行航空器推出操作。从接到指令到航空器开始推离机位不应超过 3 分钟。

3. 航空器过站

1）地面保障

（1）到港航班引导。

因特殊情况航空器需要引导时，塔台管制员应在航班落地前 10 分钟向航空器引导车通报引导信息。航空器引导车应在航班落地前到达指定引导位置。

（2）航空器入位。

接机人员应不晚于航班计划/预计到港时间前 5 分钟到达机位，并对机位适用性进行检查。

（3）轮挡与反光锥形标志物放置。

251 座及以上航空器轮挡与反光锥形标志物放置的操作时间不应超过 4 分钟。

61～250 座航空器轮挡与反光锥形标志物放置的操作时间不应超过 3 分钟。

60 座以下航空器轮挡与反光锥形标志物放置的操作时间不应超过 2 分钟。

（4）电源、空调和气源设备提供。

根据机组需要，应及时提供地面电源、空调和气源设备。

（5）廊桥对接。

使用单桥及双桥时，廊桥操作人员在航班计划/预计到港时间前 10 分钟做好廊桥检查及准备工作；使用三桥时，廊桥操作人员在航班计划/预计到港时间前 20 分钟做好廊桥检查及准备工作。

（6）客梯车对接。

客梯车应在航班计划/预计到港时间前 5 分钟到达机位。客梯车对接操作时间不应超过 4 分钟。

（7）航空器监护。

航空器监护人员应在廊桥、客梯车对接前到位，已实现区域监护的除外。

（8）摆渡车。

首辆摆渡车应在航班计划/预计到港时间前 5 分钟到达机位或指定等待区域，其他摆渡车应在前车驶离后 2 分钟内到位。

（9）客舱门开启。

地服接机人员在航班计划/预计到港时间前 5 分钟到位。客舱门开启操作应在廊桥或客梯车对接完毕确认后进行。客舱门开启操作时间不应超过 1 分钟。

（10）货舱门开启。

装卸人员及装卸设备应在航班计划/预计到港时间前 5 分钟到位。发动机关闭、防撞灯关闭、航空器刹车松开、轮挡按规范设置、反光锥形标志物摆放完毕后，机务应立即给出允许作业的指令，装卸人员开始执行货舱门开启操作，并立即开始卸行李、货物、邮件。

（11）客舱清洁。

客舱清洁应在旅客下机完毕后立即进行，在开始登机前完成。客舱清洁程度应符合航空公司的相关标准和要求。

（12）污水操作。

在廊桥或客梯车对接完毕后可以开始污水操作。污水操作完成时间应不晚于航班计划/目标离港时间前 15 分钟。

（13）清水操作。

在廊桥或客梯车对接完毕后可以开始清水操作。清水操作完成时间不晚于航班计划/目标离港时间前 15 分钟。

（14）餐食及机供品配供。

餐食及机供品配供应在廊桥或客梯车对接完毕后进行，在开始登机前完成。

（15）航油加注。

航油加注应在廊桥或客梯车对接完毕后，由航空公司代表确认后进行。航空公司代表应在加油车到达 5 分钟内提供所需油量。一般情况下，航油加注操作应在开始登机前 5 分钟完成。载客加油或特殊情况下应在关客舱门前 5 分钟完成。

（16）机组及乘务组保障。

按照机型，机组、乘务组应在以下时间点前到达航空器或机位：

500 座以上航空器在计划/目标离港时间前 70 分钟。

500 座以下航空器在计划/目标离港时间前 60 分钟。

如果因航油加注、餐食配供等保障环节需要机组提前到达的，应根据双方协议执行。按照机型，机组、乘务组应在以下时间点前完成机组协作：

500 座以上航空器在计划/目标离港时间前 60 分钟。

500 座以下航空器在计划/目标离港时间前 40 分钟。

（17）货邮、行李装载。

所有机型应在航空器计划/目标离港时间前 5 分钟完成货邮、行李的装载。

按照机型，应在以下时间点前通知翻找行李：

500 座以上航空器在计划/目标离港时间前 25 分钟。

251～500 座航空器在计划/目标离港时间前 20 分钟。

250 座及以下航空器在计划/目标离港时间前 15 分钟。

（18）出港摆渡车。

按照机型，首辆摆渡车不应晚于以下时间点前到达登机口或指定等待区域：

500 座以上航空器在计划/目标离港时间前 60 分钟。

251～500 座航空器在计划/目标离港时间前 50 分钟。

250 座及以下航空器在计划/目标离港时间前 45 分钟。

其他摆渡车应在前车驶离后 2 分钟内到位。

（19）客舱门关闭。

客舱门关闭操作在旅客登机完毕、单据交接完毕、边防手续交接（适用于国际航线）确认完毕和地面保障人员全部下机后进行。客舱门关闭操作时间不应超过 1 分钟。客舱门关闭时间不应晚于航班计划/目标离港时间前 5 分钟。

（20）货舱门关闭。

货舱门关闭操作在行李、货物、邮件装卸完毕，且无须翻找和加减行李后进行。操作时间不应超过 2 分钟。货舱门关闭应在航班计划/目标离港时间前 5 分钟完成。

（21）廊桥撤离。

撤离廊桥应在航班关闭客舱门后开始。如使用桥载设备，应在桥载设备撤离后开始撤离廊桥。

（22）客梯车撤离。

客梯车撤离应在航班关闭客舱门后开始，操作时间不应超过 4 分钟。

2）放行推出

牵引车、机务、拖把到位时间不晚于航班计划/目标离港时间前 10 分钟。

（1）牵引车对接。

牵引车对接航空器操作不应超过 3 分钟。牵引车对接航空器操作应符合《民用航空器维修地面安全》第 3 部分"民用航空器的牵引"的相关规定。

（2）轮挡、反光锥形标志物撤离。

轮挡撤离操作应符合《民用航空器维修地面安全》第 1 部分"民用航空器轮挡"的相关规定。轮挡、反光锥形标志物撤离操作时间：

251 座以上航空器不应超过 4 分钟。

61～250 座航空器不应超过 3 分钟。

60 座以下航空器不应超过 2 分钟。

（3）航空器推出。

机组应在客、货舱门关闭和牵引车、机务、拖把到位后，向塔台或机坪管制申请航空器推出，在收到准予推出的指令后进行航空器推出操作。从接到指令到航空器开始推离机位不应超过 3 分钟。

（4）出港航班引导。

因特殊情况航空器需要引导时，塔台管制员应在航空器推出前 10 分钟向航空器引导车通报引导信息。航空器引导车应在接到塔台引导指令后 10 分钟到达指定引导位置。

4. 航空器航后

各相关保障单位应及时做好航后的保障工作，不得因保障原因影响后续航班的正常运行。

5. 除冰雪

机场及相关保障单位应根据本机场气候条件，并参照过去 5 年的冰雪情况，配备与航班量相匹配的除冰雪设备。相关保障单位应结合机场的实际情况，制订航空器除冰预案，配备必要的人员、除冰车辆、设备和物资，并定期组织演练，最大限度地消除冰雪天气对航班正常运行的影响。

位于经常降雪或降雪量较大地区、年旅客吞吐量 200 万（含）人次以上的机场，应当设置航空器集中除冰坪。除冰坪位置应保证除冰处理的保持时间，防止航空器二次除冰。机场应根据天气状况组织各保障单位提前做好航空器除冰的各项准备工作。有大量航空器需要除冰的情况下，必要时机场应统一调配除冰资源，机场和航空公司应积极实施航空器慢车除冰，提高除冰效率。机场应根据本场情况研究确定高峰小时除冰能力。大量航空器除冰时，机场运行指挥部门应每 30 分钟将未来 60 分钟可以完成除冰的航空器数量通知空管部门。各类航空器的除冰作业时间一般不超过表 6-4 规定的时间。

表 6-4　不同型别航空器除冰作业时间要求　　　　　　　　单位：min

雪情	C 类航空器		D 类航空器	E 类航空器	F 类航空器
小雪	12	8（慢车除冰）	17	20	30
中雪	17		22	28	40
大雪	25		30	36	50
黏雪	22		27	33	45

三、航班正常管理规定

1. 航班正常保障主要机构职责

1）航空承运人

承运人应当按照获得的航班时刻运营航班，提高航空器及运行人员的运行能力，充分利用仪表着陆系统或者等效的精密进近和着陆引导系统，积极开展相关新技术的应用，保障航班安全、正常运行。合理安排运力和调配机组，减少因自身原因导致航班延误。

2）机场管理机构

机场管理机构应当加强对设施设备的检查和维护，保障航站楼、飞行区的设施设备运行正常，减少设施设备故障导致的航班延误。机场管理机构与空管部门应当加强协同，研究优化机坪运行管理，提高地面运行效率，并对所有进出港航班运行进行有效监控。按照相关规定安装、使用仪表着陆系统或者等效的精密进近和着陆引导系统，积极开展相关新技术的应用，保障航班安全、正常运行。

3）空管部门

空管部门应当依据职责严格执行空管运行工作程序和标准，加快空中流量，保证航班正常。依据职责积极推动新技术应用，提高运行保障能力，保证航班正常。加强天气监测和预报能力建设，按照规定为承运人提供准确的航空气象服务。

2. 航班延误处置

1）延误处置的一般规定

承运人应当制订并公布运输总条件，明确航班出港延误及取消后的旅客服务内容，并在购票环节明确告知旅客。国内承运人的运输总条件中应当包括是否对航班延误进行补偿；若给予补偿，应当明确补偿条件、标准和方式等相关内容。

承运人及其航空销售代理人在售票时，应当将旅客联系方式等必要信息准确录入旅客订座系统，并负责及时通告旅客航班动态信息。

承运人、机场管理机构、地面服务代理人应当分别制订备降航班地面服务保障工作程序和应急预案。承运人与备降机场管理机构、地面服务代理人有备降保障协议的，备降机场管理机构和地面服务代理人应当按保障协议做好备降航班服务工作。承运人签订协议的备降机场无法接收备降，航班需在其他机场备降时，相关机场管理机构应当按照有关规定积极创造条件，在保证安全的前提下，提供备降保障，不得借故不予保障。

航班出港延误或者取消时，承运人、机场管理机构、空管部门、地面服务代理人、航空销售代理人应当加强信息沟通和共享。承运人应当每隔30分钟向机场管理机构、空管部门、地面服务代理人、航空销售代理人发布航班出港延误或者取消信息，包括航班出港延误或者取消原因及航班动态。空管部门应当按照规定将天气状况、流量控制和航班出港延误后放行等信息通告承运人和机场管理机构。机场管理机构应当按照规定将机位、机坪运行情况等信息通告承运人、地面服务代理人和空管部门。

机场管理机构应当协调驻场各单位，制订大面积航班延误总体应急预案，并定期组织演练。承运人、地面服务代理人、空管部门及其他服务保障单位应当分别制订大面积航班延误应急预案。驻场各单位应当服从机场管理机构的组织协调，参加演练，落实各项服务保障工作。

2）航班出港延误旅客服务

在掌握航班出港延误或者取消信息后，各单位应当按照各自职责，做好以下信息通告工作：

（1）承运人应当在掌握航班状态发生变化之后的 30 分钟内通过公共信息平台、官方网站、呼叫中心、短信、电话、广播等方式，及时、准确地向旅客发布航班出港延误或者取消信息，包括航班出港延误或者取消原因及航班动态。

（2）机场管理机构应当利用候机楼内的公共平台及时向旅客通告航班出港延误或者取消信息。

（3）航空销售代理人应当将承运人通告的航班出港延误或者取消的信息及时通告旅客。

各单位应当加强协调，及时传递相关信息，确保对外发布的航班信息真实、一致。发生航班出港延误或者取消后，承运人或者地面服务代理人应当按照下列情形为旅客提供食宿服务：

（1）由于机务维护、航班调配、机组等承运人自身原因，航班在始发地出港延误或者取消，承运人应当向旅客提供餐食或者住宿等服务。

（2）由于天气、突发事件、空中交通管制、安检以及旅客等非承运人原因，航班在始发地出港延误或者取消，承运人应当协助旅客安排餐食和住宿，费用由旅客自理。

（3）国内航班在经停地延误或者取消，无论何种原因，承运人均应当向经停旅客提供餐食或者住宿服务。

（4）国内航班发生备降，无论何种原因，承运人均应当向备降旅客提供餐食或者住宿服务。

3）机上延误处置

承运人应当制订并向社会公布机上延误应急预案，预案内容应当包括机上延误时的信息通告、餐饮服务提供时间和下机的条件及限制。机上延误应急预案应当与机场管理机构、海关、边检、安保部门充分协调。

发生机上延误后，承运人应当每 30 分钟向旅客通告延误原因、预计延误时间等航班动态信息。流量控制、军事活动等原因造成机上延误的，空管部门应当每 30 分钟向承运人通告航班动态信息。

机上延误期间，在不影响航空安全的前提下，承运人应当保证盥洗设备的正常使用。机上延误超过 2 小时（含）的，应当为机上旅客提供饮用水和食品。机上延误超过 3 小时（含）且无明确起飞时间的，承运人应当在不违反航空安全、安全保卫规定的情况下，安排旅客下飞机等待。机场管理机构、地面服务代理人应当协助承运人做好机上延误时的各项服务工作。

四、航班正常性统计办法及不正常原因分类

航空公司航班正常性的统计部门是运行控制中心，按照航班正常标准，对班期时刻表公布的和经民航局批准改变的航班计划中的所有航段班次，根据计划起降时刻和实际起降时刻进行统计。

航空公司航班正常性的考核是依据航班出港作业进程图（见图6-6），按照航班计划时刻倒计时方法，规定各部门、各保障单位进入和完成飞行直接准备工作的时限。凡是未按照航班出港进程图进行作业并未能在规定时限内完成任务的，视为航班延误责任单位。由于上道工序未按时完成（或到位）而影响到下道工序延误航班的，由上道工序承担延误责任。

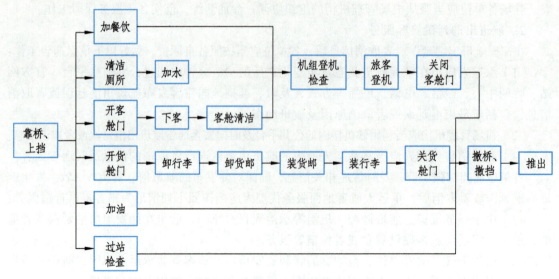

图 6-6　航班出港作业进程

1. 航班正常性统计的范围

正常性统计范围为国内、国际客运航班，包括正班、加班、包机，当日临时增加航班计入航班正常性统计。

补班、训练、试飞、急救、不载客的验证飞行以及调机等不纳入航班正常性统计，提前一天取消的次日航班，不计入航班正常性统计。

2. 航班正常性统计标准

1）航班起降正常统计标准

符合下列条件之一的航班即判定为航班起降正常：

（1）在计划离港时间后规定的机场地面滑行时间（见表 6-5）之内起飞。

（2）不晚于计划到港时间后 20 分钟落地。

表 6-5　规定的机场地面滑行时间　　　　　　　　　　　单位：min

全国机场地面滑行统计标准	
机场名称	地面滑出时间标准
北京首都、北京大兴、上海浦东、上海虹桥、广州白云、成都双流、成都天府、深圳宝安、昆明长水、西安咸阳、重庆江北、杭州萧山及境外机场	30
南京禄口、厦门高崎、乌鲁木齐地窝堡、长沙黄花、武汉天河、郑州新郑、青岛流亭、天津滨海、海口美兰、三亚凤凰、哈尔滨太平、贵阳龙洞堡、大连周水子、沈阳桃仙	25
济南遥墙、福州长乐、南宁吴圩、兰州中川、太原武宿、长春龙嘉、呼和浩特白塔、南昌昌北、合肥新桥、石家庄正定、珠海金湾、宁波栎社、温州龙湾、银川河东、烟台蓬莱机场	20
其他国内机场	15

符合下列条件之一的航班即判定为起降不正常航班：

（1）不符合起降正常航班全部条件的航班。

（2）当日取消的航班。

（3）未经批准，航空公司自行变更航班计划的航班。

当航班备降时，如备降机场与计划目的地机场属同一城市，且实际起飞（或落地）时间较计划离港（或到港）时间在规定范围内，则该航班为正常航班。

航班起降正常率：反映航班运行效率的指标。航班起降正常率等于起降正常航段班次与计划航段班次之比，用百分数表示。

$$航班起降正常率 = 起降正常航段班次/计划航段班次 \times 100\%$$

航班起降延误时间：反映航班延误程度的指标。航班起降延误时间等于实际起飞时间晚于计划离港时间与机场地面滑行时间之和的时间。

$$航班起降延误时间 = 实际起飞时间 - （计划离港时间 + 机场地面滑行时间）$$

当发生返航、备降、取消等不正常情况，航班延误时间不进行统计。

航班平均起降延误时间：反映航班总体延误程度的指标。航班平均起降延误时间等于计划航段班次起降总延误时间与计划航段班次之比。

$$航班平均起降延误时间 = 计划航段班次起降总延误时间/计划航段班次$$

2）航班离港正常统计标准

航班离港正常：航班实际离港撤轮挡时间不晚于计划离港时间+15分钟的情况。

航班离港不正常：凡有下列情况之一，则该航班判定为离港不正常。

（1）不符合离港正常航班全部条件的航班。

（2）当日取消的航班。

（3）未经批准，航空公司自行变更航班计划的航班。

航班离港正常率：反映航班离港正常性的指标。航班离港正常率等于航班离港正常班次与航班离港总班次之比，用百分数表示。

$$航班离港正常率 = 航班离港正常班次/航班离港总班次 \times 100\%$$

3）航班到港正常统计标准

航班到港正常：航班实际到港挡轮挡时间不晚于计划到港时间 + 15分钟的情况。航班到港不正常：凡有下列情况之一，则该航班判定为到港不正常。

（1）不符合到港正常航班全部条件的航班。

（2）当日取消的航班。

（3）未经批准，航空公司自行变更航班计划的航班。

航班到港正常率：反映航班到港正常性的指标。航班到港正常率等于航班到港正常班次与航班到港总班次之比，用百分数表示。

$$航班到港正常率 = 航班到港正常班次/航班到港总班次 \times 100\%$$

航班到港延误时间：反映航班到港延误程度的指标，等于实际到港时间晚于计划到港时间15分钟之后的时间。

$$航班到港延误时间 = 实际到港时间 - （计划到港时间 + 15分钟）$$

4）机场放行正常率统计标准

对于始发航班：航班在计划离港时间后规定的该机场滑行时间内起飞，判定为放行正常（即航班实际起飞时间≤计划离港时间+机场滑行时间）。

对于过站航班，满足下列条件之一即为放行正常：

（1）航班在计划离港时间后规定的该机场滑行时间内起飞，判定为机场放行正常（即航班实际起飞时间≤计划离港时间+机场滑行时间）；

（2）如果前段航班实际落地时间到后段航班实际起飞时间≤民航局规定滑入时间（10分钟）+公司计划编排过站时间+规定的机场滑行时间，则判定为放行正常。

机场放行正常率：反映航班保障效率的指标。放行正常率等于放行正常班次与机场放行总班次之比，用百分数表示。

$$机场放行正常率=机场放行正常班次/机场放行总班次×100\%$$

取消航班不统计起降、放行正常率，返航/备降航班从计划起飞机场起飞的航段统计，从返航/备降机场起飞或在返航/备降机场取消的航段不统计。

3. 航班不正常原因分类

目前，我国民航局对航班不正常原因的分类包括：天气、流量控制、工程机务、运输服务、机场设施、航行保障、空勤人员、公司计划、场区秩序、禁航、飞机清洁、食品供应、油料保障、安全检查、联检、地面事故、飞行事故、旅客、空防和其他需说明的原因。这些原因可以归纳为六大类：航空公司原因、天气原因、空中交通管制原因、机场保障原因、旅客自身原因和其他原因。航空公司、空管、天气是导致航班延误的主要原因。

某国内航空公司航班不正常原因判定分类及公司代码见表6-6。

航班延误面面观

表6-6　某航空公司航班不正常原因分类及代码

原因分类	原因明细	公司代码
天气原因	天气条件低于公司最低运行标准	AA
	因天气临时增减燃油或装卸货物	AD
	因天气造成机场或航路通信导航设施损坏	AE
	因天气导致跑道积水、积雪、积冰	AF
	因天气改变航路	AG
	因高空逆风造成实际运行时间超过标准航段运行时间	AH
	航空器进行除冰、除雪检查或等待除冰、除雪	AI
	天气原因造成航班合并、取消、返航、备降	AJ
	天气原因（生成、发展、消散等阶段）造成空管或机场保障能力下降，导致流量控制	AK
	飞机遭雷击	AT
	其他天气原因	AX
	因天气原因导致后续航班顺延（限第一段顺延）	AZ
	因天气原因导致后续航班顺延	AW

原因分类		原因明细	公司代码
空管		空中交通管制能力原因导致流量控制	BA
		空管系统所属设备故障	BB
		气象服务未及时提供	BC
		航行情报服务未及时提供或有误	BD
		空管人为原因	BE
		其他空管原因	BX
		因空管原因导致后续航班顺延（限第一段顺延）	BZ
		因空管原因导致后续航班顺延	BW
军事活动		军航训练、转场、演习、科研项目等限制或禁止航班飞行，造成保障能力下降	CA
		军方专机禁航	CB
		军事活动导致流量控制	CC
		其他军事活动原因	CX
		因军事活动原因导致后续航班顺延（限第一段顺延）	CZ
		因军事活动原因导致后续航班顺延	CW
公共安全		因举办大型活动或发生突发事件，造成保障能力下降或安检时间延长	DA
		航班遭到劫持、爆炸威胁	DB
		发生可能影响飞行安全的事件（如机场周边燃放烟花导致能见度下降，发现不明飞行物、气球、风筝，地震、海啸等自然灾害）	DC
		公共卫生事件	DD
		其他公共安全原因	DX
		因公共安全原因导致后续航班顺延（限第一段顺延）	DZ
		因公共安全原因导致后续航班顺延	DW
民航局航班时刻安排		民航局航班时刻安排超过空管或机场保障能力，导致流量控制	FA
		因民航局航班时刻安排原因导致后续航班顺延（限第一段顺延）	FZ
		因民航局航班时刻安排原因导致后续航班顺延	FW
航空公司原因	飞机故障	飞机故障	GA
		MEL 放行存在争议、理解不一致	GB
		飞机定检、排故限制或特殊要求	GC
		按照 MEL 放行提高航班运行标准	GD
		排故时间明显超出工卡标准时间	GE
		其他原因需要排故但超出工卡标准工时	GF
		其他工程机务原因	GX
		因飞机故障原因导致后续航班顺延	GZ

原因分类		原因明细	公司代码
航空公司原因	航班计划	航班计划航段时间少于 QAR 数据 10 分钟以上	HA
		公司销售	HB
		客票销售代理机构	HC
		航班计划过站时间不足	HD
		航班批复	HE
		因公司计划原因导致后续航班顺延	HZ
	航材保障	航材保障	IA
		因航材保障原因导致后续航班顺延	IZ
	航务保障	航务保障	JA
		航务保障代理机构	JC
		其他航务保障原因	JX
		因航务保障原因导致后续航班顺延	JZ
	飞行机组保障	飞行组保障（如机组临时请假、机组个人原因拒绝执行航班等）	KA
		飞行组休息时间限制（限机组前日执行航班实际落地时间较计划到港时间晚 90 分钟及以内）	KB
		飞行组衔接、等待飞行组及机组晚进场（限海口 B737 机型、北京全机型）	KC
		飞行组特殊要求	KE
		其他飞行机组原因	KX
		飞行组保障原因导致后续航班顺延	KZ
	乘务组保障	乘务组保障	LA
		乘务组休息时间、值勤时间限制（限乘务组前日执行航班实际落地时间较计划到港时间晚 120 分钟及以内）	LB
		乘务组衔接，等待乘务组（限基地、分公司所在机场）	LC
		乘务组特殊要求	LE
		其他乘务组原因	LX
		乘务组保障原因导致后续航班顺延	LZ
	安全员保障	空警、安全员保障	MA
		空警、安全员休息时间、值勤时间限制（空警、安全员前日执行航班实际落地时间较计划到港时间晚 120 分钟及以内）	MB
		空警、安全员任务衔接，等待限制（限基地、分公司所在机场）	MC
		空警、安全员特殊要求	ME
		其他空警、安全员原因	MX
		由于空警、安全员保障原因，公司运力调配	MY
		因空警保障原因导致后续航班顺延	MZ

原因分类		原因明细	公司代码
航空公司原因	地面保障	地面服务，包括值机、引导、广播、出入境单据、晚到旅客处置、特殊旅客保障、贵宾服务、上下客等	PA
		运行保障，包括停机位安排、摆渡车晚到、行李装卸、清洁、加水排污、特种设备保障等	PB
		机组后勤保障	PC
		配载与舱单保障	PH
		食品机供品供应	PO
		因地面保障原因导致后续航班顺延	PZ
	货运保障	货物运输	QA
		货物运输代理机构	QB
		因货运保障原因导致后续航班顺延	QZ
	运力调配	由于天气原因，公司运力调配	AY
		由于空管原因，公司运力调配	BY
		由于军事活动原因，公司运力调配	CY
		由于公共安全原因，公司运力调配	DY
		由于局方航班时刻安排原因，公司运力调配	FY
		由于工程机务原因，公司运力调配	GY
		由于航班计划原因，公司运力调配	HY
		由于航材保障原因，公司运力调配	IY
		由于航务保障原因，公司运力调配	JY
		由于飞行机组保障原因，公司运力调配	KY
		由于乘务保障原因，公司运力调配	LY
		由于空警、安全员保障原因，公司运力调配	MY
		由于地面保障原因，公司运力调配	PY
		由于机场原因，公司运力调配	RY
		由于联检原因，公司运力调配	SY
		由于油料原因，公司运力调配	TY
		由于离港系统保障原因，公司运力调配	UY
		由于旅客原因，公司运力调配	VY
		航空公司运力调配原因	WY

原因分类		原因明细	公司代码
航空公司原因	公司原因	特殊旅客保障，包括要客航班保障及担架旅客保障等	WA
		飞机意外受损	WB
		飞行组衔接，等待飞行组及机组晚进场（除北京基地、海口 B737 机型以外）	WJ
		飞行组休息时间限制（限机组前日执行航班实际落地时间较计划到港时间晚 90 分钟以上）	WK
		因机组资质问题导致航班不正常（如新机长、CATⅡ资格、EDTO）	WM
		乘务组（含空警、安全员）休息时间限制（限乘务组前日执行航班实际落地时间较计划到港时间晚 120 分钟以上）	WL
		乘务组（含空警、安全员）衔接，等待乘务组（含空警、安全员）及乘务组（含空警、安全员）晚进场（除基地、分公司以外）	WN
		因飞机装船原因导致登机口临时拉减行李	WP
		航空公司保障原因	WV
		多种原因导致航班延误，且暂时无法明确定性延误原因，需要进一步调查	WW
		因公司原因导致后续航班顺延	WZ
机场		机场活动区有异物（含轮胎扎伤）	NA
		人、畜、车辆进入跑道或滑行道	NB
		候机区秩序	NC
		飞机遭鸟击（机场围界以内或起飞阶段高度 100 m 以内、降落阶段高度 60 m 以内发生的鸟击）	ND
		机场净空条件不良或跑道、滑行道、停机坪构型不合理造成保障能力下降	NL
		机场跑道、滑行道等道面损坏、施工或灯光故障	OA
		机场所属设备（含通信、导航设备）故障	OB
		其他机场原因	RX
		因机场原因导致后续航班顺延（限第一段顺延）	RZ
		因机场原因导致后续航班顺延	RW
联检		因联检单位（边防、海关、检验检疫）原因未及时为旅客办理手续，造成旅客晚登机	SA
		其他联检原因	SX
		因联检原因导致后续航班顺延（限第一段顺延）	SZ
		因联检原因导致后续航班顺延	SW

144

原因分类	原因明细	公司代码
油料	未按计划供油	TA
	加油设施设备故障	TB
	油品质量不符合规定要求	TC
	加油时损坏飞机	TE
	其他油料原因	TX
	因油料原因导致后续航班顺延（限第一段顺延）	TZ
	因油料原因导致后续航班顺延	TW
离港系统	电子离港系统故障，延误或不能办理旅客登机手续	UA
	其他离港系统原因	UX
	因离港原因导致后续航班顺延（限第一段顺延）	UZ
	因离港原因导致后续航班顺延	UW
旅客	特殊旅客保障，仅限临时承接特殊旅客保障情况	VA
	等待旅客，仅限外界客观因素限制导致大量旅客晚到、专包机旅客晚到等	VB
	登机手续不符合规定	VC
	旅客突发疾病	VD
	旅客丢失登机牌，重新办理乘机手续	VE
	旅客登机后要求下机，重新进行客舱及行李舱安全检查	VF
	旅客拒绝登机、霸占飞机	VG
	登机口临时拉减行李（减客挑行李及卡超大行李导致关舱晚）	VP
	其他旅客原因	VX
	因旅客原因导致后续航班顺延（限第一段顺延）	VZ
	因旅客原因导致后续航班顺延	VW

五、协同决策（CDM/A-CDM）系统

CDM 是协同决策（Collaborative Decision Making）的简称，是一种基于资源共享和信息交互的多主体（空管、机场、公司等）联合协作运行理念。CDM 系统是一个集安全、容量、效率于一体的综合平台，能够根据飞行电报和空管动态情况等信息计算出未来一定时间范围内航班的最优时隙，使空管、机场、公司第一时间在平台上共享空域资源、机场资源、航班准备情况等信息，并设计出合理、准确的航班放行队列，将包含航班协调关舱门时刻、起飞时刻等信息及时显示在终端界面，使用单位可以提前得知航班预计起飞时间。

协同决策包含三级：第一级为国家级，主要负责全国级协同决策会商、特情及应急处置、航班时刻管理、交通态势监视、多机场协同放行等；第二级为地区级，主要负责地区级协同决策会商、特情及应急处置、空中交通服务、航班时刻监视、多机场协同放行等；第三级为机场或终端级，主要负责终端级协同决策会商、空中交通服务、协同进场排序、协同离场放行、协同场面管理等。

当前，机场协同决策系统（Airport-Collaborative Decision Making，A-CDM）的应用得到大力推广。该系统集航班离场管理、进场管理、天气预报、运行监测功能于一体，服务面向机场、空管、基地航空公司等运行保障单位，以保证各单位及时掌握飞行区、进近和离场排序等重要航班信息，使放行透明化、运行规范化。

1. 航空公司 CDM 系统运行工作流程

航空公司 CDM 系统运行工作流程如图 6-7 所示。

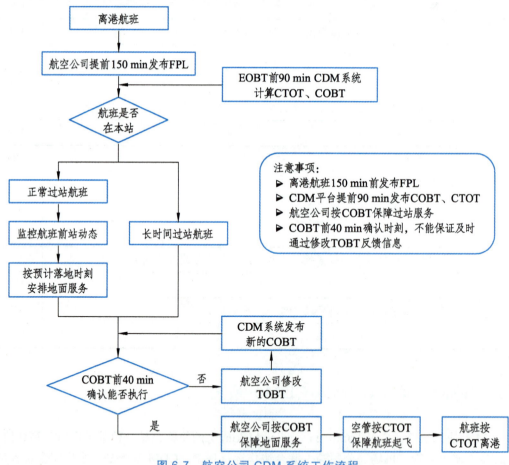

图 6-7　航空公司 CDM 系统工作流程

1）领航计划提交

航空公司或航务代理单位应至少在计划撤轮挡时间（SOBT）前 150 分钟向所在地报告室提交领航计划，CDM 系统据此生成预计撤轮挡时刻（EOBT）。

2）预排序

CDM 系统根据航班的领航计划报，在 EOBT 前 90 分钟对离港航班进行预排序。

3）计算起飞时间（CTOT）和计算撤轮挡时间（COBT）发布

COBT 是航空地面服务各部门需要严格保障的时刻，该时刻用于地服各部门之间相互协调，是航班需要完成准备的最晚时刻。

航班 EOBT 前 90 分钟，CDM 系统依据该航班的目标撤轮挡时间（TOBT）（非人工干预下的 TOBT=预达时间+滑行时间+机型过站时间）和 EOBT（航空公司签派拍发报文中的预计离港时间），综合考虑流量控制情况、机场跑道运行模式和排队序列等因素，计算出该航班的计算撤轮挡时间（COBT）和计算起飞时间（CTOT）并推送给航空公司、机场和相关管制单位。航空公司和机场根据 COBT 安排航班的相关地面保障工作。

航空公司在 CDM 机场运行时，可通过 CDM 终端直接获知离港航班的 COBT 和 CTOT，若预计无法执行 COBT，可通过修改 TOBT 的方式告知 CDM 系统重新计算。航空公司在非 CDM 机场运行时，应在 EOBT 前 60 分钟与当地管制单位联系，获知 COBT 和 CTOT。人工修改后的 TOBT 优先于系统自动计算的 TOBT 触发计算 CTOT。

4）TOBT 修改

TOBT 是触发 CDM 系统计算并发布 COBT 的依据。TOBT 是指航空器能够准备好的最早时刻，即所有舱门关闭、廊桥撤掉、推车可用，收到许可后可立刻推出/开车的时刻。

CDM 系统对进入预排序离港航班的前站动态进行监控，综合各类信息后实时更新该航班的 TOBT。

航空公司预计航班将延误 30 分钟及以上时，应及时拍发 DLA 报。在 CDM 机场运行的航空公司预计航班无法执行 COBT 时，应及时通过 CDM 终端更新 TOBT。航空公司未及时提交 DLA 报或修改 TOBT 信息，该航班将被重新计算排序。

航班如需快速过站，在 CDM 机场运行的航空公司可通过 CDM 终端修改航班 TOBT 时刻，但不得早于 EOBT 前 30 分钟。

5）TOBT 确认

在 CDM 机场运行的航空公司负责在 COBT 前 40 分钟完成 TOBT 的确认工作。迟于该时刻的修改，将导致原先时刻的浪费并产生额外的延误。

6）推出、开车和滑行

航空器驾驶员应在 COBT 前 5 分钟向管制部门申请推出/开车。空管部门按照 COBT 和 CTOT 指挥该航班推出、开车、滑行和起飞。

2. 使用协同决策系统优势

（1）长时间延误得到有效控制。

（2）机上长时间等待明显减少。

（3）群体性事件大幅减少。

（4）公安出警次数明显减少。

（5）机坪资源利用率有效提升，保障人员压力得到了有效缓解。

（6）协调量大幅减少。

（7）机组认可度高。
（8）应急处置能力显著提升。
（9）促进机场非航业务发展。
（10）节能减排效果明显。

课后参阅规章和手册

1. CCAR-300 部《航班正常管理规定》。
2. CCAR-73 部《民用航空预先飞行计划管理办法》。
3. CCAR-289TR-R1《中国民用航空国内航线经营许可规定》。
4. 民航发〔2018〕1 号《民航航班时刻管理办法》。

1. 简述航班计划各要素。
2. 简述航班计划制订流程。
3. 简述航班正常统计标准。
4. 论述 CDM/A-CDM 系统在航空公司运行过程中的工作流程。
5. 论述导致航班不正常的原因。
6. 名词解释：航班计划、航线、航季、加班、包机。

拓展阅读

冬春航季新变化你关注了吗

最近，"航班换季"与"冬春航季"成为民航领域的热词。航班换季是民航业每年都要进行两次的"规定动作"。在正常情况下，每年 3 月最后一个完整周的星期日至 10 月最后一个完整周的星期六，执行夏秋航季航班计划；同年 10 月最后一个完整周的星期日至第二年 3 月最后一个完整周的星期六，执行冬春航季航班计划。今年 10 月 29 日，我国民航进入 2023/2024 年冬春航季，不少航空公司利用换季的节点调整航班，加大热门航线运力投放，同时停飞或减少市场需求不足的航线航班。截至目前，许多航空公司已为冬春航季做足准备，从运力调配、航线布局、时刻协调、中转衔接、服务产品等方面进行了精心细致的安排。

航线新变化　旅客出行随心选

经历了繁忙暑运和国庆黄金周的民航，在进入冬春航季后，又将迎来春运和寒假的考验。2023/2024 年冬春航季，国内客货运航班计划量较往年均有所增加。从民航局关于航班换季新闻发布会透露的内容不难看出，国内航线方面，冬春航季众多航空公司均围绕枢纽城市增开、加密干线航班。对冬春航季民航航班计划有所了解，旅客便可在选择航线、购买优惠机票、制订旅行计划等方面更加从容。

综观各航空公司冬春航季发布的航线产品，北上广深蓉的对飞航线数量明显增加。这些航线的商务出行需求旺盛，其客运量、航班量、运营的航企数量都是最多的。

南航冬春航季航班计划显示，南航围绕广州这一枢纽城市，在广州至北京、上海、海口等 10 余条航线上，每日安排 8 班以上往返航班，并增加广州至宁波、青岛、贵阳等航线航班。同时，南航新增广州—海口快线，其重点公务、商务航线增至 16 条。

东航的空中快线和空中准快线数量在换季后也将达到 41 条。在东航上海虹桥往返三亚、北京首都、成都双流的航线上，宽体机占比将达到 83% 以上；在上海虹桥往返深圳、广州、北京大兴的航线上，宽体机占比将达到 50% 以上。

除了满足商旅需求，民航旅客利用冬春航季错峰出游也是一个不错的选择。同程旅行数据显示，截至 10 月 26 日，11 月国内机票平均支付价格较 10 月同期下降 14.2%，在一定程度上降低了用户的出行成本。

国际航线方面，冬春航季有 150 家国内外航空公司每周共计 16680 班航班计划申请获得批复，涉及 68 个境外国家。

国航表示，将陆续恢复北京首都—旧金山、深圳—法兰克福、上海浦东—名古屋等航线，增加北京—巴黎、北京—马德里、北京—墨尔本等 20 余条航线航班。

东航自 10 月 29 日起恢复上海浦东—旧金山、上海浦东—长崎、呼和浩特—昆明—仰光等国际航线，并将在 11 月中下旬恢复深圳—曼谷、兰州—曼谷等航线，新开上海浦东—开罗、杭州—悉尼—奥克兰、北京大兴—东京羽田等航线。

此外，南航也表示，冬春航季将不断加快在澳新、东南亚及日韩等传统市场上的航班恢复节奏，同时在中亚、西亚、中东、非洲等地持续开辟新航线。日益丰富的国际航线让旅客出境游有了更多便捷选择，也让民航市场充满生机。

打造新产品　换季实惠莫错过

对选择航空出行的旅客来说，除了享受舒适、便捷的服务，如果还能买到低价机票就更好了。虽然各航空公司在不同时期都会推出营销活动，但每年换季期间的优惠是最值得期待的。记者从春秋航空了解到，今年换季期间，其小程序和 App 上线了"想飞就飞 6.0 全域版"套票，单人版售价 3399 元，亲子版售价 5099 元。春秋航空相关工作人员告诉记者，与旧版套票相比，6.0 全域版套票为旅客提供了更多可兑换的航线选择，进出港国际航线机票也可以使用该套票兑换。该套票可兑换航班日期截至 2024 年 3 月 30 日（不含春运 40 天），包含元旦假期，并且只需要提前 3 天进行兑换。此外，记者还了解到，春秋航空每周二、周五在抖音直播间特别发售 99 元和 199 元单次卡，可兑换多条境内外和地区热门航线机票，并且承诺旅客未兑换使用可全额退款。该产品一经发售，便立刻获得旅客好评，成为抖音旅游机票类的爆款。

除了机票价格方面的优惠，新航季的国内通程航班服务也值得广大旅客关注。记者从国航西南分公司了解到，进入冬春航季，国航不仅优化了已有航线，还着力提升旅客乘机体验。据悉，国航系航企（国航、深航、山航）在成都双流、天府两场推出了跨航空公司通程航班服务，凡是购买国航、深航和山航实际承运的国内跨航空公司联运机票的旅客，都可在指定始发站及中转站享受"一次支付、一次值机、一次安检、行李直挂、全程无忧"的国内通程航班服务。同时，国航与国铁集团合作推出的空铁联运产品在"中国国航"App和"铁路12306"App同步上线，目前产品覆盖北京、上海、广州、成都等重点枢纽城市，实现了"一次购票、一笔支付、一证通行"，大幅提升旅客购票出行全流程体验。

此外，聚焦秋冬季旅游市场需求，南航近期推出了"畅游中国""赏秋之旅""周末游""学生旅行""向冰雪出发次卡""北京大兴出行礼包"等特色产品和主题活动，为旅客带来更多出行便利和更舒适的出行体验。

川航也在新航季为旅客提供丰富的会员权益和相关产品，如公务舱次卡、"安逸飞"、升舱类产品等，以满足旅客差异化的出行需求。同时，川航还为成都天府机场进出港旅客提供免费巴士、地铁轨道交通权益，为跨两场中转旅客提供休息室特惠进厅权益，为国际和地区隔夜中转时间超6小时的旅客提供优质中转酒店及机场接送机服务。

机上新餐食 "秋高鸭肥"美味多

民以食为天。在万米高空中，优质的航空餐唤醒了旅客沉睡的味蕾，让大家在航班上也能享受到与众不同的餐食体验。进入冬春航季，不少航空公司除了对原有航线网络进行优化调整，还更新机上餐食，推出了更加丰富多样的冬春新品种。

"秋高鸭肥"，秋冬季节的鸭子不仅肉质肥美鲜嫩，而且滋阴润肺，营养丰富。自11月1日起，国航在北京出港的部分国际航线两舱正餐时段推出全聚德切片鸭。切片鸭通过低温锁鲜技术有效保持食材的原有口感，力求在航班上最大限度还原全聚德烤鸭的口感与味道，让旅客尽享美食盛宴。国航厨师团队经过多次尝试和改良，严格制定食材配比及操作规程，让旅客在国航航班上品尝到地道京味，同时也传递出国航对旅客需求的关注和不断追求卓越的服务理念。

自11月11日起，海航航空集团旗下天津航空正式启动全航线服务升级，在用餐时段提供免费机上特色餐饮服务。天津航空根据季节特点、航线旅客构成等因素，多角度、全方位对餐食种类、口味及营养价值进行重新设计，在西式简餐和中式热食等方面丰富旅客选择。例如，天津航空充分考虑各地饮食习惯，为旅客提供极具地方特色的餐食，如老天津卫炸酱面、津味包子、大盘鸡拌面、老陕臊子面等，进一步完善机上餐饮体系，提高旅客满意度。

此外，素有"美食王国"之称的四川省近年来凭借地方特色美食吸引了不少来自五湖四海的游客。四川航空一直秉持"中国元素 四川味道"的服务理念，致力于为旅客提供营养、美味、健康的航空餐食，并结合节日节气、本土特色、熊猫文化元素等，推出了近百种美味机上餐饮供选择，不断提升旅客出行体验。记者从四川航空了解到，自本月起，川航重新开启"一带一路"美食之旅，旅客可在航班上品尝不同地域文化、风土人情造就的别样风味。目前，川航已推出四川内江威远的花生酥、攀枝花的冻干芒果、宜宾的竹笋、大凉山的生态小土豆等本土特产，以及锡纸烤鱼、酸菜鱼、钵钵鸡、凉拌三丝等川味美食。此外，川航还结合季节特点，供应威远无花果冻干片、莲生轻养茶等，以满足旅客缓解秋燥的需求。下一步，川航将结合时令特点，搭配应季蔬菜，推出羊肉汤、珍珠芋圆奶茶等汤饮，给初冬出行增添新意，并持续升级老人餐、儿童餐、生日餐、养颜餐等定制餐食服务，陆续推出不同价位的机上付费优享餐食产品。

本次冬春换季是民航业从快速恢复期转向高质量发展阶段的关键节点，各航空公司紧跟潮流趋势，在航线航班、服务产品、机上餐食等方面均进行了明显调整，并出台全新航班计划和相关服务政策。对于民航旅客来说，及时关注冬春航季的新变化，将有助于获得更多实惠与便利，进一步满足自身出行需求。

请思考：评价各航空公司推出的特色产品对提升旅客满意度的意义。通过国航推出全聚德切片鸭的例子，探讨企业在服务中融入传统文化元素的重要性。

（资料来源：中国民航网.http://www.caacnews.com.cn/1/tbtj_/202311/t20231120_1372344.html）

第七章　航空通信

在民用航空领域，及时可靠的通信是飞行安全和航班正常运营最基本的保障之一。由于航空通信在民用航空中的重要性，国际民航组织制定了《国际民用航空公约》附件10《航空电信》，对航空通信的定义、通信程序、设备和规格、使用的无线电频率、信息的分类、优先次序、标准格式、用语等，进行统一的规定或具体的建议，确保通信的有效性。

第一节　航空通信概述

早在民用航空发展初期，无线电通信技术就被用于航空器与地面之间的通信联系。1930年，当时的空中航行国际委员会（ICAN，国际民航组织 ICAO 的前身）就要求所有载人 10 人以上的航空器都装备无线通信设备。随后，电话和电报技术也进入民航，用于地面各单位之间的协调，交换飞行相关的信息。民航通信系统逐步形成了由地空通信和地面通信两部分构成的基本框架。

一、航空通信应用

通信技术在航空系统内的应用十分广泛，涉及航空运输的多个领域。从使用者的角度来看，航空通信主要提供以下四类服务：

1. 空中交通服务通信

空中交通服务通信是指与空中交通服务有关的通信，此类通信通常与飞行安全、航班正常运行密切相关。通信的内容包括管制指令、航行情报、气象信息、位置报告等。通信可能在航空器与地面空中交通服务单位之间进行，如管制指令的发布；也可能在不同的地面空中交通服务单位之间进行，如管制中心之间进行管制移交。此类通信优先级较高，是航空通信系统重点保障的业务。

2. 航空运行控制通信

航空运行控制通信是飞行过程中航空公司运控中心与机组之间的通信，主要目的是保障飞行的安全和航班正常执行，提高运行效率。航空运行控制通信的内容比较丰富，包括航班计划、航班执行情况、航空器状态监视等，其中部分信息与飞行安全相关。

在 CCAR-121.97 条"通信设备"条款中明确提出：

（1）合格证持有人应当证明，在正常运行条件下，在整个航路上，所有各点都具有陆空双向无线电通信系统，能保证每一架飞机与相应的空中交通管制单位之间，每一架飞机与相应的运行控制中心之间，以直接的或者通过经批准的点到点间的线路进行迅速可靠的通信联系。除遇到紧急情况外，对于合格证持有人的所有运行，每架飞机与运行控制中心之间的通信系统应当是空中交通管制通信系统之外的独立系统。

（2）对于国内运行，如合格证持有人评估所运行的航线上存在空中交通管制通信设施不可用或者通信质量无法保证有效语音通信的情况，运行该航线的每一架飞机与运行控制中心之间应当保证有另一种语音通信系统可以进行替代。

（3）对于国际运行，合格证持有人应当保证每一架飞机与相应的运行控制中心之间能够满足在正常运行条件下，在 4 分钟内建立迅速可靠的语音通信联系。

3. 航空管理通信

航空管理通信内容通常是航空运输企业有关航班运营和运输服务方面的商务信息，比如运输服务预订、飞机和机组安排，或者其他后勤保障类的信息。通信的目的是提高运营的效率。

4. 航空旅客通信

航空旅客通信是指乘客或机组成员出于个人目的的语音通信和数据通信，与飞行安全无关。此类通信目前应用还不广泛。

目前，航空通信系统主要提供空中交通服务通信和航空运行控制通信服务。随着航空市场的发展变化，航空旅客对个人通信的需求正在呈现上升的趋势。

二、航空通信系统

民用航空对通信的需求有非常显著的特点。首先，航空通信要求覆盖范围广，可以覆盖飞行的全程，既包括大陆地区，也包括偏远的洋区和极地地区；其次，因为所传输的信息关乎飞行安全，所以航空业对通信的可靠性有着非常高的要求，这种高可靠性需要在航空器高速飞行过程中、在机载设备和地面系统所处的相对复杂的电磁环境下得以保持；此外，航空通信系统要既能够提供实时的语音通信，也能够提供传输文本指令、图形等信息的数据通信服务。因此，航空通信系统无法使用单一的技术满足诸多的需求，需要依据不同应用范围、对传输质量要求、频率资源和电磁环境等多种因素，采用适当的通信技术。经过几十年的发展，民用航空领域逐步形成了由多种通信技术构成的复杂的通信系统。

从通信应用的范围来看，国际民航组织在《全球空中航行计划》中将航空通信分为地空通信和地面通信。除了与空中飞行的航空器进行通信，地空通信也包括了机场场面通信的部分，因此也被称为航空移动通信。地面通信过程中的各方通常位于固定的位置，所以也称为航空固定通信。

1. 航空固定通信

航空固定通信就是在规定的固定点之间进行的单向或双向通信，是民航通信的重要组成部分。目前，我国的航空固定通信网络包括：国际民航组织航空固定业务通信网（AFTN）、国际航空电信协会通信网（SITA）、地面业务通信网。

国际民航组织航空固定业务通信网，是国际民航组织各成员国之间的航空固定业务通信电路相互连接组成的国际民航专用地面通信网。此网络中传递的电报格式称为 AFTN 格式。我国的空中交通服务电报、气象电报、航行通告和民航局业务电报都用 AFTN 网络。但是报文格式按照各自的标准，局方的某些业务电报，如有关申请的批复意见等，可以使用明语编写内容。

国际航空电信协会通信网是世界范围的、由国际航空电信协会经营的、供协会成员航空公司内部或航空公司之间传递电报和数据的通信网。中国民航于 1980 年 5 月加入国际航空电信协会，目前各航空公司都是 SITA 会员。除了电信通信服务，SITA 还向我国提供自动订座、计算机飞行计划制作和数据交换等服务。国际航空电信协会通信网中传递的电报格式称为 SITA 格式，为了实现电报信息处理的自动化，对航空公司的动态电报等规定了标准格式，但除此之外的电报都可以使用明语编写内容。

地面业务通信网，是以中国民用航空局为中心，连接各管理局、空管局、航空公司和机场等国内所有民航单位的通信网络，对外与国际民航组织航空固定业务通信网和国际航空电信协会通信网相连接。目前，除少数特殊机场采用无线电报通信外，其他大都采用有线电传通信，按飞行管制和组织的需要，实现了起降机场之间、相邻管制单位之间的直达通信网络。

地面通信也分为语音通信和数据通信两类。常见的管制中心之间的管制电话、管制单位内部的内话系统都属于地面语音通信的范畴。地面数据通信应用也非常广泛，在航班运行过程中，空管、航空公司、机场等运行单位之间以及各单位内部有大量的信息需要传递，包括航班计划、飞行动态、流量信息、航行情报、气象信息等。早在 20 世纪 50 年代，基于电传电报技术的航空固定电信网（AFTN）就开始在民航使用，事实上这是第一个全球范围内的电报处理系统，航班准备与飞行过程中的重要信息通过这个系统发布到各个相关部门。随着通信网络技术的飞速发展，新技术不断被引入航空地面通信。语音传输实现了模拟到数字的转变。许多国家和地区以及航空企业也利用现代网络通信技术，陆续建成了承载多种业务、覆盖范围不等的综合数据通信网络，提供服务质量更好、成本更低的地面数据通信服务。

虽然地空通信和地面通信采用不同的通信技术体制，但是，机载系统和地面各种自动化系统之间紧密协作的需求非常迫切。因此，信息在空中和地面无缝地传输始终是航空通信系统发展的目标之一。20 世纪 90 年代，国际民航组织开始着手规划新一代空中航行系统，提出了航空电信网（ATN）作为航空通信网络的解决方案。航空电信网利用异构网络互联技术，实现航空器、空管、航空公司、机场等各方的计算机网络的互联，形成一个全球化无缝隙的互联网络。航空电信网具有强大的集成能力、完善的安全机制和可靠的传输方案，可集成多种数据子网，保护原有网络投资，实现统一数据传输服务。

2. 航空移动通信

航空移动通信就是航空器电台与地面电台或地面电台某些点之间的双向通信，是保障运行安全的重要技术手段。陆空通信的技术手段包括：

1）甚高频通信系统（VHF COM）

甚高频通信系统是供飞机与地面台站、飞机与飞机之间进行双向话音和数据通信联络的装置。每一个驾驶员通过其中任一系统选择一个工作频率后，即可进行发射和接收。甚高频通信系统采用调幅工作方式，其工作的频率范围由 118.000～151.975 MHz（实际使用至 136 MHz），频道间隔 25 kHz。由于 VHF 使用甚高频无线电波，所以它的有效作用范围较短，只在目视范围之内，作用距离随高度变化，在高度为 300 米时距离为 74 公里。甚高频传输方式的特点：由于频率很高，其表面波衰减很快，传播距离很近，通信距离限制在视线距离内，所以它以空间波传播方式为主，电波受对流层的影响大；受地形，地物的影响也很大。甚高频地空通信已成为民航地空通信主要手段。在机场终端管制范围内，甚高频通信可提供塔台、进近、航站自动情报服务、航务管理等通信服务。在航路对空通信方面，随着在全国大中型机场及主要航路（航线）上的甚高频共用系统和航路甚高频遥控台的不断建设，实现中国东部地区 6000 米以上空域和其他地区沿国际航路 6000 米以上空域甚高频通信覆盖，在一些繁忙航路上达到了 3000 米以上的甚高频通信覆盖。

2）高频通信系统（HF COM）

高频通信系统（HF COM）是供飞机与地面或飞机与其他飞机之间远距离报话通信之用。HF 通信系统工作于短波波段，工作频率 2～30 MHz。由于短波信号的不稳定，电台数量的众多及电台之间的相互干扰，严重影响了 HF 通信系统的通信质量。为了提高信噪比，节约频谱，HF 通信系统普遍采用了单边带（SSB）与普通调幅兼容的通信方式。在卫星通信还没有完全普及的情况下，HF 通信仍然是远距通信的主要手段，即便采用卫星通信，HF 仍然是高纬度地区的主要通信手段。大型飞机一般装有两套高频通信系统，使用单边带通信，这样可以大大压缩所占用的频带，节省发射功率。

3）卫星通信系统（SAT COM）

卫星通信是利用人造地球卫星作为中继站实现的两个或多个地球站之间的通信。卫星通信具有以下特点：一是范围大，只要在卫星发射的电波所覆盖范围内，任何两点之间都可进行通信。二是可靠性高，不易受陆地灾害的影响。三是较为经济灵活，能实现广播服务、多址通信，同一信道可用于不同方向或不同区间连接。民航的卫星通话系统主要由海事卫星系统和铱星卫星系统进行。

> **小贴士**
>
> 卫星通信系统的卫星主要有地球静止轨道（GEO）卫星和中地球轨道（MEO）卫星和低地球轨道（LEO）卫星。在地球静止轨道（GEO）进行地球环绕运动的卫星始终位于地球表面的同一位置。它的轨道离心率和轨道倾角均为零。运动周期为 23 小时 56 分 04 秒，与地球自转周期吻合，离地面 35786 千米。低轨道地球（LEO）卫星的运行轨道一般在距离地面 500～2000 千米。中地球轨道（MEO）卫星轨道高度为 2000～20000 千米。中、低轨道卫星相较于 GEO 轨道更低。LEO 卫星的主要优势在于：卫星链路距离短，可实现更小的通信延迟；卫星数量多且信号强度大，可实现更大的卫星网络容量和全面的覆盖范围；卫星功

能分散且存在冗余，具有更强的远程任务弹性；卫星成本低且体积小，可更快地建造和部署。

1. 海事卫星系统（INMARSAT）卫星网络扮演着地面地球站与飞机之间的中转器的角色，隶属于国际海事卫星组织。卫星位于赤道上方的同步轨道，属于 GEO 卫星。该卫星通信系统包括卫星网络、航空地球站（Aeronautical Earth Station，AES）和地面地球站（Ground Earth Station，GES）。

卫星网络使用 C 波段频率（4～8 GHZ）与 GES 进行卫星通信的接收与发射。GES 将卫星通信系统链接至地面 ACARS（飞机通信寻址及报告系统）。飞机上的卫星通信系统扮演着 AES 的角色，AES 通过 L 波段（1～2 GHZ）与卫星进行通信。波音 787 和 737NG 都是采用海事卫星系统进行卫星通话。

2. 铱星系统属于 LEO 卫星系统，由摩托罗拉公司在 1987 年提出铱星计划。它的信号频率范围在 1616～1626.5 MHz，该系统由一个 66 颗低轨道近地轨道（LEO）卫星网络组成，覆盖全球（包括极地地区）。卫星系统包含空间站（卫星网络）、地面站（对卫星的控制中心）和用户（机载卫星系统）三个部分。波音 737MAX 和空客 A320 采用该系统进行卫星通话。

为了提升航空公司的服务水平，给顾客带来更高层次的客舱乘坐体验和满意度。航空公司提供了基于 Ku 频段的航空互联网服务。为乘客提供与地面互联网的实时连接。Ku 波段卫星运行频率在 12～18 GHz，可以较低的成本提供更高的带宽。

飞机上的互联网接入系统——全球通信系统（Global Communications Suite，GCS）的缩写，中文名称叫。它包括三个部分：空中部分——在飞机上个人电子设备或娱乐系统（IFE）与 GCS 系统之间的通信；太空部分——包括飞机与卫星之间的通信，安装于机身顶部的宽带天线交换飞机与地球同步卫星之间的信息；地面部分——包含卫星和地面站之间的通信。地面站包含各种服务器以提供数据链路到各个服务提供商。

4）航空器通信寻址与报告系统（ACARS）

ACARS 是一种在航空器和地面站之间通过无线电或卫星传输短消息或报文的数字数据链系统。在飞机与签派员之间，ACARS 能够提供快速、高质量的通信联系。利用该系统可以实现对飞机的全程跟踪监控，并可实现地面与飞机之间的双向数据通信。ACARS 能够覆盖世界范围内的任何地区，但要求在飞机上安装特别的设备。本章第四节将具体阐述其功能和使用方法。

5）选择呼叫（SELCAL）

当地面呼叫一架飞机时，飞机上的选择呼叫系统以灯光和音响通知机组有人呼叫，从而进行联络，避免了驾驶员长时间等候呼叫或是由于疏漏而不能接通联系。每架飞机上的选择呼叫必须有一个特定的四位字母代码，机上的通信系统都调在指定的频率上，当地面的高频或甚高频系统发出呼叫脉冲，其中包含着四字代码，飞机收到这个呼叫信号后输入译码器，如果呼叫的代码与飞机代码相符，则译码器把驾驶舱信号灯和音响器接通，通知驾驶员进行通话。

6）数据链通信系统（CPDLC）

数据链通信系统，全称为管制员—飞行员数据链通信系统（Controller Pilot Data Link Communications，CPDLC），其主要功能是管制员与飞行员之间利用数据代替话音的空中交通管制手段，其应用可以空中交通服务设施提供了数据链通信服务，包括标准格式的放行、申请、报告等。它可以弥补话音通信的信道拥挤、误解、信号听错、信号失真，信号破坏，以文本形式为飞行员提供当时的管制信息。随着国际 SATCOM 技术发展，CPDLC 作为管制员与飞行员之间的一种通过使用数据链方式来进行空中交通管制对话的通信手段，已被国际航空公司和航行管制系统广泛使用。

在我国大陆地区，地空通信主要使用甚高频（VHF）频段（118～137 MHz）模拟调制技术实现地面与空中的语音通信。这项技术的使用已经有 50 多年的历史，目前仍然是主用的地空通信手段。在偏远地区和洋区，则使用高频（HF）或卫星通信完成地空通话。

目前，我国主要的地空通信手段是甚高频地空语音通信，其达到了相当的覆盖程度。在机场终端管制范围内，甚高频通信可提供塔台、进近、航站自动情报服务、航务管理等通信服务；在航路对空通信方面，随着在全国大中型机场及主要航路航线上的甚高频共用系统和航路甚高频遥控台的不断建设，在我国东部地区 6 600 m 以上空域基本实现了双重覆盖，西部大部分地区包括主要航路 6 600 m 以上空域实现单重覆盖。通过与语音通信交换系统（内话系统）的配合，改变了原有甚高频电台与航空器点对点通信模式。通过内话系统的交换和联网能力，实现了对空通信与地面通信的语音综合调度，不仅集中利用了通信资源，而且大大提高了地空管制和地面协调的通信可靠性和服务质量。

在 20 世纪 90 年代，随着飞行量上升带来的无线电频率资源紧张情况不断加剧，与此同时，数字通信技术的发展以及地面设备、机载设备自动化能力增强，引入新的地空数据通信技术各方面条件已经成熟。地空数据通信技术的主要代表有面向字符传输的飞机通信寻址与报告系统（ACARS），该系统可以工作在甚高频、高频和卫星通信信道上，提供低速率的数字通信服务。随后，国际民航组织采纳了更高传输速率、面向比特传输的甚高频数据链模式 2（VDLMode2）技术，作为在我国大陆地区主要使用的地空数据通信手段。

三、航空通信服务

目前，为了更好地规划航空通信系统的发展，航空通信系统改进的规划和实施工作通常采用通信服务和通信技术分离的方法。航空通信服务面向空中交通服务、航空运行控制服务等业务需求，将其中的关键业务环节抽象为一系列服务，根据航空系统运行概念和运行方式的变化而调整，是相对比较稳定的；航空通信技术是基于航空通信服务的需求，所选择的适当的通信技术方案，相对来说变化更加频繁一些。

目前，航空通信服务的定义和研究工作主要关注与飞行安全和航班正常运行相关的通信部分，围绕着空中交通服务通信和航空运行控制通信服务展开。在空中交通服务通信方面，以飞行各阶段飞行员与管制员的通信为主，辅助以航行通告和气象信息，规定了一系列服务；航空运行控制通信服务则关注航班的执行情况和航空器机务状态。

比较有代表性的通信服务定义工作是美国标准化组织（RTCA）和欧洲标准化组织（EUROCAE）联合开展的一系列标准开发项目，通过这些项目开发了空中交通服务通信领域的地空数据通信服务的安全、性能和互操作性方面的需求。由美国和欧洲联合发起的未来通信系统研究项目，针对中长期的航空通信服务和技术进行研究，提出了《未来无线通信系统运行概念和需求》。这项研究关注 2030 年时间框架内的空中交通服务通信和航空运行控制通信服务，研究并定义了机场、终端区、大陆地区航路、偏远地区和洋区所需的通信服务，包括数据通信和语音通信；同时提出了通信服务质量方面的需求，如传输性能、安全性等。这项研究已经得到了国际民航组织通信专家组的支持，纳入了国际民航组织的工作范围。

在地面通信服务方面，国际民航组织将管制移交和空管服务信息处理系统作为近期推广实施的通信服务。其中，空管服务信息处理系统将逐步代替现有的 AFTN 系统，传输航班计划、航行情报和气象信息。在中远期，这些服务将融合到新的全系统管理的各种业务服务中，包括数字化的航空情报信息、先进的气象信息、协同环境下的航班和流量信息等。

第二节　航务动态电报（SITA）

在我国民航运行领域内，航行电报分为 AFTN 和 SITA 两种格式。SITA (Societe Internationale De Telecommunications Aeronautiques，国际航空电信公司）是一个专门承担国际航空通信和信息服务的组织，于 1949 年由 11 家欧洲航空公司在比利时的布鲁塞尔创立，是为全球航空公司、机场和空中交通管理单位提供航空专用互联网络服务的组织之一。SITA 提供了多种接口类型，我国民航转报网（含 AFTN 业务）与 SITA 网络互联并进行数据交换。随着技术进步，一些国家和地区空中交通服务单位，为提高运营人申报的飞行计划数据的自动化和标准化处理能力，接受通过 SITA、AFTN 以及互联网等网络和数据化方式受理运营人飞行计划申报，其中接受通过 SITA 网络申报飞行计划是最重要的途径之一。

空中交通管制部门之间使用 AFTN 格式电报，航空公司各部门之间只使用 SITA 格式电报。航空公司运行控制中心与飞行管制部门递发飞行领航计划报(FPL)、飞行情报部门发往航空公司的航行情报电报(NOTAM)、我国国际航班和国际飞行自境外最后一点延误 1 小时以上或当日取消飞行的情况、飞行签派部门通知有关飞行管制室的电报可以使用 AFTN 线路拍发。SITA 电报格式相比 AFTN 电报更灵活一些，部分种类电报有严格的规定格式。在航空公司日常运行工作中，飞行签派员必须熟练掌握 SITA 电报的使用方法。

一、电报的组成

航务动态电报由报文头、收电地址、发电地址、正文和结束部分组成。

1. 报文头（见表 7-1）

表 7-1　SITA 电报报文头组成

1	电报起始标志	对于 ITA-2 编码使用 ZCZC；对于 IA-5 编码使用 SOH
2	发送/接收端，电路	发送终端标识（一个字符）；接收终端标识（一个字符）；电路标识号（一个字符或数字，如果是数字需要在前面加上数字键）
3	报文序号	3 位、4 位或 5 位数字
4	补充服务指示	2 位日期和 4 位 UTC 时间

2. 收电地址行

可选的改路行：包含地址起始标记、改路标记 QSP 及空格、路由选择标记等。

短地址行（补充地址行，可选）：当正常路由不可达时，用以避免电报被多重转发。短地址行应位于正常地址行之前，并且只有第一行会被承转。

电报等级（可选）：后面应加一个空格；如果等级的第一个字母不是 Q，则按没有电报等级处理。电报等级规定电报转发的优先级顺序。在 SITA 电报中有 4 种等级可供选择。表 7-2 描述了电报等级、优先级及其使用情况。

表 7-2　电报等级

优先级顺序	电报等级标识	描　述
1	SS 和 QS QC	最高优先级，在危及生命和出现死亡的紧急状态下使用。对 SITA 网络发生紧急故障时保留使用权
2	QU 和 QX	紧急电报
3	QK、Q*或者没有等级标识	正常电报
4	QD	可延迟转发的电报，在其他等级电报转发完，再最后转发此等级的电报

电报等级后面应加一个空格。在 SITA 电报中，等级（SS 等级除外）的第一个字母不是 Q 的报文，应按没有电报等级处理。第一等级（SS 和 QS 等级）电报处理时有特殊的方式。

收电地址：每个收电地址由 7 个字符组成，前 3 位表示城市或机场代码，中间 2 位表示部门代码，后 2 位表示 SITA 网络用户代码（IATA 定义）。SITA 电报收电地址每行最多发 8 家，最多为 4 行，即每份报最多可发 32 家地址。

电报地址示例：

PEKUOCA 国航北京签派室

CANUOCZ 南航广州签派室

SHAUOMU 东航上海签派室

部门两字代号示例：

AA 民航局财务司

FF 货运部门、驻外货运代表

FI 机场国际货运

KN 机场国内配载

KP 国内乘机手续、机场中转售票

UO 签派室

UQ 货运处

3. 发电地址行

发电地址同样由 7 个字符组成，格式与收电地址相同。

4. 电文正文

正文内容每行不应超过 69 个字符（含打印字符和空格），整个正文长度不超过 3 840 个字符，超过 3 500 个字符时宜进行分割。电文允许使用 26 个英文字母、0~9 十个数字和斜线、小数点等。正文可以使用明语(英语或汉语拼音)编写所需内容。对于常用的航务管理电报规定有固定格式，目的是实现航务管理电报的自动化处理，保证航务管理信息的有效传递。

5. 正文内容中的特殊标志

PDM（重复电报）：当重复发送一份电报时，在重复电报正文的第一行应加上 PDM。

COR（校正电报）：当发现错误时，可以选择重复完整的电报或者发送新的电报，其中应包含 COR 校正标记。

COL（校对、核对）：在新的电报中对原来重要的电报进行校对时使用。

DUPE TO FOLLOW：当收到不完整的电报时，系统自动加上此标记，通知收件人这是不完整的电报，可以要求始发人重复。

分割顺序标识：如果电报在发送时就进行了分割，分割标识会告诉收件人阅读的顺序，位于正文结束符的一个空行后。

二、固定格式电报分类

正文中有关于电报类别代码/电报识别代码，根据业务性质有很多代码。

客运业务电报识别代码：PNL 旅客姓名/名单、SOM 座位占用电报、PTM 旅客中转报、MLA 餐食建议报、PFS 最后销售报、BSM 行李分拣报和 MVT 航班动态报等。

货运业务电报识别代码：FFR 吨位申请、FUR 集装设备吨位申请和 CPM 集装设备状态等。

售票处业务电报识别代码：ASC 通知航班变更、AVS 航班可利用情况和 BPR 预选座位等。

固定格式航务管理电报分为动态电报(MVT)、飞行预报(PLN)、飞行放行电报(CLR)。动态电报（MVT）又分为起飞报(AD)、降落报(AA)、延误报(DL)、取消报(CNL)。

三、电报结构及数据规定

固定格式航务管理电报，应严格遵守规定的格式和数据要求，不得随意更改。

1. 电报结构

固定格式航务管理电报报文开始，应使用电报类别的标志，如"MVT"表示动态电报，它构成航务管理电报动态报报文的开始。其他类别的电报应使用规定的代码作为电报的标志，如"PLN"表示飞行预报，它构成航务管理电报飞行预报报文的开始。

固定格式航务管理电报中所包含的信息数据由多行构成，每一行中又包含若干项目，每个项目间应使用一空格符号分隔。航务管理电报的类别标志位于电报报文的第一行。

固定格式航务管理电报报文除第一行外，其他各行应包括多项信息数据，当每一项中包含两组字符时，用左斜线"/"分隔。

固定格式航务管理电报的每一行，都应有固定的信息数据，每一行编发完成前，不得插入与此无关的项目。

固定格式航务管理电报如需补充说明其他内容，应在补充信息代码"SI"之后编写，凡"SI"代码之后所编写的内容均为补充信息资料，补充信息资料可分为若干行编写。

2. 数据规定

日期：使用2位数字及英文月份的3字代码连写表示。例如，8月2日，应编为"02AUG"。

时间：使用国际时，4位数，24小时制；前2位为时，后2位为分。例如，北京时14:30，应编为"0630"。

航空器注册号：在中国民航局注册的航空器，在其注册号前应加注我国航空器无线电识别标志大写字母"B"，并在注册号中取消其中的短划"-"，如B-2448号飞机应编为"B2448"；没有航空器注册号的飞机，可使用"ZZZZ"表示，其具体说明可编写在补充信息资料中。外国注册的航空器按有关国家规定的注册号填写。

3. 常用简字（见表7-3）

表7-3　SITA电报常用简字

MVT	飞行动态	AD	实际起飞	NI	下次报告时间
CNL	取消	AA	实际到达	IR	不正常原因
DL	延误	ED	预计起飞	DIV	改航
SI	补充信息	EA	预计到达	PX	旅客

4. 任务性质（见表7-4）

表7-4　SITA电报任务性质代码

A/V	熟练飞行	H/G	货物包机飞行	O/F	急救飞行
B/F	播种飞行	H/Y	货物加班飞行	R/Z	试航
B/W	专机飞行	J/B	班机按专机保障飞行	S/F	试飞
C/B	普客加班飞行	K/L	本场训练飞行	U/H	公务飞行
F/J	校验飞行	L/W	旅客包机飞行	W/A	转场飞行
H/F	航摄飞行	N/M	调机飞行	W/Z	正班飞行
X/D	护林飞行	X/L	训练飞行	Y/H	夜航飞行
Z/P	补班飞行	Z/X	要客加班飞行		

四、固定格式说明

1. 动态电报（MVT）

1）起飞报（AD）

第一行（电报类别标志）：动态报标志

第二行（航班信息）：航班号/日期航空器注册号起飞机场

第三行（动态信息）：起飞代码撤轮挡时间/离地时间

第四行（动态信息）：预计降落代码预计降落时间降落机场

第五行（补充信息）：补充信息代码：补充信息资料

【例1】

MVT

CA1501/01AUGB2443PEK

AD0050/0102

EA0232SHA

SI：

解：此电报含义为：8月1日国际航空公司 CA1501 航班，执行北京到上海的飞行任务，航空器注册号 B2443，在北京首都机场的撤轮挡时间为 08：50，离地时间为 09:02，预计在上海降落的时间为 10:32（上述时间为北京时间）。

起飞电报中各项必须按此规定分行编写，每一项的位置不得随意更改；字符应严格按以上规定数目填写，不得随意增减。

航班号一项的填写不得超过 7 个字符，其前 2 位为航空公司二字代码。

起飞机场和预达机场，若无三字地名代码，均编写"ZZZZ"，然后在补充信息中说明，说明时可使用《空军 42 号规定》，也可使用汉语拼音表示，其表达方式如下：

AD/起飞机场地名代码或拼音名称

AA/降落机场地名代码或拼音名称

补充信息资料用于补充说明前面各项中未能明确的内容，其数字代码和字母代码，可参照使用《中国民航国际航空通信手册》中所提供的代码，若还不能充分说明，也可使用英文明语说明。

【例2】南航 CZ3425 航班，5 月 19 日执行广州到成都的飞行任务，航空器注册号 B2996，在广州白云机场的撤轮挡时间为 12:30，离地时间为 12:35，预计在成都双流机场降落时间为 14:10。请拍发起飞报（题目中的时间为北京时间）。

解：起飞报拍发如下：

MVT

CZ3425/19MAYB2996CAN

AD0430/0435

EA0610CTU

SI：

2）降落报（AA）

第一行（电报类别标志）：动态报标志

第二行（航班信息）：航班号/日期航空器注册号降落机场

第三行（动态信息）：降落代码降落时间/挡轮挡时间

第四行（补充信息）：补充信息代码：补充信息资料

【例3】

MVT

CA1502/01AUGB2443PEK

AA0510/0517

SI:

解：此电报含义为，8月1日国际航空公司CA1502航班，航空器注册号B2443，在北京首都机场降落，降落时间为05:10，挡轮挡时间为05:17（上述时间为UTC时间）。

【例4】6月22日国际航空公司CA944航班，航空器注册号B2402，到达站卡拉奇（KHI），落地时间为02:33，挡轮挡时间为02:42。请拍发降落报（题目中的时间为UTC时间）。

解：降落报拍发如下：

MVT

CA944/22JUNB2402KHI

AA0233/0242

SI:

拍发降落报的注意事项和说明，除返航、备降落地信息外，均与起飞报相同。

有关返航备降的信息资料，均在补充信息资料中编写，当飞机返航、备降落地时，除编发返航、备降落地时间外，应尽量将返航、备降的原因在补充信息资料中编写清楚，其编写方式如下：

SI：RTN/返航原因

SI：ALT/备降原因

其他补充信息资料的编写方式均与起飞报相同。

例如：

MVT

CA1502/01AUGB2443PEK

AA0510/0517

SI：ALT/WX

【例5】3月10日南航CZ3436航班在成都双流机场（CTU）备降加油，落地时间16:35（PEKTIME），靠廊桥时间16:42，机号B2957。请拍发备降报（题目中的时间为北京时间）。

解：备降报拍发如下。

MVT

CZ3436/10MARB2957CTU

AA0835/0842

SI：ALT/BECFUELING

【例6】10月4日SZ4812航班因左发引气过热而返航西宁，0930Z落地，0940Z靠廊桥，机号B2355。请拍发返航报（题目中的时间为UTC时间）。

解：返航报拍发如下。

MVT

SZ4812/04OCTB2355XNN

AA0930/0940

SI：RTN/BLEEDAIROVERHEAT

3）延误报（DL、ED、NI）

第一行（电报类别标志）：动态报标志

第二行（航班信息）：航班号/日期航空器注册号起飞机场

第三行（动态信息）：起飞代码撤轮挡时间/离地时间

（预计起飞代码预计起飞时间）

（长期延误代码下次通告时间）

第四行（延误信息）：延误代码延误原因代码/延误时间

（延误代码延误原因）

（延误代码延误原因）

第五行（补充信息）：补充信息代码：补充信息资料

【例7】起飞延误报

MVT

CA1501/04AUGB2446PEK

AD0110/0115

DLGL/20

SI:

解：此电报含义为，8月4日国际航空公司 CA1501 航班，航空器注册号 B2446，在北京首都机场的撤轮挡时间为 01:10，离地时间为 01:15，因装卸货物（GL）延误 20 分钟（上述时间为 UTC 时间）。

【例8】8月14日国际航空公司 CA941 航班，航空器注册号 B2408，在北京首都机场的撤轮挡时间为 19:42Z，离地时间为 19:50Z，因行李处理（PB）延误 20 分钟。请拍发起飞延误报（题目中的时间为 UTC 时间）。

解：起飞延误报拍发如下。

MVT

CA941/14AUGB2408PEK

AD1942/1950

DLPB/20

SI:

【例9】延误报

MVT

CA1301/05AUGB2464PEK

ED0910

DLWX

SI:

解：此电报含义为，8月5日国际航空公司 CA1301 航班，航空器注册号 B2464，从北京首都机场起飞，预计延误到 09:10 起飞，因天气延误（上述时间为 UTC 时间）。

【例10】8月8日，日航 JL782 航班，航空器注册号 RJTVM，起飞站北京首都机场，预计延误到 09:30 起飞，因天气延误。请拍发延误报（题目中的时间为 UTC 时间）。

解：延误报拍发如下。

MVT

JL782/08AUGRJTVMPEK

ED0930

DLWX

SI：

【例 11】长期延误报

MVT

CA1301/10AUGB2443PEK

NI1200

DLTD(TROPICALDEPRESSION）

SI：

解：此电报的含义为，8 月 10 日国际航空公司 CA1301 航班，航空器注册号 B2443，从北京首都机场起飞，下次通告时间为 12 点正，因热带低压延误（上述时间为 UTC 时间）。

【例 12】1 月 7 日法航 AF189 航班，航空器注册号 F37618，从北京首都机场起飞，下次通告时间为 23 点正，因机场扫雪（其代码为 WS）延误。请拍发长期延误报（题目中的时间为 UTC 时间）。

解：长期延误报拍发如下。

MVT

AF189/07JANF37618PEK

NI2300

DLWS

SI：

以上是延误报的三种固定格式，在使用中可根据以下三种情况选择其中一种使用：

① 延误时间在 30min 以内的航班，应拍发起飞延误报，起飞延误报可以和起飞报合并拍发，但必须在起飞延误报的第三行和第四行之间，增加一行预达信息。

② 当延误时间超过 30min，有明确的延误原因和清楚的预计起飞时间时，应拍发延误报。

③ 当无法明确航班延误后的预计起飞时间，应拍发长期延误报。编发电报时，应在下次信息通告代码"NI"后编发下一次通告的时间。

其他信息资料的编发和说明均与起飞、降落报相同。

4）取消报（CNL）

第一行（电报类别标志）：动态报标志

第二行（取消信息）：取消代码航班号/日期航空器注册号

第三行（补充信息）：补充信息代码：补充信息资料

【例 13】

MVT

CNLCA1521/11AUGB2555

SI：DUETONOPAX

解：此电报的含义为，8 月 11 日国际航空公司 CA1521 航班，航空器注册号 B2555，因无旅客取消（上述时间为 UTC 时间）。

【例14】10月28日SZ4358航班，航空器注册号B2903，因飞行管理计算机故障取消。请拍发取消飞行报（题目中的时间为UTC时间）。

解：取消报拍发如下。

MVT

CNLSZ4358/28OCTB2903

SI：FMCTROUBLE

取消报为取消航班任务的电报，它表示航班因特殊原因而不再执行，原因可在补充信息中说明。其他说明与前面的电报相同。

2. 飞行预报(PLN)

1）正班飞行预报

第一行（电报类别标志）：飞行预报标志

第二行（航班预报信息）：航班性质、日期、航班号、航空器注册号、起飞机场/预计起飞时间、天气标准、目的地机场/预计到达时间

第三行（补充信息）：补充信息代码：补充信息资料

【例15】

PLN

W/Z 22APR TV9878 B6426 CATI (9) KMG0845 1135LXA

SI：

解：此电报含义为，4月22日西藏航空公司TV9878航班，航空器注册号B6426，机长天气标准为Ⅰ类，机组人数9人，起飞机场昆明机场，预计起飞时间16:45（北京时间），目的地机场拉萨贡嘎机场，预计到达时间19:35（北京时间）。

【例16】12月22日CZ4981航班，航空器注册号B2534，起飞机场成都双流机场，目的地机场广州白云机场，机长执行的天气标准为CATI，机组人数为8人，预计起飞时间09:00（北京时间），预计到达时间11:25（北京时间）。请拍发飞行预报。

解：飞行预报拍发如下。

PLN

W/Z 22 DEC CZ4981 B2534 CATI (8) CTU0100 0325CAN

SI：

以上是正班飞行预报的固定格式。因编写电报时，会出现多个航班预报信息同时编写在一份电报中，因此，在出现编排两个以上航班预报时，应在每个航班信息前加编一项排列序号（使用阿拉伯数字）。在同一份预报中，若有信息内容需补充说明，应在补充说明资料前加编与航班信息相应的排列序号，其信息资料的编写方式与以上电报相同。目前国内各航空公司编写PLN报文格式略有差异，有时机长天气标准以及机组人数省略不写。

例如：初始PLN报文

PLN 08AUG

01CZ3456B1234CAN2255(07AUG)PEK（航班执行）

02CZ3457B1234PEK0400(08AUG)CAN（航班执行）

03CZ3355CNLCAN0300(08AUG)DLC（航班取消）

后续变化拍发补充报文格式：

PLN08AUG

01CZ3456CHGB2345CAN2355(07AUG)XIY[更改（补充）机号]

02CZ3344CHGB3456CAN2330(07AUG)SJWRMK/DLADUEACFTTRBL（调整执行时间）

03CZ3355CNLCAN0300(08AUG)DLC（航班取消）

预先计划的信息，是对次日航班是否执行的确认，后续的战术流量管理和实时流量管理都是以此信息为依据，如果漏发，对补班申请、飞行计划变更的申请以及次日航班运行的CDM排序都会产生影响。

3. 非正班飞行预报

第一行（电报类别标志）：飞行预报标志

第二行（航班预报信息）：日期任务性质代码航班号航空器注册号天气标准（机组人数）

第三行（补充信息）：补充信息代码：补充信息资料

【例17】

PLN

C/B 28 AUG　CA1591 B2532 CATI (9) PEK0010 0215TNA

SI：AWY/PEKTNASHA

解：此电报含义为，8月28日国际航空公司CA1591航班执行加班飞行，航空器注册号B2532，机长天气标准为CATI，机组人数9人，在北京首都机场预计起飞时间8点10分(北京时间)，在济南遥墙机场预计起飞时间10:15(北京时间)。补充信息是飞行航线从北京首都机场经济南遥墙机场到上海虹桥机场。

【例18】6月21日中国国际航空公司CA1406航班执行成都至北京包机飞行，航空器注册号B2991，机长天气标准为CATI，机组人数10人，在成都双流机场预计起飞时间0220(UTC)，预计到达北京首都机场时间0530(UTC)。请拍发飞行预报。

解：飞行预报拍发如下。

PLN

L/W 21 JUN CA1406 B2991　CATI (10) CTU0220 0530PEK

SI：

以上是非正班飞行预报的固定格式。该电报在预报信息一行中必须编写非正班飞行任务性质一项，国内非正班飞行应使用民航局规定的任务性质简写，如旅客包机应编为"L/W"。航空公司航班号的编写不得超过7个字符，且只能编写单程航班的航班号，不得同时编写回程航班号。

若同一航班号有多个起飞站，在预报信息一行，最多只能编写3个起飞站和预计起飞时间。若起飞站超过3个，应换行编写。若有多个非正班航班需同时编写在一份电报中，应将有3个以上起飞站的航班飞行预报排除在外，单独编写拍发。其他信息内容的编写方式与正班飞行预报相同。

4. 飞行放行电报（CLR）

第一行（电报类别标志）：飞行放行电报标志

第二行：日期预计飞行时间航班号航空器型别航空器注册号

第三号：飞行航线（正班可不填）起飞机场目的地机场备降机场起飞油量

【例19】

CLR

05AUG0130CA1501B747B2448

PEKSHAHGH20T

解：此电报含义为，8月5日国际航空公司CA1501航班，预计飞行时间1.5小时，使用B747飞机，航空器注册号B2448，飞行航线从北京首都机场到上海虹桥机场，备降机场为杭州机场，起飞油量20 t。

【例20】8月15日国际航空公司CA1407航班预计起飞时间08:10，预计落地时间为10:50，使用B747，航空器注册号B2443，飞行航线从北京首都机场到成都双流机场，备降机场为重庆江北机场，起飞油量25 t。请拍发放行报。

解：放行报拍发如下。

CLR

15AUG0240CA1407B747B2443

PEKCTUCKG25T

五、签派员发报职责

签派员发报职责如下：

（1）飞行前准备。

（2）掌握飞行动态，及时、准确、规范地向航务代理和办事处发出SITA电报。接到放行员暂缓放行的通知或动态信息员飞机延误的通知后，应了解预计起飞时间，延误30分钟以内的发出起飞延误报；延误30分钟以上的知道预计起飞时间的发出延误报；不知道起飞时间的，应报告下次通告时间，发出长期延误报。接到航班取消的通知时，发出取消报。

（3）协助编制飞行计划员，向需要了解航班机号的航务代理机构或办事处发PLN报。

（4）按外航代理要求，认真准确地发出外航飞行动态报。

六、综合案例分析

【例21】日期5月6日，南航航班CZ3555，使用B757、航空器注册号为B2807的飞机执行深圳到杭州航班，预计撤轮挡时间为15:00，挡轮挡时间为16:30。已知机长标准为CAT I，机组12人。由于天气原因，实际起飞时间为15:22，落地时间为16:57。拍发飞行预报和动态报。已知放行时的起飞油量为22 t，所选备降机场为上海虹桥机场，拍发PIN和MVT报(起飞和落地机场的滑行时间按6 min计算，题目所有时间均为北京时间)。

解：飞行预报和动态报如下：

PLN

W/Z 06 MAY CZ3555 B2807 I CATI (12) SZX0700 0830HGH
SI：

MVT
CZ3555/06 MAY B2807 SZX
AD0716/0722
EA0852HGH
SI：

MVT
CZ3555/06 MAY B2807 HGH
AA0857/0903
SI：

第三节　空中交通服务电报（AFTN）

伴随中国民航与国际民航的不断接轨，在拍发电报过程中使用统一的格式和标准可以提高工作效率，实现电报处理的自动化和飞行信息处理自动化。我国民航依据国际民航组织规章《空中交通管理 Doc4444》，结合民航局规章《民用航空空中交通管理规则》，修订并颁布了《民用航空飞行动态固定格式电报管理规定》（AP-93-TM-2012-01），规范了飞行计划的提交和审查，统一了空中交通服务电报 AFTN 的编辑、拍发、接收和传递的格式及方法。

AFTN 电报的使用单位为各空中交通管制单位，包括民航局空管局运行中心、各地区空管局运行管理中心、区域管制单位、进近（终端）管制单位、机场塔台管制单位、空中交通服务报告室等。其他单位引接电报信息应当经过民航局空管局和所在地区空管局同意后，签订使用协议，并明确提供信息的种类和使用范围，涉及保密限制的应当符合有关规定。

管制单位电报工作的主要任务包括：

（1）负责接收、审核航空器运营人及其代理人提交的飞行计划。

（2）按照规定拍发电报。

（3）接收并准确处理电报。

一、电报的组成

AFTN 电报由报头、缓急标志、收电地址、签发时间、发电地址和电文组成。

1. 报　头

报头包含电报开始符号、电报的序号和发电流水号等（见表 7-5），通常由发报设备自动生成。

表 7-5　AFTN 电报报头组成

a	电报开始符号	如 ZCZC
b	电报序号	如 TZP375
c	流水号	由日、时、分六位数组成

2. 缓急标志

根据电报的缓急程度分类，见表 7-6。

表 7-6　AFTN 电报缓急标志

SS	第一等级	遇险报	用于遇险或紧急电报
DD	第二等级	特急报	用于特选天气报告和有关飞行安全十分紧急的指示和报告
FF	第三等级	加急报	用于飞行计划报、修订飞行计划报、飞越报、起飞报、管制移交报等
GG	第四等级	急报	用于降落报、取消报、延误报、载重平衡报等

3. 收电地址和发电地址

AFTN 电报的收发地址由八个字母组成，前 4 个字母为国际民航组织分配的四字地名代码，第 5、第 6 个字母为单位的部门代码，第 7、第 8 个字母为填充符号，其中第 7 个字母为部门代码的填充符号，第 8 个字母则为整个收发地址的填充符号。当部门代码以 Z 开头，则第 7 个字母为 Z，当以 Y 开头则为 Y，而第 8 个字母都是 X。当给未分配代码的单位发报时使用 YYY，最末一位使用 X，如 ZBTJYYYX。然后在电文开始处以单独一行注明具体收电单位名称。另外，一份 AFTN 电报，收电地址最多只能编发七家，且只能编写一行。例如：

ZBBBZGZX 民航局空管局运行管理中心运行监控室
ZUUUZBZX 西南空管局运行管理中心运行监控室
ZUCKYMYX 重庆空管分局气象台

4. 签发时间

签发时间由日、时、分 6 位数组成。

5. 电　文

电文使用《民航简字简语汇编》（简称 84 号规定）中的简字或四码。电文文字仅限于使用英文字母、0 ~ 9 十个数字和斜线、小数点、括号等。

二、固定格式空中交通服务电报分类

空中交通服务电报的种类、标志及等级见表 7-7。

表 7-7 电报类别、标志及等级

序号	电报种类	标志	英文全称	等级
1	领航计划报	FPL	Field flight plan message	FF
2	修订领航计划报	CHG	Modification message	FF
3	取消领航计划报	CNL	Flight plan cancellation message	FF
4	起飞报	DEP	Departure message	FF
5	落地报	ARR	Arrival message	GG
6	延误报	DLA	Delay message	FF
7	现行飞行变更报	CPL	Current flight plan message	FF
8	预计飞越报	EST	Estimate message	FF
9	管制协调报	CDN	Co-ordination message	FF
10	管制协调接受报	ACP	Acceptance message	FF
11	逻辑确认报	LAM	Logical acknowledgement message	FF
12	请求飞行计划报	RQP	Request flight plan message	FF
13	请求领航计划补充信息报	RQS	Request supplementary flight plan message	FF
14	领航计划补充信息报	SPL	Supplementary flight plan message	FF
15	告警报	ALR	Alerting message	SS
16	无线电通信失效报	RCF	Radio communication failure message	SS

1. FPL

FPL 是由空中交通服务单位根据航空器运营人或其代理人提交的飞行计划数据，拍发给沿航路所有相关空中交通服务单位的电报。

2. CHG

CHG 是用于修订领航计划报中有关内容的电报。

3. CNL

CNL 是用于取消已发出的航空器领航计划报的电报。

4. DEP

DEP 是用于通报航空器起飞时间的电报。

5. ARR

ARR 是用于通报航空器落地时间的电报。

6. DLA

DLA 是用于通报航空器延误信息的电报。

7. CPL

CPL 是当运行中的航空器的有关飞行数据（如目的地、航路等）发生变化时，或当一无领航计划的航空器在空中申报其飞行计划数据时，用于通报飞行计划数据的电报。

8. EST

EST 是用于通报航空器飞越管制移交点或管制区边界点的预计时间、高度及应答机编码等信息的电报。

9. CDN

CDN 是在管制移交发生之前，管制单位之间为了协调修改 CPL 或 EST 报中的有关数据而拍发的电报。

10. ACP

ACP 是当管制单位同意接受 CDN 报中所包含的数据时，向拍发 CDN 报的单位发出的认可电报。

11. LAM

LAM 是管制单位在收到一份 CPL、EST 或其他有关电报并加以处理后，飞行数据处理系统发出的用于通报对方已对相应报文进行处理的电报。该电报只限于在装备有飞行数据处理系统的单位使用。

12. RQP

RQP 是用于请求得到航空器飞行数据（如 FPL、CPL 等）的电报。

13. RQS

RQS 是用于请求得到航空器领航计划中补充数据内容的电报。

14. SPL

SPL 是当收到 RQS 后，有关空中交通服务单位向请求单位发出的包含航空器领航计划补充信息的电报。

15. ALR

ALR 是当空中交通服务单位认为某一航空器处于国际民用航空组织附件十一第五章所规定的紧急情况时，发出的向有关单位告警的电报。

172

16. RCF

RCF 是当空中交通服务单位获知其区域内有航空器遇到无线电通信失效时，向其他收到过该航空器飞行数据的单位通报情况而拍发的电报。

三、空中交通服务电报通用数据

1. 高度层数据

气压高度表定在修正海平面气压（QNH）拨正值时，高度表指示"海拔"（Altitude）。气压高度表定在场面气压（QFE）拨正值时，高度表指示高出场面气压（QFE）基准面的"高"（Height）。把气压高度表拨到 1 013.2 hPa 时，可用以指示飞行高度层。高度层数据应用表 7-8 所示方法表示。

表 7-8　高度层数据表示方法

"M" 后跟随 4 位数字	表示以 10 m 为单位的海拔 示例 1：海拔 8 400 m，以 "M0840" 表示
"S" 后跟随 4 位数字 [a]	表示以 10 m 为单位的标准米制飞行高度层 示例 2：飞行高度层 11 300 m，以 "S1130" 表示
"A" 后跟随 4 位数字	表示以 100 ft 为单位的海拔 示例 3：海拔 4 500 ft，以 "A045" 表示
"F" 后跟随 4 位数字	表示以 100 ft 为单位的飞行高度层 示例 4：飞行高度层 33 000 ft，以 "F330" 表示
"VFR"	表示不受管制的目视飞行规则飞行

注：a. 按有关 ATS 当局规定。

2. 位置及航路数据

应用 2～7 个字符表示应飞的空中交通服务航路代号。应用 2～5 个字符表示指定给航路上某一点的代号。用 11 个字符表示经纬度时参见表 7-9，用 7 个字符表示经纬度时参见表 7-10。

表 7-9　经纬度表示方式（11 个字符）

第 1、2 位数字	表示纬度度数
第 3、4 位数字	表示纬度分数
第 5 位字母	"N" 表示 "北"，"S" 表示 "南"
第 6、7、8 位数字	表示经度度数
第 9、10 位数字	表示经度分数
第 11 位字母	"E" 表示 "东"，"W" 表示 "西"
示例：3804N16725W	

表 7-10 经纬度表示方式（7 个字符）

第 1、2 位数字	表示纬度度数
第 3 位字母	"N" 表示 "北"，"S" 表示 "南"
第 4、5、6 位数字	表示经度度数
第 7 位字母	"E" 表示 "东"，"W" 表示 "西"
示例：38N054E	

使用重要点定位，应用 2～5 个字符代表某一重要点的编码代号，后接 6 位数字，前 3 位数字表示相对该点的磁方位度数，后 3 位表示距离该点的海里数。为使所要求的位数正确，必要时在数据前加 "0" 以补足位数。

示例：距全向信标台 "VYK" 40 nmile，磁方位 180° 的一点以 "VYK180040" 表示。

3. 速度数据

速度数据（最多 5 个字符）应用表 7-11 所示的 3 种方法表示：

表 7-11 速度数据表示方式

"K" 后随 4 位数字	真空速，单位为千米每小时（km/h），示例：K0830
"N" 后随 4 位数字	真空速，单位为海里每小时（nmile/h），示例：N0485
"M" 后随 3 位数字	最近的 1%马赫单位的马赫数，示例：M082（按有关 ATS 单位规定使用）

4. 时间数据

空中交通服务电报应使用世界协调时（UTC），精确到分。应用连续 4 位数字表示，前 2 位表示小时，后 2 位表示分。

示例：0830 表示世界协调时 08:30。

四、空中交通服务电报结构

1. 固定格式的空中交通服务电报报文的组成

固定格式的空中交通服务电报的报文内容应由若干个规定的数据编组（以下简称编组）按固定顺序排列构成，不应随意缺组；每个编组由按顺序排列的几个不同内容的数据项目或一个单项数据构成，之间应以空格或 "/" 隔开。

2. 编组的标准形式

编组号及其所对应的数据类型见表 7-12。

表 7-12　编组号及对应的数据类型

编组号	数据类型	编组号	数据类型
3	电报类别、编号和参考数据	15	航路
5	紧急情况说明	16	目的地机场和预计总飞行时间，目的地备降机场
7	航空器识别标志和 SSR 模式及编码	17	落地机场和时间
8	飞行规则及种类	18	其他情报
9	航空器数目、机型和尾流等级	19	补充情报
10	机载设备与能力	20	搜寻和救援告警情报
13	起飞机场和时间	21	无线电失效情报
14	预计飞越边界数据	22	修订

3. 结构和标点

（1）应用一个正括号"（"表示 ATS 报文数据的开始，其后排列各编组。

示例：（FPL……

（2）除第一编组（编组 3）外，在其他编组中，均应用一连字符"—"表示该编组开始，且只应在该编组开始时使用一次，其后排列各数据项。

示例：—STS/ALTRVHEAD

（3）各编组之间不应有空格。

示列：（DEP—CES501/A0254—ZSPD2347—VHHH—0）

（4）应用一个反括号"）"表示空中交通服务报文数据结束。

示例：……PBN/A1B1C1D1L1）

（5）在编辑空中交通服务电报时，因编组 5、编组 15、编组 18、编组 19、编组 20、编组 21 和编组 22 的内容较多，如需换行，换行时不应影响该编组内数据的完整性。

4. 编组数据的说明

（1）每个编组由一个或几个不同内容的数据项构成，之间应以空格或"/"隔开，具体使用见"5. 编组内容"。

（2）本规定使用两种结构的数据框代表不同类型的数据项。

数据框格式 1：

这种封闭型数据框表示该数据项由固定数量的字符构成。此示例表示该数据项中含有 3 个字符。

数据框格式 2：

这种开放型数据框表示该数据项由非固定数量的字符构成。此示例表示该数据项中含有任意数量的字符。

5. 编组内容

1）编组 3——电报类别、编号和参考数据

格式：

	A		B	C

数据项 A——报类代号。用 3 个字母表示，详见表 7-7。

数据项 B——电报号码。用 1~4 个字母表示发报的空中交通服务单位，后接斜线"/"，后接 1~4 个字母表示收报的空中交通服务单位，后接 3 个数字表示所发电报的顺序号。

数据项 C——参考数据。用 1~4 个字母后接斜线"/"，后接 1~4 个字母，后接 3 个数字表示对 B 项回复的顺序号。

编组 3 通常情况下只包括数据项 A，数据项 B 和 C 只有在 2 个空中交通服务单位的计算机系统之间进行数据交换时由计算机生成。

示例 1：（FPL

示例 2：（LAMB/A052A/B002

2）编组 5——紧急情况说明

数据项 A——危险等级。用表 7-13 所示 3 组字符表示。

表 7-13 危险等级表示字符

字符	危险等级
INCERFA	表示不明阶段
ALERFA	表示告警阶段
DETRESFA	表示遇险阶段

数据项 B——电报签发者。用 8 个字母表示，前 4 个字母是国际民航组织分配的地名代码，后 4 个字母的前 3 个字母是发报的空中交通服务单位代码，最后 1 位为"X"或空中交通服务单位中的部门代码。

数据项 C——紧急情况的性质。根据需要加上明语短文，以便说明紧急情况的性质，各词之间用空格隔开。

示例：—ALERFA/ZBAAZRZX/REPORTOVERDUE

3）编组 7——航空器识别标志和 SSR 模式及编码

格式：—

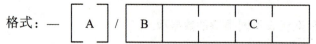

A	/	B	C

数据项 A——航空器识别标志。不应多于 7 个字符，不包含连字符或符号的字母或数字。当国内航空公司执行国内段航班，任务性质为补班时，航空器识别标志最后 1 个字符应用 1 个英文字母对应替代，表示如下：

0—Z	1—Y	2—X	3—W	4—V
5—U	6—T	7—S	8—R	9—Q

航空器识别标志包括以下两类：

（1）国际民用航空组织分配给航空器运营人的三字代号后随飞行任务的编号作为航空器识别标志。

176

示例：KLO511、CCA1501、CES510W（CES5103 的补班）、CSN303Z（CSN3030 的补班）。

（2）航空器的注册标志（如 B2332、ELAKO、4QBCD、N2567GA）。

① 无线电话联络时航空器所使用的呼号仅包括此识别标志（如 00TEK），或将国际民用航空组织分配给航空器运营人的电话代号置于其前（如 SABENA00TEK）。

② 航空器未装有无线电设备。

注①：当 SSR 编码情报未知、对接收单位无意义、在不使用二次监视雷达的区域内飞行时，此编组只含有"A"项。

注②：无线电话呼号的使用规定参见 Doc6666 附件 10 卷 Ⅱ 第 5 章。国际民航组织代号和航空器经营人的电话代号参见 Doc8585 号文件《航空器经营人、航空当局和服务部门的代号》。

数据项 B——SSR 模式。用字母 A 表示"数据项 C"的 SSR 模式。

数据项 C——SSR 编码。用四位 8 进制数字表示由空中交通服务部门指定给航空器的 SSR 编码。

示例 1：—HDA901

示例 2：—BAW039/A3031

示例 3：—CES510H

4）编组 8——飞行规则及种类

格式：— | A | B |

数据项 A——飞行规则。用 1 个字母表示，见表 7-14。

表 7-14　飞行规则字母含义

I	表示整个飞行准备按照仪表飞行规则运行
V	表示整个飞行准备按照目视飞行规则运行
Y	表示飞行先按照仪表飞行规则运行，后随对飞行规则的一个或多个相应修改
Z	表示飞行先按照目视飞行规则运行，后随对飞行规则的一个或多个相应修改
如果使用字母 Y 或 Z，计划改变飞行规则的各个航路点应按编组 15 的要求填写	

数据项 B——飞行种类。用 1 个字母表示有关空中交通服务当局要求的飞行种类，见表 7-15。

表 7-15　飞行种类字母含义

字母	含　义
G	表示通用航空飞行
M	表示军用飞行
N	表示非定期的航空运输飞行
S	表示定期航班
X	表示除上述之外的其他飞行种类
如果需要表示要求 ATS 特别处理的其他原因，则在编组 18"RMK/"之后说明原因	

示例 1：—VG

示例 2：—IS

5）编组 9——航空器数目、机型和尾流等级

格式：— [A | B] / [C]

数据项 A——航空器数目（如多于 1 架）。此单项应仅用于多架航空器编队飞行中，用 1~2 位数字表示航空器架数。

数据项 B——航空器机型。应用 2~4 个字符表示，如无指定的代码或在飞行中有多种机型，填入"ZZZZ"。当使用字母"ZZZZ"时，应在编组 18"TYP/"数据项中填入航空器的具体机型。

数据项 C——尾流等级。应用 1 个字母表示。航空器的最大允许起飞重量决定航空器的尾流等级（见表 7-16）。

表 7-16　航空器的尾流等级

尾流等级	最大允许起飞重量/t
H（重型）	≥136
M（中型）	>7，<136
L（轻型）	≤7

示例 1：—B738/M

示例 2：—B744/H

示例 3：—ZZZZ/M……TYP/J20

示例 4：—3ZZZZ/L……TYP/3WZ10

6）编组 10——机载设备与能力

格式：— [A] / [B]

本标准中没有描述的任何数字、字符作为保留字符。机载设备与能力由"在飞机上存在的相关可用设备""与机组成员资格能力相符的设备和能力"以及"经过有关当局授权使用的"等元素组成。

数据项 A——无线电通信、导航及进近助航设备与能力。应填入表 7-17 所示的 1 个字母。

表 7-17　无线电通信、导航及进近助航设备与能力

N	航空器未载有无线电通信、导航、进近设备或此类设备不工作
S[a]	航空器载有标准的通信、导航、进近设备并可工作

注：a. 对于数据链服务、空中交通管制放行和情报、空中交通管制通信管理、空中交通管制麦克风检查，见航空无线电技术委员会、欧洲民航设备组织对航空电信网基线 1 的互用性要求标准（DO-280B/ED-110B）。

如果使用字母"S"，除非有关的空中交通服务当局规定了其他设备的组合，否则甚高频

表 7-22　契约式自动相关监视

D1	具有 FANS1/A 能力的契约式自动相关监视
G1	具有航空电信网能力的契约式自动相关监视

注：① 以上未列出的字符属于保留。

② 附加的监视应用应在编组 18 "SUR/" 标记后列出。

示例 1：—ADE3RV/EB1

示例 2：—DFGQV/HU2

7）编组 13——起飞机场和时间

格式：—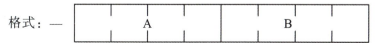

数据项 A——起飞机场。按 Doc7910 号文件《地名代码》的规定，指定给该起飞机场的国际民航组织四字地名代码。

如果该机场无四字地名代码，则用 "ZZZZ" 表示。如果使用 "ZZZZ"，应在编组 18 "DEP/" 数据项中填入起飞机场名称及位置或航路的第一个点或者无线电信标标记。

如果在空中申报飞行计划，则用 "AFIL" 表示。如果使用 "AFIL"，应在编组 18 "DEP/" 数据项中填入可提供补充飞行数据的空中交通服务单位。

在 CPL、EST、CDN 和 ACP 电报中，该编组内容到此结束。

如果不知道预计撤轮挡时间，在 RQP、ARR 电报中也应到此结束。

数据项 B——时间。用 4 位数字表示如下时间（UTC）：

（1）在起飞前所发的 FPL、CHG、CNL、DLA 和 RQS 电报以及 ARR、RQP 电报中，填入起飞机场的预计撤轮挡时间（EOBT）。

（2）在 DEP、ALR 和 SPL 电报中，应填入实际起飞时间。

（3）按数据项 A 中 "AFIL" 所示，从空中申报飞行计划的，应填写该计划适用的第一个航路点的实际或预计飞越时间。

示例 1：—ZBAA0730

示例 2：—AFIL1625

8）编组 14——预计飞越边界数据

格式：—

数据项 A——边界点。应用 2～5 个字符表示的重要点名称或地理坐标、简写地理坐标、地理名称、协议点、距某一重要点或导航台的方位及距离数据组合。

数据项 B——飞越边界点的时间。应用 4 位数字表示预计飞越边界点的 UTC 时间。

数据项 C——许可的高度层。

如果航空器处于平飞状态，飞越边界点表示许可高度层，此编组应到此结束。

如果航空器在边界点处于上升或下降状态，表示正在朝许可高度层飞行，应继续填写数据项 D、数据项 E。

数据项 D——补充飞越数据。表示航空器飞越边界点时预计所在的高度或高度层，格式应与数据项 C 一致。

数据项 E——飞越条件。用表 7-23 中的 1 个字母表示。

表 7-23　飞越条件

A	航空器在数据项 D 中所述高度层或其上飞越边界点
B	航空器在数据项 D 中所述高度层或其下飞越边界点

示例 1：—EPGAM/1821F160

示例 2：—XYZ/1653F240F180A

示例 3：—5130N13020W/0817F290

示例 4：—LMN/0835F160F200B

示例 5：—WXI218015/1245F130

9）编组 15——航路

格式：—　[A | B]（空格）[C]

数据项 A——巡航速度（最多 5 个字符）。飞行中第一个或整个巡航航段的真空速，按表 7-11 所示方式表示。

数据项 B——巡航高度层（最多 5 个字符）。所飞航路的第一个或整个航段计划的巡航高度层，按表 7-8 所示方式表示。

数据项 C——航路。以空格隔开的如下 7 个类别的数据项，不论顺序如何，应能够准确地说明可行的航路情况，必要时应加上以下若干个"c"项，每项之前应有空格（见表 7-24）。

表 7-24　航路代号数据项 C 含义

c1	标准离场航线代号，即从起飞机场到拟飞的已确定的航路的第一个重要点的标准离场航路代号。其后可接"c3"或"c4"。 若无法确定将使用的标准离场航线，应不加"c1"
c2	空中交通服务航路代号；其后仅接"c3"或"c4"
c3	重要点，包括航路加入点、航路退出点、航路转换点、航路和标准进离场航线之间的连接点、空中交通管制单位规定的强制性位置报告点等
c4	重要点、巡航速度或马赫数、申请的巡航高度层。 距一重要点的方位和距离：重要点的编码代号后接 3 位数字，表示相对该点的磁方位度数，再接 3 位数字表示距离该点的海里数。在高纬度地区，如有关当局确定参考磁方位度数不可行，可使用真方位度数。为使数位正确，需要时插入"0"。例如，距全向信标台（VOR）"DUB" 40 nmile，磁方位 180°的一点，以"DUB180040"表示
c5	简字，表示如下： DCT：当下一个预飞点是在指定航路以外时，用 DCT 表示，除非这些点是用地理坐标或方位及距离表示。 VFR：在飞过某点后改为目视飞行规则（仅可接"c3"或"c4"）。 IFR：在飞过某点后改为仪表飞行规则（仅可接"c3"或"c4"）。 T：表明航空器的申报航路被压缩，压缩部分应在其他数据中或以前发的领航计划中查找。使用时，T 应是航路编组的结尾

c6	巡航爬高（最多 28 个字符）。 在字母 C 后接一斜线"/"，然后填入计划开始巡航爬高点，后接一斜线"/"，然后按数据项 A 填写在巡航爬高期间应保持的速度，再接两个高度层（按数据项 B 表示），以确定在巡航爬高期间拟占用的高度夹层，或预计巡航爬升至其以上高度层，后接"PLUS"，其间不留空格
c7	标准进场航线代号，即从规定航路退出点到起始进近定位点标准进场航线的代号。若无法确定将使用的标准进场航线，应不加"c7"

本编组中使用"DCT"时应注意：

（1）在设定有标准进离场航线的机场，在航线航路与标准进离场航线间连接点的前后不应填写"DCT"。当所飞机场没有标准进离场航线与航路相连时，在航线航路加入点之前或退出点之后，可使用"DCT"。

（2）当飞往下一点的飞行路线是在指定航路以外时，用"DCT"连接下一点；在没有连接点的两条航路之间转换时，一条航路的退出点和另一条航路的加入点之间可以使用"DCT"，除非连接飞行路线的点都是用地理坐标或方位及距离表示。

（3）当空中交通服务部门要求时，应使用"DCT"。

本编组中填写"标准进离场航线"时应注意：

空中交通服务航路包括航线、航路、标准离场航线（SID）和标准进场航线（STAR）等。通常情况下，航路与标准进离场航线是相连接的。在设有标准进离场航线的机场，空中交通管制部门会适时向飞行人员指定适当的标准进离场航线，或通报实施雷达引导等，这些在领航计划报中是无法确定的。在这种情况下，按照国际民航组织有关文件（Doc4444）中的相关说明，在航线航路和标准进离场航线间连接点的前后填写标准进离场航线是不恰当的。这样，不能准确地表述航路情况，也会与空中交通管制部门的要求相违背。

示例 1：—K0882S1010 SGM A599 POU

示例 2：—M082F310 BCN1G BCN UG1 52N015W 52N035W 49N050W DCT YQX

示例 3：—K0869S1100 CD KR B458 WXI A461 LIG

示例 4：—N0460F290 LEK2B LEK UA6 XMM/M078F330 UA6N

  P0NUR10N CHW UA5 NTS DCT 4611N00412W DCT

  STG UA5 FTM FATIMIA

示例 5：—M078S1010 URC B215 YBL A596 KM

示例 6：—LN VFR

示例 7：—LN/N0284A050 IFR

10）编组 16——目的地机场和预计总飞行时间、目的地备降机场

格式：—

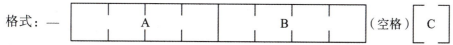

数据项 A——目的地机场。Doc7910 号文件《地名代码》规定，应使用国际民航组织规定的四字地名代码。

如果该机场没有四字地名代码，则填入字母"ZZZZ"。若使用"ZZZZ"，在编组 18"DEST/"数据项中直接填入目的地机场名称或位置。然后，不留空格填写预计飞行总时间。

在除 FPL、SPL、ALR 外的其他电报中，本编组到此结束。

数据项 B——预计总飞行时间。从空中申报飞行计划的航空器，预计总飞行时间是指从飞行计划适用的第一航路点开始计算的预计时间至飞行计划终止点的预计时间。

11）编组 17——落地机场和时间

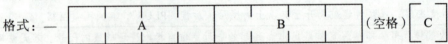

格式：—（空格）

数据项 A——落地机场。按 Doc7910 号文件《地名代码》的规定，使用国际民航组织规定的四字地名代码。

数据项 B——落地时间。用 4 位数字表示实际落地时间（UTC）。

数据项 C——落地机场。若在数据项 A 中使用"ZZZZ"，则此处填入落地机场英文全称、拼音全称或其他代号。

示例 1：—ZGGG1235

示例 2：—ZZZZ0130 NANYUAN

12）编组 18——其他情报

格式 1：—

格式 2：—（空格）（空格）

本编组无任何信息时，在数据项 A 中填入数字"0"。

本编组有信息时，应按照表 7-25 所示的先后顺序，接一斜线"/"填写有关情报。在各数据项中只能出现一次斜线"/"，且不应再出现其他标点符号。数据项间以空格隔开，若某个数据项无内容，则该项应省略，并且避免某个数据项的重复使用。针对某个数据项有多条信息时，应用同一个数据项标识符，并用空格分隔各条信息。

表 7-25　编组 18 数据项含义

数据项	表示内容
STS/	只有下述的内容可以填写在"STS/"后面，如有 2 种以上情况需要特别说明，应以空格分开。其他原因则填写到"RMK/"后： ALTRV：按照预留高度运行的飞行 ATFMX：有关空中交通服务当局批准豁免空中交通流量管理措施的飞行 FFR：灭火 FLTCK：校验导航设施的飞行检测 HAZMAT：运载有害材料的飞行 HEAD：党和国家领导人性质的飞行 HOSP：医疗当局公布的医疗飞行 HUM：执行人道主义任务的飞行 MARSA：军方负责管理的军用航空器最低安全高度间隔飞行，用以标明飞行时效时，要求编组 9 的飞机数量大于 1 架；用以标明从一个特定点开始时，在编组 18 的 RMK 项后紧跟航空器标示和进入作业区的时间 MEDEVAC：与生命攸关的医疗紧急疏散 NONRVSM：不具备缩小垂直间隔能力的飞行准备在缩小垂直间隔空域运行 SAR：从事搜寻与援救任务的飞行 STATE：从事军队、海关或警察服务的飞行

数据项	表示内容
PBN/	表示区域导航和/或所需导航性能的能力，只能填写指定的字符内容，最多 8 个词条，不超过 16 个符号，词条之间不用空格 区域导航规范： A1RNAV10（RNP10） B1RNAV5 所有允许的传感器 B2RNAV5 全球导航卫星系统 B3RNAV5 测距仪/测距仪 B4RNAV5 甚高频全向信标/测距仪 B5RNAV5 惯性导航或惯性参考系统 B6RNAV5 罗兰 C C1RNAV2 所有允许的传感器 C2RNAV2 全球导航卫星系统 C3RNAV2 测距仪/测距仪 C4RNAV2 测距仪/测距仪/IRU D1RNAV1 所有允许的传感器 D2RNAV1 全球导航卫星系统
PBN/	D3RNAV1 测距仪/测距仪 D4RNAV1 测距仪/测距仪/IRU 所需导航性能规范： L1RNP4 O1 基本 RNP1 所有允许的传感器 O2 基本 RNP1 全球导航卫星系统 O3 基本 RNP1 测距仪/测距仪 O4 基本 RNP1 测距仪/测距仪/IRU 51RNPAPCH 52 具备 BAR-VNAV 的 RNPAPCH T1 有 RF 的 RNPARAPCH（需要特殊批准） T2 无 RF 的 RNPARAPCH（需要特殊批准） 如 "PBN/" 后出现 B1、B5、C1、C4、D1、D4、01 或 04，则 J10A 编组应填入 I 如 "PBN/" 后出现 B1 或 B4，则 J10A 编组应填写 D，或 S 和 D 如 "PBN/" 后出现 B1、B3、B4、C1、C3、C4、D1、D3、D4、01、03 或 04，则 J10A 编组应填写 D 如 "PBN/" 后出现 B1、B2、C1、C2、D1、D2、01 或 02，则 J10A 编组应填写 G
NAV/	除 "PBN/" 规定之外，按有关 ATS 单位要求，填写与导航设备有关的重要数据。在此代码项下填入全球导航卫星增强系统，两个或多个增强方法之间使用空格 示例 1：NAV/GBASSBAS
COM/	按有关 ATS 单位要求，填写 10A 中未注明的通信用途或能力
DAT/	按有关 ATS 单位要求，填写 10A 中未注明的数据用途或能力
SUR/	按有关 ATS 单位要求，填写 10B 中未注明的监视用途或能力

数据项	表示内容
DEP/	如在编组 13 中填入"ZZZZ",则应在此填入起飞机场英文全称、拼音全称或其他代号。如果在编组 13 中填入 AFIL,则应填入可以提供飞行计划数据的 ATS 单位的四字地名代码 对于相关的航行资料汇编未列出的机场,按以下方式填写位置:以 4 位数字表示纬度数的十位数和个位数分数,后接"N"(北)或"S"(南)。再用 5 位数字表示经度数的十位数和个位数分数,后接"E"(东)或"W"(西)。为使数位正确,需要时插入"0",例如,4620N07805W(11 位字符) 距最近重要点的方位和距离表示如下:重要点的编码代号,后接 3 位数字表示相对该点的磁方位度数,再接 3 位数字表示距离该点的海里数。在高纬度地区,如有关当局确定参考磁方位度数不可行,可使用真方位度数。为使数位正确,需要时插入"0" 如果航空器从非机场起飞,填入第一个航路点(名称或经纬度)或无线电指点标
DEST/	如在编组 16 数据项 A 中填入"ZZZZ",则在此填入目的地机场的名称和位置。对于相关航行资料汇编未列出的机场,按上述 DEP/ 的规定以经纬度填入机场位置或距最近重要点的方位和距离
DOF/	飞行计划执行日期(起飞日期)(YYMMDD,YY 表示年,MM 表示月,DD 表示日)
REG/	当与编组 7 的航空器识别标志不同时,填入航空器的国籍、共同标志和登记标志
EET/	由地区航行协议或有 ATS 当局规定的重要点或飞行情报区边界代号和起飞至该点或飞行情报区边界累计的预计实耗时间。由一个或多个字符串组成。每个字符串是 2~5 个字母、数字、字符或一个地理坐标;后接一个 4 位数的时间,从 0000 到 9959(即 0~99 小时,0~59 分钟) 示例 2:EET/CAP0745XYZ0830 EET/EINN0204
SEL/	经装备的航空器的选择呼叫编码
TYP/	如在编组 9 中填入了"ZZZZ",则在本数据项填入航空器机型,必要时不留空格,前缀航空器数目,其间用一个空格隔开 示例 3:TYP/2F155F53B2
CODE/	按有关 ATS 当局要求的航空器地址(以 6 位 16 进制字符的字母代码形式表示) 示例 4:F00001 是国际民航组织管理的具体模块中所载的最小航空器地址
DLE/	航路延误或等待,填入计划发生延误的航路重要点,随后用时分(小时分)4 位数表示延误时间。航路重要点应与编组 15 数据项 C 中的一致,如果不一致,应进入错误信息处理过程 示例 5:DLE/MDG0030
OPR/	当与编组 7 的航空器识别标志不同时,填入航空器运行机构的 ICAO 代码或名称
ORGN/	如果无法立即识别飞行计划发报人,填入有关空中交通服务当局要求的发报人的 8 字母 AFTN 地址或其他相关联络细节 在某些地区,飞行计划接收中心会自动插入 ORGN/识别符和发报人的 AFTN 地址,限定在 8 个字符内

数据项	表示内容
PER/	按有关 ATS 单位的规定，使用《空中航行服务程序-航空器的运行》（PANS-OPS，Doc8168 号文件）第 I 卷—《飞行程序》规定的 1 位字母，填写航空器性能数据： A 类：指示空速小于 169 千米/小时（91 海里小时）； B 类：指示空速 169 千米/小时（91 海里/小时）至 224 千米/小时（121 海里/小时）； C 类：指示空速 224 千米/小时（121 海里/小时）至 261 千米/小时（141 海里/小时）； D 类：指示空速 261 千米/小时（141 海里/小时）至 307 千米/小时（161 海里/小时）； E 类：指示空速 307 千米/小时（161 海里/小时）至 391 千米/小时（211 海里/小时）； H 类：关于直升机的特殊要求
ALTN/	按 Doc7910 号文件《地名代码》的规定填入起飞备降机场的 ICAO 四字代码，或如果未分配代码，填入起飞备降机场名称。对于相关的航行资料汇编未列出的机场，按上述 DEP/的规定以经纬度填入机场位置或距最近重要点的方位和距离
RALT/	按 Doc7910 号文件《地名代码》的规定填入航路备降机场的 ICAO 四字代码，或如果未分配代码，填入航路备降机场名称。对于相关的航行资料汇编未列出的机场，按上述 DEP/的规定以经纬度填入机场位置或距最近重要点的方位和距离
TALT/	按 Doc7910 号文件《地名代码》的规定填入起飞备降机场的 ICAO 四字代码，或如果未分配代码，填入起飞备降机场名称。对于相关的航行资料汇编未列出的机场，按上述 DEP/的规定以经纬度填入机场位置或距最近重要点的方位和距离
RIF/	至修改后的目的地机场的航路详情，后随该机场的国际民航组织四字代码。 示例 6：RIF/DTAHECKLAXRIF/ESPG94CLAYPPH
RMK/	有关 ATS 单位要求的或机长认为对提供 ATS 有必要的任何明语附注。有别于"STS/"项中填写的内容。如果使用非标准的标识符，应在 RMK/后填写，并且如果在非标准标识符和随后的文本之间有"/"，应删除该符号 下列内容应为统一的标注： ACAS II 或 TCAS：ROK/ACAS II 或 RMK/TCAS； 极地飞行：RMK/P0LAR； 不具备 RVSM 能力的航空器获批在 RVSM 空域运行：RMK/APVDN0NRVSM； 返航：RMK/RETURN； 备降：RMK/ALTERNATE CPL 报中"RMK/"数据项中应体现返航、备降的目的地机场，原目的地机场，原因说明，如"RETURN""ALTERNATEZHHHDEUZSSSRWY"
	若某个数据项无内容，则该项省略

示例 1：—0

示例 2：—RMK/ALTERNATE ZSPD DUE ZSNJ RUNWAY MAINTENANCE

示例 3：—EET/ZGZU0020 VHHK0110 REG/B8012 OPR/PLAF RMK/NO POSITION REPORT SINCE DEP PLUS2MINUTES

13）编组 19——补充情报

格式：— ☐（空格）☐（空格）☐ …… ☐

本编组包括一连串可获得的补充情报，数据项间由空格分开。按照表 7-26 所示的先后顺序，接一斜线"/"填写有关情报。若某个数据项无内容，则该数据项省略。

表 7-26 编组 19 数据项含义

数据项	填入内容
E/	后接四位数字，表示以小时及分计算的续航能力
P/	当有关空中交通服务单位要求填写本项时，用 1～3 位数字表示机上总人数
R/	后接以下一个或多个字母，其间无空格： U 有特高频 243.0 MHz 频率； V 有甚高频 121.5 MHz 频率； E 有紧急示位信标
S/	后接以下一个或多个字母，其间无空格： P 有极地救生设备； D 有沙漠救生设备； M 有海上救生设备； J 有丛林救生设备
J/	后接以下一个或多个字母，其间无空格： L 救生衣配备有灯光； F 救生衣配备有荧光素； U 救生衣配备无线电特高频电台，使用 243.0 MHz 频率； V 救生衣配备无线电甚高频电台，使用 121.5 MHz 频率
D/	后接以下一个或多个内容，其间用 1 个空格分开： 2 位数字表示救生艇的数目； 3 位数表示所有救生艇可载总人数； C 表示救生艇有篷子； 用 1 个英文单词表示救生艇的颜色（如 RED 表示红色）
A/	后接以下一个或多个明语内容，其间用 1 个空格分开： 航空器的颜色； 重要标志（包括航空器注册标志）
N/	接明语，以示所载任何其他救生设备以及其他有用附注
C/	后接机长姓名

示例：—E0745 R/VE S/MJ/L D/28 C YELLOW

14）编组 20——搜寻和救援告警情报

格式：— ☐（空格）☐（空格）☐ …… ☐

188

本编组具有表 7-27 所示 8 个数据项规定，数据项之间用空格分开。如果没有得到有关的情报，应以"NIL"（无）或"NOT KNOWN"（未知）表示，不应随便省略。

表 7-27　编组 20 数据项含义

数据项	数据项填入内容
1	营运人代号：航空器营运人的两字代码，如果未被分配，则填入营运人的英文全称
2	最后联系的单位：用 6 个字母表示，前 4 个为地名代码，后 2 个为最后双向联系的 ATS 单位的两字代码，如果无法得知该两字代码，则填入该单位的其他名称代码
3	最后双向联系的时间：用 4 位数字表示
4	最后联系的频率：填入最后联系的发射或接收频率的数字
5	最后报告的位置：按位置及航路数据的规定填写，后接飞越该位置点的时间
6	确定最后所知位置的方法：按需要用明语叙述
7	报告单位采取的行动：按需要用明语叙述
8	其他有关情报

示例：—CA ZBAAZR 1022 128.3 BTO1020 PILOT REPORT OVER NDB ATS UNITS DECLARED FIR ALERTED NILL

15）编组 21——无线电失效情报

格式：— ⬚（空格）⬚（空格）⬚……⬚

本编组包括 6 个数据项，按表 7-28 规定的顺序编排，各数据项间用空格分开。无法得到的情报应以"NIL"（无）或"NOTKNOWN"（未知）表示，不应随意省略。

表 7-28　编组 21 数据项含义

数据项	数据项填入内容
1	最后双向联系的时间：用 4 位数字表示
2	最后联系的频率：表示航空器最后双向联系时的发射或接收频率
3	最后报告的位置：按位置及航路数据的规定填写
4	航空器最后位置报告的时间：用 4 位数字表示
5	航空器剩余通信能力：必要时用明语叙述
6	任何必要的附注：必要时用明语叙述

示例：—1235 121.3 CLA 1229 TRANSMITING ONLY 126.7 LAST POSITION CONFIRMED BY RADAR

16）编组 22——修订

格式：— A / B

本编组按表 7-29 规定的顺序编排。

表 7-29 编组 22 修订项

数据项 A	编组代号：用 1~2 位数字表示需修改的编组类别号	
数据项 B	修改的数据：按数据项 A 中所示编组的规定填写修改的数据	
前一组类别或符号	本编组类别用于	下一组类别或符号
18	CHG	22 或）
16	CDN	22 或）

注：如有必要，本编组可以重复使用。

示例 1：—8/IN
示例 2：—14/BTO/O145S1O2O
示例 3：—8/IS—14/ENO/O148F2

五、飞行签派常用的空中交通服务电报格式及拍发规定

1. 领航计划报（FPL）

（1）电报等级：加急报（FF）。
（2）发报单位：受理飞行计划的管制单位或者被指定的单位。
（3）收报单位：
① 沿航路、航线负责提供空中交通服务的管制单位。
② 目的地机场的报告室。
③ 飞行计划涉及的备降机场的管制单位。
④ 上述单位所从属的地区空管局运行管理中心。
⑤ 民航局空管局运行管理中心。
⑥ 涉及航空器空中二次放行时，负责提供空中交通服务的相关管制单位。
⑦ 其他被指定的管制单位。
（4）拍发时间。
在航空器预计撤轮挡时间 2 小时前拍发。国内航空器执行国内飞行任务时，不得早于预计撤轮挡时间前 24 小时拍发；航空器执行其他任务时，不得早于预计撤轮挡时间前 120 小时拍发。对于特殊原因不能在预计撤轮挡时间 2 小时前收到飞行计划并拍发 FPL 电报的，管制单位应当及时受理和拍发，同时记录情况，并向所在地区空管局汇总报备。

在航空公司实际运行过程中，对于每一个航班必须编发领航计划报（FPL），责任签派员应至少在预计的撤轮挡时间前 2 小时 30 分钟，国内航班不早于预计的撤轮挡时间前 24 小时，国际航班不早于预计的撤轮挡时间前 120 小时，按照规定的格式和规范编辑领航计划报（FPL），检查格式、内容无误后向有关代理单位或起飞机场的空中交通服务 ATS 单位使用 SITA 线路提供 FPL 报，而在 SITA 线路故障时，可采用传真方式提交 FPL 报。

代理单位收到签派员的领航计划报的申报后，应按照协议要求及时向有关空中交通管制单位拍发 AFTN 格式领航计划报，确保公司航班获得有效的空中交通服务。

若起飞前无论何种原因导致飞行计划与最初发送的 FPL 不一致，责任签派员须与相关

ATC 单位协调，并将协调结果和最新准确的飞行计划告知飞行机组，确保飞行安全。

当发生运行延误时，签派员应发送 DLA 报和 CHG 报，而不能重新发送 FPL 报。当出现运行跨零点（UTC 时间）延误时，最好发送 CHG 电报，而不是 DLA 报，以免产生歧义。FPL 报发出后，如果航班临时调整、更换目的地机场备降机场、更改飞行高度层、更改航路、机械故障原因导致丧失某些通信导航能力，AOC 责任签派席编写相应的 CHG 报或 CNL 报，CHG 报应不晚于航班预计起飞时间前 45 分钟发出，CNL 报不晚于前 60 分钟发出。

（5）有效时限。

在最新预计撤轮挡时间之后 4 小时内未拍发 CHG 报或者 DLA 报，则该 FPL 报失效。

（6）电报构成编组（见图 7-1）。

图 7-1　FPL 电报构成编组

（7）实例。

（FPL—CCA1532—IS

—A332/H—SDE3FGHIJ4J5M1RWY/LB1D1

—ZSSS2035

—K0859S1040 PIKAS G330 PIMOL A593 BTO W82 DOGAR

—ZBAA0153 ZBYN

—STS/HEADPBN/A1B2B3B4B5D1L1 NAV/ABASREG/B6513EET/ZBPE0112 SEL/KMAL PER/CRIF/FRTN640ZBYN RMK/ACASII）

（注：11 月 19 的航班，当日 EOBT 前 5 小时，拍发 FPL 报）

译文：

领航计划报

—航空器识别标志 CCA1532

—仪表飞行、正班

—机型 A330-200/重型机

—机载有标准的通信、导航、进近设备并工作正常；测距仪；起飞前放行和航空器通信寻址与报告系统（ACARS）；自动定向仪；全球导航卫星系统；高频无线电话；惯性导航设备；管制员、驾驶员数据链通信（CPDLC），FANS1/A，其高频数据链模式 2；管制员、驾驶员数据链通信（CPDLC），FANS1/A，卫星通信（国际海事卫星组织）；空中交通管制无线电话（国际海事卫星组织）；获得 PBN 批准；获得缩小垂直间隔批准；有 8.33 kHz 间隔的甚高频；S 模式应答机，具有航空器识别、气压高度发射信号、超长电文（ADS-B）和增强的监视能力；具有专用 1090MHz 广播式自动相关监视"发送"能力的广播式自动相关监视；具有 FANS1/A 能力的契约式自动相关监视。

——起飞机场虹桥，起飞时间 2035（UTC），巡航速度 859 千米/小时，巡航高度 10 400 m；航路构成 PIKASG330PIMOLA593BTOW82DOGAR。

——目的地机场北京、预计总飞行时间 01:53；目的地备降机场太原。

——其他情报：党和国家领导人性质的飞行；PBN 的能力为 A1B2B3B4B5D1L1；全球导航卫星增强系统 ABAS；航空器登记标志 B6513；起飞至飞行情报区边界的预计时间 ZBPE0112；航空器选呼编码 KMAL；航空器进近类别 C；至修改后的目的地机场的航路详情 FRTN640ZBYN；机上载有 ACAS Ⅱ 防相撞设备。

2. 修订领航计划报（CHG）

（1）电报等级：加急报（FF）。

（2）发报单位：同 FPL 的发报单位。

（3）收报单位：同 FPL 的收报单位，以及受变更影响的相关单位。

（4）拍发时间：在最新航空器预计撤轮挡时间 30 分钟前，并在 FPL 有效时限内发出。

（5）电报构成编组（见图 7-2）。

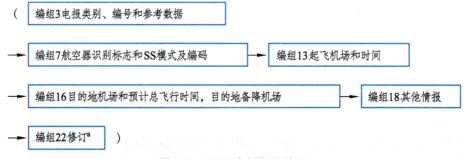

图 7-2　CHG 电报构成编组

（6）实例。

（CHG—CCA1532—ZSSS2235—ZBAA—0—8/IN）

译文：当日执行的从上海到北京的 CCA1532 领航计划更正报，仅修改第 8 编组，任务性质由原来的正班调整为非定期的航空运输飞行，第 18 编组的内容使用"—0"。

3. 取消领航计划报（CNL）

（1）电报等级：加急报（FF）。

（2）发报单位：同 FPL 的发报单位。

民用航空空中交通
服务报文格式

192

（3）收报单位：同 FPL 的收报单位。

（4）拍发时间：当确知该领航计划报需要取消后及时发出。

（5）电报构成编组（见图 7-3）。

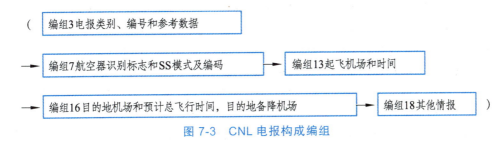

图 7-3　CNL 电报构成编组

（6）实例：

（CNL—CCA5301—ZSPD1900—ZGGG—D0F/191120）

译文：取消已发的 2019 年 11 月 20 日执行的 CCA5301 领航计划报。

第四节　飞机通信寻址与报告系统

一、概　述

飞机通信寻址与报告系统（Aircraft Communication Addressingand Reporting System，ACARS）是一种在航空器与地面站之间通过无线电或卫星传输短消息（报文）的数字数据链系统。

航空公司为了减少机组人员的工作负荷，提高数据的完整性，在 20 世纪 80 年代末引入飞机通信寻址与报告系统。有少数飞机通信寻址与报告系统在此之前就已经出现，但未在大型航空公司得到广泛的应用。虽然飞机通信寻址与报告系统通常出现在关于数据链设备（航空电子系统中的一种现场可更换单元）的叙述中，但这个术语实际上是指完整的空中及地面系统。

在飞机上，飞机通信寻址与报告系统由一个称为飞机通信寻址与报告系统管理单元（MU）的航电计算机和一个控制显示器单元（CDU）组成。MU 用以发送和接收来自地面的甚高频无线电数字报文。

在地面，飞机通信寻址与报告系统由多个无线电收发机构成的网络组成，它可以接收（或发送）数据链消息，并将其分发到网络上的不同航空公司。

数据链服务提供商（DSP）负责空地之间的消息分发。目前，由民航数据通信有限责任公司（ADCC）提供中国地区空地数据通信服务，国际上主要由 ARINC 和 SITA 两家 DSP 提供路由服务。

飞机通信寻址与报告系统的一个主要应用是自动检测和报告飞机在主要飞行阶段（推出登机门——Out of the gate；离地——Off the ground；着陆——On the ground；停靠登机门——

Into the Gate，OOOI）的变化（见图 7-4）。这些 OOOI 事件是由飞机通信寻址与报告系统管理单元通过飞机上各种传感器（如舱门、停留刹车和起落架上的开关传感器）的输出信号来确认的。在每一飞行阶段的开始时刻，ACARS 将一个数字报文发送到地面，其中包括飞行阶段名称、发生时刻，以及其他诸如燃油量、始发地、目的地。起初这些信息被用在航空公司的自动薪酬计算系统中，因为在这些公司里飞行人员的薪酬是与实际飞行挂钩的。

随着飞机通信寻址与报告系统的发展，其控制单元现在与驾驶舱内的控制显示单元（CDU）之间有了直接连接。CDU，通常也称 MCDU（多功能 CDU）或 MIDU，让机组可以像今天收发电子邮件一样收发消息。这项功能使飞行人员能够处理更多类型的信息，包括从地面获取各种类型信息以及向地面发送各种类型报告。例如，飞行员想获得某一地点的气象信息，通过在 MCDU 屏幕上输入地点及气象信息类型，通过 ACARS 系统将此请求发送到地面站，之后地面计算机处理该请求，并将应答信息发回飞机上的 ACARS 管理单元显示或打印出来。

滑行	起飞	爬升	巡航	进近	落地	滑行
从飞机上： 输入飞机 起始资料 时钟校准 OUT	从飞机上： OFF	从飞机上： 位置报告 发动机稳态报	从飞机上： 位置报告 发动机稳态报 故障报告 预达时间报告	从飞机上： 机位请求 故障报告 预达时间修订 特殊服务报告	从飞机上： ON 燃油报告	从飞机上： IN 燃油报告
从地面： LDM ATIS RELEASE	从地面： 天气报告	从地面： 飞行计划更新 天气报告	从地面： 重新放行 天气报告	从地面： 机位 ATIS		

图 7-4　ACARS 在不同飞行阶段的应用

为了支持更多的应用，如气象、风、放行、中转航班等，ACARS 的消息类型越来越多。航空公司为了某些特定的应用和特定的地面计算机开始定制 ACARS 系统。这导致了每家航空公司都在自己的班机上安装了自己的飞机通信寻址与报告系统应用。

二、ACARS 在飞行签派中的应用

1. 签派放行系统的重要组成部分

航空公司签派放行系统按签派放行流程设计，把航班动态数据显示、席位分配、飞行计

划资料收集、信息告警、实时起降分析、飞行计划制作、放行报文生成及发送、配载监控、ACARS 下传报、位置报监控等功能集成一体，是公司签派放行的主要工作平台。

2. 实施航班运行监控

航班运行监控系统以飞机 ACARS 数据以及 ADS-B 数据为基本数据源，结合 CFP 数据及航班动态数据，可以对航班的推出、滑行、起飞、巡航、落地及滑入进行全阶段运行信息监控及告警。基于 ACARS 数据主要实施运行监控应用如下：

（1）航班运行跟踪及展示。

可以图形化展示飞机当前位置信息、计划飞行轨迹及实际飞行轨迹；可以根据用户设置，选择性展示航班如下信息：地址码、三字码、二字码、机型、机号、起始机场、目的机场、高度、速度、航向、实际油量、推测油量、预计落地剩油、续航时间、源编码、应答机编码。

（2）航班告警。

可以对航班运行状态进行判断，若航班运行状态异常，则会在系统中进行告警。告警项目包括：复飞、盘旋等待、中断起飞、4D/15、禁区告警、起始进近、电子围栏告警、超时未起、超时未落、时刻偏差、偏航、备降、返航、EDTO 缺失、日出日落、低油量、油量偏差、油量缺失、超重落地、保护油、高度偏差、高度突变、低高度、重要位置、7500、7600、7700、故障等。

3. 实施陆空通信

ACARS 主要应用于航空公司与其航空器间的数据传输。通过 AOC 应用，机组可以与地面运行控制中心取得双向数据通信联系。飞机可以自动完成向地面下传信息（定时传输固定格式信息或在特定阈值时传输特定信息，无须机组操作），也可以人工完成传输自由格式信息。

三、ACARS 报文识读

ACARS 报主要包括 OOOI 报、位置报、明语报、机务维护报等，是实现航空公司与飞行机组之间地空通信的途径之一。下面主要以 OOOI 报、位置报为例介绍 ACARS 报的格式。

1. OOOI 报

1）推出报

QU CANCECZ CANUOCZ FRAOWDL
QXSXMXS 180012
M11
FICZ3101/ANB-2052
DT QXT IOR2 180012 M00A

—OUT01CZ3101/18180012ZGGGZBAA

0012265-----

其中：

M11 DT QXT IOR2 编码定义/格式属性

M00A 顺序号 OUT01 推出报报头

CZ3101 航班号 B-2052 机号

18 计划日期 18 当日日期

0012 当前时间（UTC） ZGGG 起飞站

ZBAA 落地站 0012 推出时间

265 推出油量（100 千克）26.5 吨

2）起飞报

QXSXMXS 180021

M12

FICZ3101/ANB-2052

DT QXT POR2 180021 M01A

—OFF01CZ3101/18180021ZGGGZBAA

0021 262-----

其中：

M12 DT QXT POR2 编码定义/格式属性

M01A 顺序号 OFF01 起飞报报头

CZ3101 航班号 B-2052 机号

18 计划日期 18 当日日期

0021 当前时间（UTC） ZGGG 起飞站

ZBAA 落地站 0021 起飞时间

262 起飞油量（100 千克）26.2 吨

3）落地报

QXSXMXS 180306

M13 FICZ3101/AN B-2052

DT QXT POR1 180306 M06A

—ONN01 CZ3101/1818 0305 ZGGG ZBAA

0305 074-----

其中：

M13 DT QXT POR1 编码定义/格式属性

M06A 顺序号 ONN01 落地报报头

CZ3101 航班号 B-2052 机号

18 计划日期 18 当日日期

0305 当前时间（UTC）ZGGG 起飞站

ZBAA 落地站 0305 落地时间

074 落地油量（100 千克）7.4 吨

4）滑入报

QXSXMXS 180316

M14

FICZ3101/AN B-2052

DT QXT POR2 180316 M07A

—INN01 CZ3101/1818 0315 ZGGG ZBAA

0315 071-----

其中：

M14 DT QXT POR2 编码定义/格式属性

M07A 顺序号 INN01 滑入报报头

CZ3101 航班号 B-2052 机号

18 计划日期 18 当日日期

0315 当前时间（UTC） ZGGG 起飞站

ZBAA 落地站 0315 滑入时间

071 滑入油量（100 千克）7.1 吨

2. 位置报

QU CANCECZ CANUOCZ FRAOWDL

QXSXMXS 180157

M27

FICZ3101/AN B-2052

DT QXT IOR1 180157 M05A

—POS01 CZ3101/1818 0156 ZGGG ZBAA

N054.90E0083.49 0156 295 WXI 0206 142-63-08089-SKC-MODTURB----841 AUTO

其中：

M27 DT QXT IOR1 编码定义/格式属性

M05A 顺序号 POS01 位置报报头

CZ3101 航班号 B-2052 机号

18 计划日期 18 当日日期

0157 当前时间（UTC） ZGGG 起飞站

ZBAA 落地站

N054.90E0083.49 当前所在点的纬度和经度

0156 在此点的时刻

295 飞行高度 29 500 英尺

WXI 下一点名称 0206 预达下一点时间

142 剩余油量（FOB）14.2 吨 63 温度 63K

08 风向 80° 089 风速 89 节

SKC 天空条件 MODTURB 中度颠簸

841 马赫数 0.84

AUTO 自动发报

课后参阅规章和手册

1. CCAR-93TM-R5《民用航空空中交通管理规则》。
2. AP-93-TM-2012-01《民用航空飞行动态固定格式电报管理规定》。
3.《国际民用航空公约》附件十。

1. 简述航空公司陆空通信的主要方式和特点。
2. 简述 ACARS 的主要功能。
3. 翻译以下 FPL 报文的各项内容：

(FPL-FDX5342-IS

-B77L/H-SDE1E2E3FGHIJ2J3 J4J5M1P1P2P3RWXYZ/LB1D1

-LFPG0234

-N0497F310 RANUX UN858 NOSPA UL984 ESATI/N0487F330 UL984 OKG L984 DOPOV T46 DOKEL N871 POLON Z169 GERVI P851 RAVOK Z860 TOBLO B365 OLUPI B923 PENIR A368 AKB A360 AKITU/N0493F350 A360 BLH A110 TDK A124 RULAD/K0924S1070 A460 XKC L888 SADAN Y1 OMBON B330 KWE W181 DUDIT A599 GYA

-ZGGG1044 VHHH

-PBN/AIBIC1D1L101S2T1 NAV/RNVD1E2A1 SUR/RSP180 RSP400 DOF /170727 REG/N885XD EET/ZWUQ0617 ZLHWO719 ZPKM0840 ZGZU0945 CODE/AC3OE9 OPR/FDX RMK /TCAS EQUIPPED)

拓展阅读

全国五一劳动奖章获得者朱衍波：唯有全力以赴才能破浪前行

在工作中，他是民航数据公司和民航空管新技术的科研带头人；在实验室，他是带领团队攻关民航科技重点领域的技术专家；在校园里，他是海人不倦，培养了众多青年科研骨干的学术导师。朱衍波二十余年来深耕民航空管新技术的研发与应用创新工作，带领科研团队在航空通信导航监视、数字化管制、协同空管运行等方面参与国家级、民航科研与工程项目

40余项。在团队的长期努力下，民航数据公司先后荣获国家技术发明一等奖、国家科技进步一等奖等多项国家科技奖励，成为国内唯一的地空数据链运营商。他悉心挖掘民航空管人才，为青年人搭建成长平台、拓展实践机会，在空中交通管理、航空数据通信等领域为企业和科研机构培养和输送新生力量。同时，作为国际民航组织技术专家，他积极推动北斗卫星导航系统的国际标准化，不断致力于中国民航空管新技术的国际交流合作。

以科技创新 建设交通强国民航新篇章为己任

多年来，凭着对民航空管事业的满腔热忱，以坚忍的毅力、执着的追求、务实的作风，朱衍波带领技术人员不断开拓创新，在航空数据通信、航空卫星导航、空管监视等方向主持承担国家自然科学基金、国家863计划、国家科技支撑计划、民航局科研基金和国家空管委科研课题等40余项科研项目和百余项民航工程建设项目，取得了一系列高水平的科技成果，获授权国家发明专利80余项，发表SCI、EI论文等60余篇，荣获国家级、省部级科技成果奖励10余项，为民航空管科技能力的提升作出了突出贡献。

航空数据通信业务是公司的核心业务。朱衍波长期参与建设我国民航的甚高频（VHF）地空数据通信网络（ACARS网络）。"上世纪90年代，我国的地空数据还处在空白阶段，面临技术积累不足、研发能力薄弱等问题。当时还是20多岁的我，深感核心技术是买不来的，只有自主可控，才能掌握自己发展的主动权"。回忆起27年来的持续攻坚，这段历程仍然记忆犹新。经过多年的技术攻关，朱衍波带领技术人员提出了我国空管多制式网络互联的网关集群体系架构，突破了航空多平台、多异构、多体制网络的互联互通和协作控制等关键技术，解决了我国原有航空网络代差大、平台异构、网络分立导致的"管制孤岛"难题，使公司运营管理的覆盖全国航路和机场的民航 VHF 地空数据通信网络可以灵活接入航空公司、空管和机场的网络和系统中，大大拓展了公司的业务范围和能力，该网络至今仍是世界第三大空地数据通信网。

在航空卫星导航方面，针对民航卫星导航应用中的完好性监测问题，朱衍波提出了适合我国国情的全球卫星导航系统（GNSS）地基区域完好性监测系统概念，以及基于广域与局域相结合的卫星导航体系构架，带领团队建立了覆盖我国空域的 GNSS 地基区域完好性监测系统（GRIMS）。牵头北斗民航应用国际标准化重大专项，主持建立了全球首套北斗接收机抗干扰测试平台，完成了北斗 B1I 信号的标准和建议措施（SARPs）编写，提交多份信息和工作文件并被国际民航组织采纳，加速了北斗进入国际民航组织进程，提高了北斗在国际民航领域的地位和话语权。

在空管监视方面，朱衍波主持研制了国产化的合同式自动相关监视（ADS-C）管制工作站、广播式自动相关监视（ADS-B）监视地面站、ADS-B机载收发机等核心设备与系统，公司自2011年起开始建立覆盖全国的ADS-B地面站网络，目前已安装部署地面站120余个，覆盖全国80%以上的机场和航路，这也有效解决了全球航班跟踪的难题。同时，朱衍波指导开发了基于ADS-B的缩小最小垂直间隔（RVSM）空域运行安全监控技术与系统，为中国地区监控组织（RMA）的运行提供了有力的技术支撑。

在空管服务方面，朱衍波在"十二五"期间主持承担了民航空管局运行管理中心的"中国民航运行保障系统""中国民航空中交通流量管理一期工程"和"民航数字空管集成系统工程"等项目研究与实施，建立的中国民航飞行流量监控系统，为实现了民航飞行运行的"统一计划、统一态势、统一调配、统一放行"奠定了重要基础。这方面的成果获得了 2011 年国家科技进步二等奖。"十三五"期间，主持 "空中交通航迹运行（TBO）技术与验证"等项目，明显提升了我国空管新技术自主创新能力，在空中交通运行效能，缓解航班延误，降低管制工作负荷等方面取得显著成效。2019 年 3 月，带领团队开展了我国首次四维航迹（4D-TBO）精细化管制新技术的试验飞行，使我国成为亚洲第一、国际上第二个成功组织开展此项新技术的国家，推动我国民航空管新技术的国际化进程。"今年，我们还将开展四维航迹运行的双机验证，并加快推动四维航迹运行的实际应用。"

深化民航空管行业的国际合作交流

在国际民航合作交流领域，朱衍波精湛的业务能力和广阔的国际视野得到了国际国内空管行业的高度认可，长期担任国际民航组织（ICAO）及包括航空导航系统专家组（NSP）、局域增强系统工作组（IGWG）和遥控驾驶航空器专家组（RPASP）等技术专家组的中方成员，在北斗民航应用、全球航班追踪、无人机飞行管控、民航无线电频谱规划等方面积极与国际知名空管研究机构及企业进行技术交流与合作，推动中国民航空管新技术的国际化进程。

在北斗民航应用方面，自北斗区域卫星导航系统建设并运行以来，为推动北斗进入国际民航组织，实现"北斗上飞机"目标，朱衍波从北斗系统、地基/星基/机载增强系统、电离层异常监测技术等方面开展了全面的系列化国际工作，连续 6 年先后参加 12 次 NSP 会议，协助提交了 27 份文件，使北斗成为 ICAO 认可的四大核心卫星导航系统之一，确定了北斗的国际民航地位；持续参加国际地基增强系统（IGWG）会议，积极宣传 GBAS 在中国的应用，力争将北斗纳入 CAT Ⅱ/Ⅲ GBAS 标准中；组织小组参加亚太电离层工作会议，积极推动北斗电离层异常监测模型建立。

在全球航班追踪方面，朱衍波作为国际电信联盟（ITU）FGAC 会议副主席，先后 5 次参加 FGAC 会议，向 2016 年电信标准咨询组（TSAG）大会提交 5 份技术报告并获得批准通过，这为未来全球和我国的航空安全和航班飞行追踪奠定了坚实的技术基础。

在无人机飞行管控方面，朱衍波多次受邀参加遥控驾驶航空器专家组（RPARS）会议，开展非隔离空域的无人机全球飞行安全标准制定工作，重点参与无人机适航、C2 链路、检测与冲突、无人机驾驶员执照许可、无人机系统运行、空管 ATM 整合等议题的研讨，推动我国无人机相关技术政策制定和无人机通信链路系统标准规范的研究工作。

在推进我国民航空管新技术的国际合作的同时，也积极引入国际最前沿的技术标准，并应用于国内空管新系统的研发建设中，先后参与编写《中国民用航空导航技术政策》《中国民用航空 ADS-B 技术政策》《航空电信网技术政策、应用和发展技术》《航空公司地空数据通信使用规范》等近 10 项民航行业规章与标准，从行业制度建设领域，提升我国民航空管通信技术与国际标准接轨。

悉心培育技术人才 打造领军创新团队

参加工作以来，朱衍波始终重视对年轻人的选拔和培养，以满腔热情扶持年轻人成长，为民航空管培养新生力量。在日常工作中细心挖掘民航空管人才，积极为青年人拓展实践机会、搭建成长平台，经常利用休息时间和青年人共同探讨学术问题，毫无保留地传授自己的经验和知识，更以自身严谨的治学态度和端正的科研作风，潜移默化地影响着青年人。

面向企业型人才，朱衍波尤其重视高素质创新人才和创新团队的培养，善于发挥企业在环境凝聚、服务吸引、待遇激励方面的优势调动人员创新积极性，在企业做大做强的道路上，为个人发展提供更大空间，达到人尽其才、才尽其用。

面向科研型人才，依托空地一体新航行系统技术全国重点实验室和国家空管新航行系统重点实验室，朱衍波与北京航空航天大学的空管学科开展产学研深度融合，汇聚空管学科各层级技术骨干，打造了一支富有朝气、勇于创新的精品创新团队。近年来，朱衍波及其团队培养的多名硕士和博士已在民航局、空管局、航科院、校飞中心、机场、航空公司等民航系统内单位工作，为我国空管事业发展输送了大量高科技人才。

面向行业型人才，朱衍波长期与国内相关研究单位合作，成立包括"民航协同空管技术与应用重点实验室""民航空天地一体空事系统重点实验室""航空协同监视联合实验室""航空导航通信联合实验室"在内的联合实验室，在航空通信导航监视、飞行引导装备、高精度飞行校验系统等领域开展科学研究，向民航其它用户开展针对性技术研发，在推广基地科研成果的同时，为民航空管通信领域培养了大量空管科技人才和研发团队。

朱衍波先后荣获中国青年科技奖、"何梁何利基金"科技创新奖、第三届全国创新争先奖、享受国务院政府特殊津贴，获"全国民航五一劳动奖章""有突出贡献中青年专家""空管榜样""民航空管系统优秀共产党员""空管局科技创新先进个人称号"等多项行业荣誉称号，带领的团队入选民航重点领域创新团队。

"我们这一代民航科技工作者，需要一种情怀，一种担当。我和我的团队深感责任重大，使命光荣，我们唯有全力以赴，才能破浪前行！"面向"十四五"，朱衍波和他的团队将继续围绕新一代航空宽带数据链、北斗卫星导航系统和数字化管制服务，通过坚持不懈的自主科技创新，服务智慧民航建设，为空中航行更安全、更高效保驾护航，为科技支撑引领空管高质量发展做出更大的贡献。

（资料来源：中国民航网.http://www.caacnews.com.cn/1/3/202305/t20230515_1367351.html）

请思考：朱衍波如何通过个人努力和专业能力推动了民航科技的发展，这对我们理解个人奋斗与国家发展的关系有何启示？面对荣誉，朱衍波表示"唯有全力以赴，才能破浪前行"。这句话对你有何触动，你认为它对于激励个人追求卓越有何作用？

第八章　签派放行

签派放行是每一航班飞行的必需流程，是保障运行安全的前提条件。其中，对定期载客运行的起始行驶控制权的工作称为签派，对于补充运行的起始行驶控制权的工作称为放行。飞行签派员根据起飞、着陆、备降机场以及航路天气和保障设施、设备的情况，与机长共同做出放行决定，签发签派放行单或电报。机长和飞行签派员应当对飞行的计划、延迟和签派或者放行是否遵守中国民用航空规章和公司的运行规范共同负责。

第一节　签派放行规则

一、签派放行权

1. 国内、国际定期载客运行的签派权

除下述两种情况外，每次飞行应当在起飞前得到飞行签派员的明确批准方可以实施：
（1）对于国内定期载客运行的飞机，在原签派放行单列出的中途机场地面停留不超过 1 小时。
（2）对于国际定期载客运行的飞机，在原签派放行单列出的中途机场地面停留不超过 6 小时。

2. 补充运行的飞行放行权

（1）实施补充运行应当使用飞行跟踪系统，每次飞行应当得到合格证持有人授权实施运行控制人员的批准，方可实施。
（2）在开始飞行前，机长或者由合格证持有人授权实施运行控制的人员应当按照该次飞行所遵守的条件制订一个满足飞行的放行单。只有当机长和授权实施运行控制人员均认为可以安全飞行时，方可签署飞行放行单。
（3）当实施补充运行的飞机在地面停留超过 6 小时时，应当重新签署新的飞行放行单，否则不得继续飞行。

二、国内、国际定期载客运行的签派责任

合格证持有人应当根据授权的飞行签派员所提供的信息，为两个规定地点之间的每次飞

行编制签派单。机长和授权的飞行签派员应当在签派单上签字。机长和授权的飞行签派员均认为该次飞行能安全进行时，才能签字。对于某一次飞行，飞行签派员可以委托他人签署放行单，但是不得委托他人行使其签派权。

三、运行控制责任

根据 CCAR-121 部，国内、国际定期载客运行以及补充运行的运行控制责任见表 8-1。

表 8-1 国内、国际定期载客运行以及补充运行的运行控制责任

国内、国际定期载客运行的运行控制责任	补充运行的运行控制责任
1. 合格证持有人应当对运行控制负责，运行控制的责任只能委派给机长和飞行签派员	1. 合格证持有人应当对运行控制负责，并在手册中列出授权实施运行控制的人员
2. 机长和飞行签派员应当对飞行的计划、延迟和签派或者放行是否遵守涉及民航管理的规章和合格证持有人的运行规范共同负责	2. 机长和运行副总经理应当对飞行的放行、延续、改航和终止是否遵守涉及民航管理的规章和合格证持有人的运行规范共同负责。运行副总经理可以委托他人行使飞行放行、延续、改航和终止的职能，但不能委托运行控制的责任
3. 飞行签派员对于运行控制和监控的职责包括： （1）分析与发布该次飞行安全所必需的信息，并协助机长进行飞行准备。 （2）协助机长准备运行和空中交通服务飞行计划，签署飞行计划，并向有关的空中交通服务部门提交空中交通服务飞行计划。 （3）监控每次飞行的进展情况，如果根据其本人或者机长的判断，认为该次飞行不能按照计划或者放行的情况安全地运行或者继续运行时，取消或者重新签派该次飞行。 （4）以适当的方法向飞行中的机长提供安全飞行所需的资料。 （5）当飞机追踪无法确定其位置且尝试建立联系未成功时，通知相关空中交通服务单位。 （6）当出现紧急情况时，飞行签派员应当： ① 启用运行手册规定的程序，同时避免采取任何与空中交通管制程序发生冲突的行动。 ② 将安全实施飞行所必要的与安全有关的资料通知机长，包括飞行中对飞行计划进行必要修改的有关资料	3. 当运行副总经理或者机长认为该次飞行不能按照计划安全地运行时，运行副总经理对取消、改航或者延迟飞行负责。运行副总经理应当至少在下列方面负责对飞行运行进行监控： （1）始发地机场的离开和目的地机场的到达，包括中途停留机场及备降机场。 （2）发生在起始、目的地和中途停留机场的维修及机械延误。 （3）已知的严重影响飞行安全的情况。 （4）当飞机追踪无法确定其位置且尝试建立联系未获成功时，通知相关的空中交通服务单位
4. 在飞行期间，机长负责控制飞机和指挥机组，并负责旅客、机组成员、货物和飞机的安全	4. 在飞行期间，机长负责控制飞机和指挥机组，并负责旅客、机组成员、货物和飞机的安全。在飞行期间，对于飞机的运行拥有完全的控制权和管理权。这种权力没有限制，可以超越机组其他成员及他们的职责，无论机长是否持有执行其他机组成员职责的有效证件

国内、国际定期载客运行的运行控制责任	补充运行的运行控制责任
5. 在飞行期间，机长对于飞机的运行拥有完全的控制权和管理权。这种权力没有限制，可以超越机组其他成员及他们的职责，无论机长是否持有执行其他机组成员职责所需的有效证件	5. 机长对飞行前的计划和飞行中的运行是否遵守涉及民航管理的规章和合格证持有人的运行规范负责
6. 任何驾驶员在驾驶飞机时不得粗心大意和盲目蛮干，以免危及生命或者财产的安全	6. 任何驾驶员在驾驶飞机时不得粗心大意和盲目蛮干，以免危及生命或者财产的安全

四、签派放行单

签派放行单（见图 8-1）是公司许可的表现形式。放行航空器必须有签派员和机长在签派放行单或放行电报上的签字。

签派放行单（电报）
CLEARANCE（TELEGRAM）

收报地址 ADDRESSEE(S)
发电地址_____ 申报时间 _____ ORIGINATOR　　　　　　　　　　FILING TIME
日 期 _____ 航班号_____ 起飞时间_____ DATE　　　　　　　FLIGHT NO.　　　　TIME OF DEPARTURE
航空器登记号 _____ 航空器型别 _____ 飞行规则 _____ REGISTRATION NO.　　TYPE OF AIRCRAFT　　FLIGHT RULES
起飞机场 _____ DEPARTURE AERODROM
目的地机场 _____ DESTINATION AERODROM
中途停留机场 _____ INTERMEDIATE AERODROM
备降机场 _____ ALTN AERODROM
总油量_____ 航段油量 _____ TOTAL FUEL　　　　　　　　TRIP FUEL
机组_____ CREW
签 派 _____ DISPATCHER
机 长 _____ CAPTAIN
停机位 _____ GATE

图 8-1 签派放行单示例

飞行签派员在签派放行单或放行电报上签字，表示该次飞行的起飞、目的地和备降机场及航路的天气符合签派放行条件，有关该次飞行的各项条件均符合公司安全运行标准。机长或其代理人在签派放行单或放行电报上签字，表示机长胜任该次飞行，并确认该次飞行的天气、飞机和其他各项保障条件符合公司安全运行标准。

飞行签派员和机长或其代理人在签派放行单或放行电报上完成签字后，签派放行即生效，飞行签派员和机长对本次签派放行负有同等责任。当飞行签派员与机长对该次航班放行意见不一致时，应采纳安全值较高的意见，并报运控中心当班值班经理作出决定。

1. 国内、国际定期载客运行的签派单

（1）签派单应当至少包括每次飞行的下列信息：

① 飞机的国籍标志、登记标志、制造厂家和型号。

② 承运人名称、航班号和计划起飞时间。

③ 起飞机场、中途停留机场、目的地机场和备降机场。

④ 运行类型说明，如仪表飞行规则或目视飞行规则。

⑤ 最低燃油量。

（2）签派单应当至少包括或者附有下列文件：

① 在机长与飞行签派员签署放行单时可以获得关于目的地机场、中途停留机场和备降机场的最新天气实况报告和预报。签派单还可以包括机长或者飞行签派员认为必需的或者希望具有的其他天气实况报告和预报。

② 运行飞行计划。

③ 航行通告。

2. 补充运行的飞行放行单

（1）飞行放行单应当至少包括每次飞行的下列信息：

① 公司或者机构的名称。

② 飞机的国籍标志、登记标志、制造厂家和型号。

③ 航班或者航次和飞行日期。

④ 每一飞行机组成员、客舱乘务员和机长姓名。

⑤ 起飞机场、目的地机场、备降机场和航路。

⑥ 运行类型说明（例如仪表飞行规则、目视飞行规则）。

⑦ 起飞最低燃油量。

（2）飞机飞行放行单应当含有或者附带有目的地机场和备降机场的最新天气实况报告和预报。放行单还可以包括机长认为必需的或者希望具有的其他天气实况报告和预报。

某航司国内航班放行电报模板的注释如下：

DISPATCHRELEASE：

签派放行

XX7181/23DECETD0001B5416/B738

航班号/日期预计起飞时间飞机注册号/机型

DEP：HAK/ALTN：NIL
起飞机场/备降场
ROUTEALTN：KWLWUH
航路备降场
DEST：PEK/ALTN：TNATSN
目的地机场/备降场
FLTRULE：IFR
飞行规则
TRIPFUEL：9549KGS/21053LBS
航线耗油
TTLFUEL：15785KGS/34800LBS
总油量
CREW：×××/×××
机组
CREWNUMBER：3/7
机组数量
SI：CFPANDCAUTION：MXSH6/P125ANDPLSAPPLYFORTHE
USEOFTEMPROUTEX28（LH-ENKUS）ORX98（P125-ENKUS）.
注释
TEL：+86-898-659×××××
电话
FAX：+86-898-657×××××
传真
DSPSIGN：×××
签派员签名
PICSIGN：×××
机长签名

五、国内、国际定期载客运行中飞行签派员向机长的通告

在开始飞行之前，飞行签派员应当向机长提供可能影响该次飞行安全的机场条件和导航设施不正常等方面的所有现行可得的报告或者信息，并且应当向机长提供可能影响该次飞行安全的每一所飞航路和机场的所有可得的天气实况报告和天气预报，包括晴空颠簸、雷暴、低空风切变等危险天气现象。

在飞行期间，飞行签派员应当及时向机长提供可能影响该次飞行安全的天气条件，包括晴空颠簸、雷暴、低空风切变等危险天气现象和有关设施、服务不正常的任何可以获得的补充信息。

六、签派放行规则

1. 目视飞行规则签派或者放行

按照目视飞行规则签派或者放行飞机前，应当确认可获得的天气实况报告、预报或者两者的组合，表明从签派或者放行飞机飞行时刻起至飞机抵达签派单中所列各机场的时间内，整个航路的云底高度和能见度处于或者高于适用的目视飞行规则最低标准；否则，不得签派或者放行飞机按照目视飞行规则飞行。

2. 仪表飞行规则的签派或者放行

除跨水运行的签派或者放行规定外，按照仪表飞行规则签派或者放行飞机飞行前，应当确认相应的天气实况报告、预报或者两者的组合，表明在签派或者放行单中所列的每个机场的天气条件，在飞机预计到达时处于或者高于经批准的最低标准；否则，不得签派或者放行飞机按照仪表飞行规则飞行。

3. 跨水运行的签派或者放行

（1）签派或者放行飞机进行含有延伸跨水运行的飞行前，应当确认相应的天气实况报告、预报或者两者的组合，表明飞机预计到达所签派或者放行的目的地机场和必需的备降机场时，这些机场的天气条件等于或者高于经批准的最低标准，否则，不得签派或者放行飞机进行含有延伸跨水运行的飞行。

（2）合格证持有人应当按照仪表飞行规则实施含有延伸跨水运行，但该合格证持有人证明按照仪表飞行规则飞行对于安全是不必要时除外。

（3）对于其他跨水运行，如果局方认为按照仪表飞行规则运行对安全是必要的，合格证持有人应当按照仪表飞行规则实施这些跨水运行。

（4）每个按照目视飞行规则实施延伸跨水运行的批准和每个按照仪表飞行规则实施其他跨水运行的要求，均应当在该合格证持有人的运行规范中明确规定。

> 小贴士
>
> 延伸跨水运行
>
> （1）在 CCAR121 部规则中，对于符合下述条件的飞机，延伸跨水运行是指离适用的应急着陆机场距离超过以巡航速度飞行 120 分钟的距离或者 740 千米（400 海里）（以较少者为准）的跨水航路运行：
>
> ① 对于双发飞机，在航路或者计划改航航路上的任一点发生临界发动机不工作的情况下，仍能够安全飞往标准着陆机场，并且在任何一点上不会低于最低飞行高度。
>
> ② 对于具有三台或者三台以上发动机的飞机，在航路的任一航段飞行时，如果为保持预期的总体安全水平，其航路备降机场的位置和总飞行持续时间的关系致使必须要考虑第二台发动机不工作的可能性，则该飞机必须能够在两台发动机不工作时继续飞至航路备降机场并着陆。
>
> （2）对于其他所有飞机，延伸跨水运行是指离适用的应急着陆机场距离超过以巡航速度飞行 30 分钟的距离或者 185 千米（100 海里）（以较少者为准）的跨水航路运行。

第二节 运行标准

一、机场运行最低标准

合格证持有人应当对每一运行的机场确定自己的机场运行最低标准。除非获得机场所在地民航当局的特殊批准，合格证持有人确定的机场运行最低标准不得低于该国为该机场确定的最低标准。合格证持有人确定机场运行最低标准的方法应当在运行规范中得到局方的批准。

合格证持有人可以按照运行规范中经局方批准的运行增益确定机场运行最低标准，但不得改变相应仪表进近程序的分类。

合格证持有人在确定特定机场的运行最低标准时，应当充分考虑：

（1）飞机的型号、性能和操纵特性以及飞行手册中列明的任何条件或者限制。

（2）飞行机组的组成及其能力和经验。

（3）选用跑道的尺寸和特性。

（4）可供使用的目视与非目视地面辅助设备的充足程度与性能。

（5）飞机上在进近、着陆和复飞过程中可以用于导航、获得目视参考和/或控制飞行航迹的机载设备。

（6）进近和中断进近区内的障碍物以及仪表进近程序的越障高度（或者高）。

（7）测定和报告气象条件所用的方法。

（8）离场爬升区的障碍物和必要的越障裕度。

（9）运行规范中规定的条件。

（10）机场所在地民航当局颁布的任何最低标准。

运行最低标准的类型必须按照下列仪表进近类型进行确定，在机场最低运行标准之下必须建立本仪表飞行规则的起飞和着陆最低标准规定的目视参考方可以继续进近：

① A类仪表进近运行：最低下降高度（MDA）或者决断高（DH）在75米（250英尺）或者以上。

② B类仪表进近运行：决断高（DH）低于75米（250英尺）。

B类仪表进近运行分类如下：

Ⅰ类（CATⅠ）：决断高（DH）不低于60米（200英尺），能见度（VIS）不小于800米或者跑道视程（RVR）不小于550米；Ⅱ类（CATⅡ）：决断高（DH）低于60米（200英尺）但不低于30米（100英尺）和跑道视程（RVR）不小于300米；Ⅲ类（CATⅢ）：决断高（DH）低于30米（100英尺）或者无决断高和跑道视程（RVR）小于300米或者无跑道视程限制。

二、仪表飞行规则的起飞和着陆最低标准

（1）不论空中交通管制是否许可，当由局方批准的气象系统报告的天气条件低于合格证持有人运行规范的规定时，飞机不得按照仪表飞行规则起飞。如果合格证持有人的运行规范

没有规定该机场的起飞最低标准，则使用的起飞最低标准不得低于机场所在地民航当局为该机场制定的起飞最低标准。对于没有制定起飞最低标准的机场，可以使用下列基本起飞最低标准：

① 对于双发飞机，能见度（VIS）1 600 米；

② 对于三发或者三发以上飞机，能见度 800 米。

（2）除本条（5）款规定外，飞机不得飞越最后进近定位点（FAF 或者 FAP）继续进近，或者在不使用最后进近定位点（FAF 或者 FAP）的机场，进入仪表进近程序的最后进近航段，除非由局方批准的系统为该机场发布了最新的天气报告，报告该机场的能见度（VIS）或者跑道视程（RVR）等于或者高于仪表进近程序规定的最低标准。在可以同时获得能见度（VIS）和跑道视程（RVR）时，以跑道视程为准。

（3）除按照本规则第 121.527 条获得的运行增益运行外，当决断高（DH）和跑道视程（RVR）属于不同运行类型时，仪表进近和着陆运行应按照最严格的运行类型实施。

（4）如果驾驶员根据本条（b）款已经开始实施仪表进近程序的最后进近，并在此后收到了较新的天气报告，报告的天气条件低于最低天气标准，该驾驶员仍可以继续进近至决断高或者最低下降高。当到达决断高或者最低下降高，在进近复飞点之前的任何时间内，除非符合下列条件或者满足增强飞行视景系统（EFVS）的相关运行要求，不得继续进近到低于决断高或者最低下降高并着陆：

① 该飞机持续处在正常位置，从该位置能使用正常机动动作以正常下降率下降到计划着陆的跑道上着陆，并且以此下降率可以使飞机在计划着陆的跑道的接地区内接地。

② 飞行能见度不低于所用的标准仪表进近程序规定的能见度。

③ 除 II 类和 III 类进近（在这些进近中，必需的目视参考由局方在批准时具体规定）外，驾驶员至少能清楚地看到和辨认计划着陆跑道的下列目视参考之一：

a. 进近灯光系统，如果驾驶员仅使用进近灯光作为参考，应当能同时清楚地看到和辨认侧边短排灯，否则不得下降到接地区标高之上 30 米（100 英尺）以下。

b. 跑道入口。

c. 跑道入口标志。

d. 跑道入口灯。

e. 跑道端识别灯。

f. 目视进近下滑道指示灯。

g. 接地区或者接地区标志。

h. 接地区灯。

i. 跑道或者跑道标志。

j. 跑道灯。

（4）当使用具有目视下降点的非精密直接进近程序时，飞机已到达该目视下降点，且在该点使用正常程序或者下降率能降落到跑道上。

（5）当能见度低于所用仪表进近程序规定的最低能见度时，如果该机场同时开放了仪表着陆系统（ILS）和精密进近雷达（PAR），且驾驶员同时使用了这两套设备，则可以在该机场开始实施该仪表进近程序（II 类和 III 类程序除外）的最后进近。除非符合下列条件或者满足增强飞行视景系统（EFVS）的相关运行要求，不得操作飞机进近到低于经批准的决断高度：

① 该飞机持续处在正常位置，从该位置能使用正常机动动作以正常下降率下降到计划着陆跑道上着陆，并且以此下降率可以使飞机在计划着陆跑道的接地区内接地。

② 飞行能见度不低于所用的标准仪表进近程序规定的能见度。

③ 除Ⅱ类和Ⅲ类进近（在这些进近中，必需的目视参考由局方在批准时具体规定）外，驾驶员至少能清楚地看到和辨认计划着陆跑道的下列目视参考之一：

a. 进近灯光系统，但是如果驾驶员仅使用进近灯光作为参考，除非能同时看到和辨认侧边短排灯，否则不得下降到接地区标高之上30米（100英尺）以下。

b. 跑道入口。

c. 跑道入口标志。

d. 跑道入口灯。

e. （v）跑道端识别灯。

f. 目视进近下滑道指示器。

g. 接地区或者接地区标志。

h. 接地区灯。

i. 跑道或者跑道标志。

j. 跑道灯。

（6）就本条而言，最后进近航段从仪表进近程序规定的最后进近定位点或者设施处开始。当一个包含程序转弯的程序没有规定最后进近定位点时，最后进近航段在完成程序转弯的那一点开始，并且在该点上，飞机在该程序规定距离之内在最后进近航迹上向机场飞行。

（7）除了在合格证持有人的运行规范中另有批准外，在国外机场按照仪表飞行规则起飞、进近或者着陆的驾驶员，应当遵守管辖该机场所在地民航当局所规定的仪表进近程序和最低天气标准。

三、新机长的仪表飞行着陆最低天气标准

如果机长在其驾驶的某型别飞机上作为机长按照CCAR-121部规则运行未满100小时，则合格证持有人运行规范中对于正常使用机场、临时使用机场或者加油机场规定的最低下降高（MDH）或者决断高（DH）和着陆能见度最低标准，分别增加30米（100英尺）和800米（1/2英里）或者等效的跑道视程（RVR）。对于用作备降机场的机场，最低下降高（MDH）或者决断高（DH）和能见度（VIS）最低标准无须在适用于这些机场的数值上增加，但是任何时候，着陆最低天气标准不得小于90米（300英尺）和1 600米（1英里）。

如果该驾驶员在另一型别飞机上作为机长在按照本规则实施的运行中至少已飞行100小时，该机长可以用在本型飞机上按照本规则实施运行中的一次着陆，去取代必需的机长经历1小时，减少本条（a）款所要求的100小时的机长经历，但取代的部分不得超过50小时。

机场公布的RVR着陆最低标准对应的新机长着陆最低标准见表8-2。

表 8-2 新机长 RVR 着陆最低标准

公布的 RVR 着陆最低标准	新机长的 RVR 着陆最低标准
RVR550 m（1 800 ft）	RVR1 400 m（4 500 ft）
RVR600 m（2 000 ft）	RVR1 400 m（4 500 ft）
RVR750 m（2 400 ft）	RVR1 500 m（5 000 ft）
RVR1 000 m（3 000 ft）	RVR1 500 m（5 000 ft）
RVR1 200 m（4 000 ft）	RVR1 800 m（6 000 ft）
RVR1 500 m（5 000 ft）	RVR1 800 m（6 000 ft）

四、报告的最低天气条件的适用性

按照上述起飞和着陆最低天气标准实施运行时，最新天气报告正文中的云高和能见度值用于控制机场所有跑道上的目视飞行规则和仪表飞行规则起飞、着陆和仪表进近程序。然而，如果最新天气报告，包括从管制塔台发出的口头报告，含有针对机场某一特定跑道的跑道能见度（VIS）或者跑道视程（RVR）等数值，这些特定值用于控制该跑道的目视飞行规则和仪表飞行规则着陆、起飞和仪表直接进近。

五、机场设备故障或降级对运行标准的影响

1. 对着陆标准的影响

导航设施或气象观测设备故障或降级对着陆最低标准的影响，参见表 8-3。灯光系统故障或降级对着陆最低标准的影响，参见表 8-4。

表 8-3 导航设施或气象观测设备故障或降级对着陆最低标准的影响

设备故障或降级	对着陆最低标准的影响					
	Ⅲ类 B	Ⅲ类 A	Ⅱ类	Ⅰ类	APV	NPV
ILS 备用发射机	不允许			无影响		
外指点标	无影响（如果由公布的等效位置代替）				不适用	
中指点标					无影响，除非该点用作复飞点	
接地区 RVR	不允许			可临时由中间点 RVR 代替，或使用 VIS 标准		
中间点 RVR	不允许			无影响		
停止端 RVR	不允许		无影响			

表 8-4　灯光系统故障或降级对着陆最低标准的影响

灯光系统故障或降级	对着陆最低标准的影响					
	Ⅲ 类 B	Ⅲ 类 A	Ⅱ 类	Ⅰ 类	APV	NPV
进近灯光	不允许 DH 大于 15 m（50 ft）的运行	不允许	执行无灯光的最低标准			
最靠近跑道的 210 m 之外的进近灯	无影响		不允许	执行无灯光的最低标准		
最靠近跑道的 420 m 之外的进近灯	无影响			执行中等灯光设施的最低标准		
进近灯备用电源	不允许			无影响		
全部跑道灯光系统	不允许			执行昼间无灯光的最低标准；不允许夜间运行		
跑道边灯	仅昼间运行，不允许夜间运行					
跑道中线灯	不允许			使用 HUD、自动驾驶仪或飞行指引仪，无影响；其他情况下，RVR/VIS 不得小于 800 m		无影响
接地带灯	不允许					
跑道灯光备用电源	不允许			无影响		
滑行灯系统	不允许			无影响，除非因滑行速度降低而导致延误		

2. 对起飞标准的影响

设备故障或降级对起飞最低标准的影响，参见表 8-5。

表 8-5　设备故障或降级对起飞最低标准的影响

设备故障或降级	对起飞最低标准的影响
跑道边灯或跑道末端灯	不允许夜间运行
中线灯	RVR 不小于 400 m
接地区 RVR	可临时由跑道中间点 RVR 代替，或由 VIS 代替
中间点 RVR	RVR 不小于 400 m
停止端 RVR	RVR 不小于 200 m

六、风向风速限制

风向风速限制示例见表 8-6。

表 8-6　某公司 B737-700/800/8 机型起降风速限制

跑道角度	180°	90°	0°
干跑道	5 m/s	15 m/s	25 m/s
湿跑道	5 m/s	12 m/s	25 m/s

第三节　备降机场的选择

当飞机不能或者不宜飞往预定着陆机场或者在该机场着陆时，可以飞往另一个预先指定备用着陆的机场，这个机场称为备降机场。它包括起飞备降机场、航路备降机场和目的地备降机场。

一、起飞备降机场

返航和备降

当起飞机场的气象条件低于公司运行规范中为该机场规定的着陆最低标准，或起飞机场因跑道长度限制、机场关闭、保障能力限制等原因不能保证飞机在起飞后半小时航程内返场着陆的条件时，飞行签派员不得从该机场签派放行飞机。

（1）如果起飞机场的气象条件低于合格证持有人运行规范中为该机场规定的着陆最低标准，在签派或者放行飞机前应当按照下述规定选择起飞备降机场：

① 对于双发动机飞机，备降机场与起飞机场的距离不大于飞机使用一发失效的巡航速度在静风条件下飞行 1 小时的距离。

② 对于装有 3 台或者 3 台以上发动机的飞机，备降机场与起飞机场的距离不大于飞机使用一发失效时的巡航速度在静风条件下飞行 2 小时的距离。

（2）起飞备降机场的天气条件应当满足 CCAR-121 部中关于备降机场最低天气标准的要求。

（3）在签派或者放行飞机前，签派或者飞行放行单中应当列出每个必需的起飞备降机场。

（4）责任签派员根据机场分析等手册查找速度，从而确定一发失效下的距离，再根据航图查得实际飞行距离，确保在性能限定范围内。

二、航路备降机场

针对双发飞机，在签派放行过程中选择距离航路上任一点的距离不大于飞机使用一发失效的巡航速度在静风条件下飞行 1 小时，并在公司运行规范中列出的机场作为航路备降机场。

航路备降机场天气实况报告、预报或者两者结合的天气条件，在飞机预达该机场时必须满足本公司运行最低标准中关于备降机场的最低天气标准。

航路备降机场应在签署签派放行单时注明。

三、目的地备降机场

1. 仪表飞行规则国内定期载客运行的目的地备降机场

（1）按照仪表飞行规则签派飞机飞行前，应当在签派单上至少为每个目的地机场列出一个备降机场。当目的地机场和第一备降机场的天气条件预报都处于边缘状态时，应当再指定至少一个备降机场且在签派单上列出。

（2）如果目的地机场符合下列条件并且合格证持有人在飞机与运行控制中心之间建立了独立可靠的通信系统进行全程监控，则可以不选择目的地备降机场：

① 如果天气实况报告、预报或者两者的组合表明，在飞机预计到达目的地机场时刻前后至少 1 小时的时间段内：a. 机场云底高度至少在公布的最低的仪表进近最低标准之上 450 米（1 500 英尺），或者在机场标高之上 600 米（2 000 英尺），取其中较高值；b. 机场能见度至少为 5 000 米。

② 有独立可用的多条跑道，且其中一条跑道的仪表进近程序处在可用状态。

（3）按照本条规定选择的目的地备降机场的天气条件应当满足备降机场最低天气标准的要求。

2. 国际定期载客运行的目的地备降机场

按照仪表飞行规则签派飞机飞行前，应当在签派单上为每个目的地机场至少列出一个备降机场。但在下列情形下，如果在每架飞机与运行控制中心之间建立了独立可靠的通信系统进行全程监控，则可以不选择目的地备降机场：

（1）当预定的飞行时间不超过 6 小时，且相应的天气实况报告、预报或者两者的组合表明，在预计到达目的地机场时刻前后至少 1 小时的时间内，目的地机场的天气条件符合下列规定：

① 机场云底高度符合下列两者之一：

a. 如果该机场需要并准许盘旋进近，至少在最低的盘旋进近最低下降高度（MDA）之上 450 m（1 500 ft）；

b. 至少在公布的最低的仪表进近最低标准中的最低下降高度（MDA）或者决断高度（DA）之上 450 m（1 500 ft），或者机场标高之上 600 m（2 000 ft），取其中较高者。

② 机场能见度（VIS）至少为 5 000 米（或者 3 英里），或者高于计划使用的目的地机场仪表进近程序能见度最低标准 3 200 米（或者 2 英里）以上，取其中较大者。

（2）该次飞行是在前往无可用备降机场的特定目的地机场的航路上进行的，而且飞机有足够的燃油来满足特定情况燃油要求。

（3）按照本条规定选择的目的地备降机场的天气条件应当满足备降机场最低天气标准的要求。

3. 仪表飞行规则补充运行的目的地备降机场

（1）除下述第（2）条规定外，当放行飞机按照仪表飞行规则进行补充运行时，应当在飞行放行单中至少为每个目的地机场列出一个备降机场。

（2）对于在国外飞行的航路上，当特定目的地机场无可用备降机场时，如果飞机装载了 CCAR-121 部中关于特定情况燃油要求规定的燃油，在仪表飞行规则下可以不指定备降机场。

（3）根据第（1）条规定，备降机场天气条件应当符合备降机场最低天气标准规定的标准。

（4）除非放行单上列出了每个必需的备降机场，否则不得放行飞机。

214

四、备降机场最低天气标准

（1）对于签派或者飞行放行单上所列的备降机场，应当有相应的天气实况报告、预报或者两者的组合表明，当飞机到达该机场时，该机场的天气条件等于或者高于合格证持有人运行规范规定的备降机场最低天气标准。

（2）在确定备降机场天气标准时，合格证持有人不得使用标注有"未批准备降机场天气标准"的仪表进近程序。

（3）在确定备降机场天气标准时，应当考虑风、条件性预报、最低设备清单条款限制等影响因素。

（4）在合格证持有人运行规范中，签派或者放行的标准应当在经批准的该机场的最低运行标准上至少增加下列数值，作为该机场用作备降机场时的最低天气标准：

① 对于至少有一套可用进近设施的机场，其进近设施能提供直线非精密进近程序（NPA）或者直线 I 类精密进近程序（PA），或者在适用时可以从仪表进近程序改为盘旋机动，最低下降高（MDH）或者决断高（DH）增加 120 米（400 英尺），能见度（VIS）增加1 600 米（1 英里）；

② 对于至少有两套能够提供不同跑道直线进近的可用进近设施的机场，其进近设施能提供直线非精密进近程序（NPA）、直线有垂直引导的进近程序（APV）或者直线 I 类精密进近程序（PA），应当选择两个服务于不同适用跑道的进近设施，在相应直线进近程序的决断高（DH）或者最低下降高（MDH）较高值上增加 60 米（200 英尺），在能见度（VIS）较高值上增加 800 米（1/2 英里）。

（5）如选择具备 II 类或者 III 类精密进近程序（PA）的机场作为备降机场计算备降机场天气标准，合格证持有人必须确保机组和飞机具备执行相应进近程序的资格，且飞机还应当具备 III 类一发失效进近能力。此时，签派或者放行标准应当按下列数值确定：

① 对于至少有一套 II 类精密进近程序（PA）的机场，云高不得低于 90 米，能见度（VIS）或者跑道视程（RVR）不得低于 1 200 米；

② 对于至少有一套 III 类精密进近程序（PA）的机场，云高不得低于 60 米，能见度不得低于 800 米，或者云高不得低于 60 米，跑道视程（RVR）不得低于 550 米。

（6）如选择具备基于 GNSS 导航源的有垂直引导的进近程序（APV）的机场作为备降机场计算备降机场天气标准时，合格证持有人应当经过局方批准并确保：

① 机组和飞机具备执行相应进近程序的资格。

② 在签派或放行时，不得在目的地机场和备降机场同时计划使用类精密进近程序。

③ 对使用基于 GNSS 导航源的有垂直引导的进近程序（APV）的机场，应当检查航行资料或者航行通告并进行飞行前接收机自主完好性（RAIM）预测。

④ 对于使用 RNP AR 程序的备降机场，计算备降机场天气标准所基于的 RNP 值不得低于 RNP0.3。

⑤ 在目的地机场有传统进近程序可用。

⑥ 在确定上述第（4）款中的进近导航设施构型时，应当将基于同 GNSS 星座的仪表进近程序当作一套进近导航设施。

五、国内、国际定期载客运行从备降机场和未列入运行规范的机场起飞

从备降机场起飞时，该机场的天气条件应当至少等于合格证持有人运行规范中对于备降机场规定的最低天气标准。在从未列入运行规范的机场起飞时，应当符合下列条件：

（1）该机场和有关设施适合于该飞机运行。

（2）驾驶员能遵守飞机运行适用的限制。

（3）飞机已根据适用于从经批准的机场实施运行的签派规则予以签派。

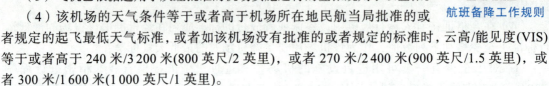

航班备降工作规则

（4）该机场的天气条件等于或者高于机场所在地民航当局批准的或者规定的起飞最低天气标准，或者如该机场没有批准的或者规定的标准时，云高/能见度(VIS)等于或者高于 240 米/3 200 米(800 英尺/2 英里)，或者 270 米/2 400 米(900 英尺/1.5 英里)，或者 300 米/1 600 米(1 000 英尺/1 英里)。

> **小贴士**
> 除非在紧急情况下，公司航班只能在公司《运行规范》中列为该机型正常使用（R）、临时使用（P）、加油（F）和备降使用（A）的机场运行。在正班运行中，只有批准机型在公司《运行规范》中列为常规（R）、临时（P）、加油机场（F）的机场可以作为目的地机场（包机、运行目的和维修目的的调机以及飞行员训练飞行除外）。

第四节　燃油政策

一、燃油量要求

（1）飞机必须携带足够的可用燃油以安全地完成计划的飞行并从计划的飞行中备降。

（2）飞行前对所需可用燃油的计算必须包括：

① 滑行燃油：起飞前预计消耗的燃油量。

② 航程燃油：考虑到运行条件中计算所需燃油应当考虑的因素，允许飞机从起飞机场或从重新签派或放行点飞到目的地机场着陆所需的燃油量。

③ 不可预期燃油：为补偿不可预见因素所需的燃油量。根据航程燃油方案使用的燃油消耗率计算，它占计划航程燃油的 10%，但在任何情况下不得低于以等待速度在目的地机场上空 450 m（1 500 ft）高度上在标准条件下飞行 15 分钟所需的燃油量。

④ 备降燃油：飞机有所需的燃油以便能够：

a. 在目的地机场复飞。

b. 爬升到预定的巡航高度。

c. 沿预定航路飞行。

d. 下降到开始预期进近的一个点。

216

e. 在放行单列出的目的地的最远备降机场进近并着陆。

⑤ 最后储备燃油：使用到达目的地备降机场，或者不需要目的地备降机场时，到达目的地机场的预计着陆重量计算得出的燃油量；对于涡轮发动机飞机，以等待速度在机场上空 450 米（1 500 英尺）高度上在标准条件下飞行 30 分钟所需的油量；

⑥ 酌情携带的燃油：合格证持有人决定携带的附加燃油。

（3）合格证持有人应按照四舍五入的方式为其机队每种型别飞机和衍生型确定一个最后储备燃油值。

（4）除非机上可使用的燃油符合上述燃油量的要求，否则不得开始飞行；除非机上可使用的燃油符合除滑行燃油以外的要求，否则不得从飞行中重新签派点继续飞往目的地机场。

二、特定情况燃油要求

1. 特定情况下目的地备降机场燃油的计算

（1）当不需要有目的地备降机场时，所需油量能够使飞机在目的地机场上空 450 m（1 500 ft）高度上在标准条件下飞行 15 分钟。

（2）预定着陆机场是一个孤立机场（无可用备降机场的特定目的地机场）：

① 能够以正常燃油消耗率在目的地机场上空飞行 2 小时所需的油量，包括最后储备燃油。

② 当按照 CCAR-121 部第 641 条（a）款第（2）项或第 642 条（b）款放行飞机前往孤立机场（无可用备降机场的特定目的地机场）时，需满足以下条件：

a. 在飞机与运行控制中心之间建立了独立可靠的语音通信系统进行全程监控。

b. 必须为每次飞行至少确定一个航路备降机场和与之对应的航线临界点。

c. 除非气象条件、交通和其他运行条件表明在预计使用时间内可以安全着陆，否则飞往无可用备降机场的特定目的地机场的飞行不得继续飞过航线临界点。

2. 涡轮螺旋桨发动机飞机的国际运行

对于涡轮螺旋桨发动机飞机的国际定期载客运行或者包括至少一个国外机场的补充运行，不可预期燃油不得低于以正常巡航消耗率飞往目的地机场、备降机场所需总时间的 15%所需的油量，或者以正常巡航消耗率飞行 60 分钟所需油量，两者当中取其中较短的飞行时间。

3. 额外燃油

如果根据上述 CCAR-121 部燃油量要求计算的最低燃油不足以完成下列飞行，则应要求额外燃油：

（1）假定在航路最困难临界点发动机发生失效或丧失增压需要更多燃油的情况下，允许飞机在必要时下降并飞行到某一备降机场：

① 以等待速度在该机场上空 450 m（1500 ft）高度上在标准条件下飞行 15 分钟。

② 在该机场进近并着陆。

（2）延程运行的飞机应当遵守经批准的延程运行临界燃油方案。

（3）满足上述未包含的其他规定。

三、计算所需燃油应当考虑的因素

1. 携带的可用燃油量必须至少基于的数据

（1）如果有的话，从燃油消耗监测系统获得的特定飞机的目前数据。

（2）如果没有特定飞机的目前数据，则采用飞机制造商提供的数据。

2. 计算燃油量必须考虑的计划飞行的运行条件

（1）风和其他天气条件预报。

（2）飞机的预计重量。

（3）航行通告。

（4）气象实况报告或气象实况报告、预报两者的组合。

（5）延迟维修项目和/或构型偏离的影响。

（6）空中释压和航路上一台发动机失效的情况。

（7）可能延误飞机着陆的任何其他条件。

3. 局方其他规定

尽管 CCAR-121 部中有关于燃油量要求和特定情况燃油要求的规定，若安全风险评估结果表明合格证持有人能够保持同等安全水平，局方仍可以颁发运行规范批准合格证持有人使用不同的燃油政策。

本节中的所需燃油是指不可用燃油之外的燃油。

四、航空承运人不可预期燃油政策优化

1. 背　景

随着科技的发展，飞机可靠性增加，气象预报准确性和及时性提高，机场、空管的保障能力增强，航空公司运行控制能力不断提升，在保证安全的前提下，合理减少飞机携带的燃油，特别是不可预期燃油，有利于促进绿色低碳飞行，降低燃油消耗，增加业载，提高运行效率，从而提升航空公司竞争力。

不可预期燃油主要是为补偿不可预见因素导致的额外燃油消耗。不可预见因素包含可能对飞往目的地机场的燃油消耗产生影响的情况，如飞机偏离预定燃油消耗数据、偏离预报的气象条件、偏离计划航路和/或巡航高度层等；但不包括飞行计划阶段已预知且已考虑过的影响正常计划航路和高度剖面的因素，如最低设备清单（MEL）/构型偏离清单（CDL）、跑道关闭、台风、火山灰、空域限制等。

国际民航组织在附件六《航空器运行》第Ⅰ部分中鼓励成员国制定基于性能的燃油政策。基于性能的不可预期燃油（Performance-Based Contingency Fuel，PBCF）政策优化是一种基于数据统计的方法，它包含燃油消耗监控方案，是通过确定一个覆盖范围，航空承运人根据飞机性能监控（APM）或统计推算确定的燃油比例，来取代固定的不可预期燃油政策。

CCAR-121 部中的燃油政策统一了国内、国际运行的燃油要求，并为航空承运人政策优化提供了规章支持。

2. 定 义

1）基于性能的不可预期燃油（PBCF）

航空承运人通过使用基于运行数据的绩效评估方法，充分利用其在航空器、运行控制及业务流程上的投入，经局方批准能够达到 CCAR-121.657（b）（3）或 121.663（c）的规定，为补偿随机出现的不可预见因素所需的燃油量提供安全裕度而增加的合适燃油量，称为基于性能的不可预期燃油。PBCF 通常以计划航程燃油量的比例（百分数）来表示，在本咨询通告中，PBCF 针对的是 3%这一数值。

2）不可预期燃油最低标准

不可预期燃油最低标准是在制订运行飞行计划和签派放行阶段，为补偿随机出现的不可预见因素所需的燃油量占计划航程油量比例的最小值，但在任何情况下不得低于以等待速度在目的地机场上空 450 m（1 500 ft）高度上在标准条件下飞行 15 分钟所需的燃油量。

3）时间窗口

时间窗口是指航班计划到达时刻前后的一段时间。如某一航班计划到达时刻为 0500，则时间窗口为该时刻前 30 分钟到该时刻后 90 分钟，即 0430—0630。

4）数据样本量

数据样本量是指对于航空承运人某一特定飞机制造商和型号/城市对/目的地机场到达时间窗口组合，满足数据覆盖时段、完整性、季节性、当前有效性等要求，同时具备可用于计算燃油比值的实际和计划耗油数据的数量。

5）安全风险阈值

安全风险阈值是针对航空承运人某一特定飞机制造商和型号/城市对/目的地机场到达时间窗口组合，完全消耗不可预期燃油的最大概率允许值。

3. 实施不可预期燃油最低标准 5%的要求

1）飞机性能监控

（1）航空承运人应建立飞机性能监控能力，针对每一特定机身/发动机组合，对飞机性能的理论值与实际数据的差异进行持续监控。

（2）航空承运人应及时修正飞行管理计算机中的性能修正系数，以确保飞行管理计算机使用的性能修正系数与运行飞行计划的数据保持一致。

（3）航空承运人实施了对飞机燃油消耗有影响的维护时（特别是飞机换发或飞机构型发生变化），应及时修正运行飞行计划系统中燃油消耗的相关数据。

2）签派放行

（1）航空承运人的运行飞行计划应基于准确的气象数据，在整条飞行计划航路上应当使用精确度等同或高于 1.25°（全球 1.25 纬度乘 1.25 经度）网格化模型的高空风信息。

（2）航空承运人应制定政策和程序，确保机长和飞行签派员在确定起飞油量时，能够满足不可预期燃油最低标准。起飞总油量应当满足 CCAR-121.659 条所要求释压、飘降油量、延程运行临界燃油的适用条款。

（3）对于每一个实施优化的不可预期燃油政策（如 5%）的运行，航空承运人应当在签派单或飞行放行文件中进行标注。

3）飞行中监控

（1）航空承运人应按照《航空承运人运行监控实施指南》（AC-121-FS-2019-133）咨询通告的要求，建立运行监控系统和程序，用于监控飞机的位置、剖面、异常下降、返航、备降等，以及实现飞机的实际燃油与飞行计划中的计划燃油比较的功能。系统在达到所设定告警条件时应立即告警，航空承运人应采取相应的措施。

（2）航空承运人应当建立相应的应急程序，以应对航路上发生驾驶舱燃油指示表故障、燃油消耗异常、地空通信失效等情况。应急程序应包括但不限于：机组报告程序、应急处置预案等。

4. 实施不可预期燃油最低标准 3% 的附加要求

航空承运人在实施不可预期燃油最低标准 3% 时，除了满足上述"实施不可预期燃油最低标准 5% 的要求"外，还应当制定政策和程序满足下列附加要求。

（1）航空承运人在实施不可预期燃油最低标准 3% 运行时，应当基于每一个飞机制造商和型号/城市对/目的地机场到达时间窗口组合，按照《航空承运人运行监控实施指南》（AC-121-FS-2019-133）咨询通告中实施不可预期燃油最低标准 3% 时 PBCF 值的计算要求，确定运行飞行计划的可用 PBCF 值。

（2）如果 PBCF 值大于 3%，航空承运人不得使用 3% 的不可预期燃油政策。

（3）在实施不可预期燃油最低标准 3% 运行的签派放行时，所有驾驶舱燃油量指示必须正常工作。

（4）航空承运人在实施不可预期燃油最低标准 3% 运行的签派放行时，应当指定一个 3% 航路备降机场，并在签派单或飞行放行单上注明。3% 航路备降机场选择参见《航空承运人运行监控实施指南》（AC-121-FS-2019-133）咨询通告对备降场的选择要求。在签派放行后及运行实施中，航空承运人应加强对 3% 航路备降机场天气的监控。

（5）航空承运人应制定政策和程序，确保机长和飞行签派员在放行时能够确定起飞油量满足 3% 航路备降机场要求。

（6）实施不可预期燃油最低标准 3% 的运行，不得与二次放行同时使用。

（7）航空承运人应当建立程序，在起飞延误可能导致飞机预达时间超出初始计划的到达时间窗口时，对造成延误的原因进行分析，并对后续运行的天气情况、空域拥挤程度等影响因素进行评估，决定是否能够继续使用该航班预定的 PBCF 值。

（8）对于用于运行飞行计划的每一个 PBCF 值，航空承运人应当至少每季度进行一次重新计算。生成/复制 PBCF 值的所有数据必须留存供局方检查。

（9）当航空承运人所用飞机制造商和型号的任何在机体结构、发动机状况、构型上的变更可能影响燃油消耗时，都应当对 PBCF 值进行重新评估。

第五节　签派放行程序

在日常工作中，签派员需要与维修、飞机排班、机组跟踪、客户服务、商务、航站/机场运行、气象、情报、性能等岗位联系协调以获得支持，并与机长共同对每次飞行的签派放行负责。签派员必须具备履行职责相应的运行经历，以及较好的管理、协调和决策能力。

航空器营运人及其代理人应当于航空器预计撤轮挡时间 2 小时 30 分钟前提交飞行计划。遇有特殊情况，经与计划受理单位协商，最迟不晚于航空器预计撤轮挡时间前 75 分钟提交飞行计划。国内航空器营运人执行国内飞行任务不得早于预计撤轮挡时间前 24 小时提交飞行计划；执行其他任务不得早于预计撤轮挡时间前 120 小时提交飞行计划。

一、放行评估流程

每一次飞行的签派放行前，责任签派员必须对影响飞行的各种因素进行分析，综合评估后与机长共同做出是否放行的决策。一般而言，影响飞行运行的因素总体可分为三大类，即人（飞行机组）、机（飞机状况）、环境（除人、机因素外的其他运行条件）。在各种运行条件符合放行要求的基础上完成运行飞行计划的制作，并提供有关放行资料和文件。

1. 飞行机组的分析

签派员根据航班运行需要，确保所有飞行机组必需成员满足相关运行技术资格及局方批复要求，例如，负责对飞行机组 RVSM 资质、HUD 资质、GLS、PBN（RNAV/RNPAPCH/RNPAR）资质、特殊机场资质和危险品资质进行再次核查，确保人员资质与航线需要匹配。

机组飞行时间及值勤时间限制：机组资源管理单位负责掌握飞行机组的年、月、周、日飞行时间，以及其资质、经历、搭配要求的正确性；责任签派员只分析飞行机组当日飞行时间、值勤时间是否超出局方的有关规定。

若责任签派员评估飞行机组安排不满足以上规定与要求，有权通知机组调度人员予以调整。

2. 飞机的分析

机务维修部门根据适航规定对航空器做出是否适航放行的决定，放行控制签派员则根据机务部门提供的有关飞机状况信息，对照 MEL/CDL 等适航类信息并根据航路天气等各种运行信息，对飞机是否适合执行本次航班、是否存在运行限制做出综合分析评估。

1）性能限制

飞机起飞、着陆等各种重量的限制，包括飞机爬升、越障、胎速、刹车能量等的限制，并结合起降机场的跑道情况（尺寸、标高、气温、摩擦系数等），在不利情况下（短跑道、高温、高原机场）尤其要重点考虑和计算，这将直接影响商载的大小。飞机的起飞、着陆的重量限制可以使用相应机型性能软件进行计算，机场的起飞分析手册和着陆分析手册可以作为备份。

对于高原机场等复杂区域运行，责任签派员应掌握有关单发飘降的程序。

2）飞机状况

飞机的故障保留情况是否符合 MEL/CDL 条款的规定，若不符合，则不能放行；若符合，则应按照 MEL/CDL 的相关要求实施放行，并且要考虑飞机在当前故障情况下可以飞行但受到的限制条件，比如降低高度要考虑燃油计划的调整、防滞刹车不工作要减载等。

3）机载设备

根据运行需要，对通信、导航、监视等设备进行分析，确保飞机具备相关特殊运行所需的通信、导航、监视等能力；保证每一架飞机与相应的空中交通管制单位之间，每一架飞机与相应的运行控制中心之间，以直接的或者通过经批准的点到点间的线路进行迅速可靠的通信联系；对涉及延伸跨水运行的救生设备以及飞机该次运行所需的导航设备等进行分析。一般对边远山区、国际运行时通信设备还有特殊要求。

3. 气象条件的分析

责任签派员必须收集所有可能影响飞行的、可获得的气象实况、预报，确认相应的天气实况报告、预报或两者的组合，表明在签派放行单中所列的每个机场的天气条件，在飞机起飞、航路飞行、预计到达时均处于或高于经批准的最低标准，否则不得签派放行飞机。签派员根据天气实况、预报、重要天气图、高空风温图、卫星云图、雷达图和航行通告，结合机场运行最低标准、机场特殊标准及相关规定、机场及航路相关信息进行评估，确定起飞机场、目的地机场、备降机场的最低天气标准，确定放行的计划使用航路。

> **小贴士**
>
> 机场预报应当包含对机场特定时段内预期气象情况的简要说明，并在特定的时间发布。机场预报的有效时段应当不小于 9 小时，不大于 30 小时。
>
> 有效时段小于 12 小时的机场预报应当每 3 小时发布一次；有效时段为 12～30 小时的机场预报应当每 6 小时发布一次。
>
> 为国内飞行提供服务的机场气象台应当编制和发布 9 小时机场预报（FC），为国际和地区飞行提供服务的机场气象台应当编制和发布 24 小时或 30 小时机场预报（FT）。编制和发布 24 小时或 30 小时机场预报（FT）的机场气象台不再编制和发布 9 小时机场预报（FC）。
>
> 9 小时机场预报（FC）有效时段为 2106、0009、0312、0615、0918、1221、1524 和 1803；24 小时机场预报（FT）有效时段为 0024、0606、1212 和 1818；30 小时机场预报（FT）有效时段为 0006、0612、1218 和 1824。
>
> 当连续两份或者两份以上 FC/FT 的有效时段的起始时间之间没有飞行活动时，可以只发布最后一份 FC/FT，但应当在飞行活动开始前 3 小时发布。
>
> 新发布的机场预报，应当理解为自动取消之前所发布的同一类型、同一机场、同一有效时段或有效时段一部分的机场预报。
>
> TAFZBAA262240Z2700/280634004MPS8000FEW004SCT030TX29/2706ZTX28/2806ZTN19/2721ZTEMPO2706/27082800TSRASCT010SCT020CBBECMG2724/28012000RABROVC010=
>
> 译文：北京首都国际机场发布的本场预报，发报时间 26 日 22:40（UTC），预报有效时间为 27 日 00:00（UTC）至 28 日 06:00（UTC）。地面风向 340°，风速 4 米/秒，能见度 8000

米，1~2个量的云，云高 120 米，3~4个量的云，云高 900 米。27 日最高气温 29 ℃，出现在 27 日 06:00（UTC），28 日最高气温 28 ℃，出现在 28 日 06:00（UTC），最低气温 19 ℃，出现在 27 日 21:00（UTC），预计在 27 日 06:00（UTC）至 27 日 08:00（UTC）之间有短时波动，能见度 2 800 米，中雷雨，3~4个量的云，云高 300 米，3~4个量的积雨云，云高 600 米，在 28 日 00:00（UTC）至 28 日 01:00（UTC）逐步变为能见度 2 000 米，中雨，轻雾，8个量的云，云高 300 米。

某公司获准使用以下来源气象资料示例（运行规范 A0019）：中国气象局各级气象机构及其服务公司；中国民航局各级气象服务机构及其服务公司（如民航气象中心、各地区气象中心、各地方空管站等）；国际公约缔约国官方气象服务机构；JEPPESEN 气象资料。

签派放行必须满足相关的机场运行和备降天气标准要求，实践中以运行手册为准；对于着陆天气标准包含云高要求的机场，云高一般是指云量为多云（BKN）或满天云（OVC）的最低云层的云底距机场标高的垂直距离。

第 121.623 条气象条件的熟悉：（a）对于国内、国际定期载客运行，飞行签派员在签派飞机前，应当完全熟悉所飞航路、机场的气象实况报告和预报，否则不得签派或者放行该次飞行。（b）对于补充运行，机长应当完全熟悉所飞航路、机场的气象实况报告和预报，否则不得开始该次飞行。

4. 航行通告的分析

每次飞行放行前，签派员需研究本次飞行涉及机场、区域的航行通告，从中分析影响本次飞行运行的各项因素，并将这些信息及时、准确地向飞行机组通报；签派员监控到对责任航班飞行有影响的航行通告信息后应着重分析。

当遇到台风、火山灰影响时，气象席位将台风、火山灰等恶劣天气警报或信息通知放行控制签派员，放行控制签派员考虑这些天气对所放行的航班航路、起飞机场、目的地机场及备降机场的影响。如果需要改航，航行情报席位应向放行控制签派员提供可用的改航航路，并对航路信息的正确性负责；放行控制签派员结合航行情报提供的可用改航航路，制订台风、火山灰影响下的签派放行措施。签派员对航行情报席位提供的有关公司航线影响的信息，进行放行评估和判断，结合航行情报席位提供的改航航路，制订签派放行措施。

5. 机场的分析与评估

责任签派员初始签派或者放行时对目的地机场是否属于运行规范批准用于该型飞机的正常使用机场、临时使用机场或者加油机场进行评估。责任签派员对机场的道面情况及综合保障能力进行分析，道面情况主要是评估湿滑/污染情况下对载量和航班起降的影响。在下雨、下雪等情况下，评估道面状况对性能的影响。

根据航班性质为目的地机场选择合适的备降机场，针对航路选择合适的航路备降机场。签派员应该确保该次运行所选择的航路和列入签派放行单的起飞、目的地和备降机场都满足公司运行规范和运行手册的要求。

6. 航路的分析

签派员要检查所飞区域或航路是否在运行规范中得到批准；检查所飞区域是否可以进行

EDTO 运行，如果涉及 EDTO 运行，则放行条件要满足 EDTO 运行的要求；检查所飞航路是否涉及极地运行，如果是极地运行，则要满足极地运行的要求；检查航线是否涉及释压飘降分析，检查紧急备降机场的可用情况，熟悉释压备降程序；对于航路上有危险天气或火山灰影响时，签派员应制订改航及绕飞方案，同时考虑对燃油及业载的影响；了解航路上通信及导航覆盖情况，熟悉相应的应急措施。

7. 评估航班的相关性能限制及运行限制

放行控制签派员根据后台维护的起飞一发应急、飘降信息、供氧信息、MEL 信息、起飞分析等数据检查该次飞行的飞机、机组以及所飞航线和机场情况，是否存在相应的运行限制，数据维护单位对其维护数据的准确性负责。

8. 评估放行油量

根据计算机飞行计划或公司的燃油规定（采用固定油量时），结合天气情况、航行情报资料、飞机状况等，对该次飞行的起飞油量做出正确的评估。

9. 评估航班业载限制

载重平衡人员为每次飞行制作并签发装载舱单，交机长核实其正确性。载重平衡人员对其制订的装载舱单的正确性负责，机长在收到并核实装载舱单正确无误后方可起飞。飞行签派员则根据天气情况、起飞跑道、落地跑道、飞机适航（MEL 和 CDL）等确定最大允许起飞全重。当航班出现业载限制时，应对其影响因素进行分析，可采取合理手段进行处理，如果仍然减载，签派员将最终决策的限制信息通知配载单位。当出现油量变更时，签派员或机长应重新评估，确保满足公司燃油政策及业载限制，舱单可由机长手动修正。

10. 添加航班注释

根据航班性质，添加航班保障注意事项，如 MEL/CDL 相关信息、要客保障、特殊旅客保障、飞机交换、重要天气提醒、鸟情通告等。

11. 生成 FPL

放行控制签派员根据后台维护的数据自动生成 FPL 报文，并负责核实 FPL 中航路数据、高度信息、飞机设备等项目是否齐全，数据维护单位负责所维护信息的准确性。签派员可以根据最新的航行通告、MEL、性能限制、区域运行的要求，更改 FPL。

12. 班组放行会商

签派员在放行班组长的领导下对全公司航班进行放行控制。值班组长要根据公司运力部署、运行情况及签派资源力量，合理分配工作任务。同时，值班组长要加强对危险天气、有故障信息或 MEL/CDL 保留的飞机、重要航行通告等要素的监控，加强对运行环境的总体监控，做好运行标准边缘、特殊运行，或有运行限制情况下的班组放行会商。

二、放行决策

飞行签派员在完成放行评估后，认为该次飞行各项条件均符合公司的运行标准和要求，方可做出放行许可；当出现不符合公司运行标准要求的情况时，对放行应做出延误、终止或变更的决策。不允许放行飞机的情况如下：

（1）机组未达到最低定员配置要求，或由于思想、技术、身体等原因，不适于该次飞行。

（2）机组未进行飞行前准备，未制订防劫持预案或者准备质量不合格。

（3）飞行机组未校对该次飞行所需的航行情报资料。

（4）飞行机组未携带飞行任务书、签派放行单、气象情报、飞行人员执照、航行资料及其他必需的各类飞行文件或机载资料不全。

（5）飞机存在低于 MEL 的故障。

（6）飞机表面覆盖有冰、雪、霜。

（7）低于规定数量的航行备用燃油。

（8）装载超重或载重不符合规定（通过 FOC 系统的舱单分解功能来检查确认）。

（9）航线或机场的地面保障设施发生故障，不能保证飞行安全。

（10）在禁区、危险区、限制区和机场宵禁的有效时间内。

（11）机场关闭。

三、签派放行文件的准备

放行签派人员通过 FOC 系统（航班运行控制系统）完成放行评估工作，对外拍发放行电报（署有签派员电子签名），检查放行资料的准确性和完整性后打包上传。放行资料包括：

（1）飞行任务书。

（2）签派放行单。

（3）运行飞行计划。

（4）最新可得的天气资料：机场（起飞机场、航路、目的地机场和备降机场）实况报和预报、重要天气图、高空风温图。

（5）航行通告 NOTAM。

（6）飞机故障保留信息。

（7）飘降和供氧简令。

（8）重要提示信息（VIP 要客信息单及其他提示信息）（若有）。

机长应当将签派放行资料随机携带到基地，签派放行资料至少保存 3 个月。

四、放行讲解

在开始飞行之前，飞行签派员向飞行员讲解放行条件。

讲解形式：口头讲解（直接讲解，或通过电话、甚高频、ACARS 通信系统、卫星电话、

EFB 电子飞行资料包等）和签派注释。

讲解内容应包括但不限于：

（1）起飞、目的地和备降机场及航路的最新天气情况及发展趋势分析。

（2）ATC 有关信息，如起飞/落地延误、流量控制、航路或高度情况。

（3）最新航行通告，如机场运行条件报告、限制运行的因素（如宵禁等）。

（4）燃油供应告急和措施。

（5）预计不正常情况下的备用计划。

（6）MEL 项目运行限制。

（7）特殊机场（航线）提示等。

机长对放行有异议时，可与飞行签派员进行沟通协商，共同研究放行。无法消除异议时，由值班经理决定采纳安全裕度较高的意见实施。

五、机组协同

责任机长与责任签派员在各自独立分析、评估并取得一致意见的基础上，一致同意以下内容：

（1）运行类型。

（2）机组搭配满足该次运行的要求。

（3）确定气象条件符合仪表飞行规则最低天气标准。

（4）放行将延伸的航站。

（5）一个或多个备降机场。

（6）跑道情况满足要求。

（7）通信导航设施满足该次运行的要求。

（8）飞机性能满足该航线的运行要求（包括运行规范中规定的特殊机场和特殊飞行程序的要求）。

（9）飞机状况满足 MEL/CDL 等运行要求。

（10）所需加注的燃油量。

（11）最大起飞全重和其他标准重量限制。

（12）飞行符合公司的规定。

六、初始签派或者放行、重新或者更改签派或者放行

（1）对合格证持有人可以指定任一经批准用于该型飞机的正常使用机场、临时使用机场或者加油机场，作为初始签派或者放行的目的地机场。

（2）在签派或者放行单中指定的备降机场的天气预报，应当表明在飞机预计到达该备降机场时，备降机场的天气条件将等于或者高于运行规范中对该机场规定的备降最低天气标准，否则，飞行签派员和机长不得允许该次飞行继续向所签派或者放行的机场飞行。但是，签派

或者放行单可以在航路上予以更改，增加任何处在 CCAR-121 规则第 121.657 条至第 121.663 条规定的飞机燃油范围内的备降机场。

（3）飞机在航路上飞行时，任何人不得更改初始签派或者放行单上指定的初始目的地机场或者备降机场。如果确有必要改变为另外的机场时，则该机场应当是经批准用于该型飞机的，并且在重新签派或者更改签派或者放行单时，应当符合 CCAR-121 规则第 121.173 条和第 121.621 条至第 121.675 条的相应要求。

（4）当涉及更改空中交通服务飞行计划时，应当预先和有关的空中交通管制部门取得协调。任何人在航路上对签派或者放行单的更改，合格证持有人应当对更改的内容进行记录。

七、国内、国际定期载客运行从备降机场和未列入运行规范的机场起飞

1. 从备降机场起飞

从备降机场起飞时，该机场的天气条件应当至少等于合格证持有人运行规范中对于备降机场规定的最低天气标准。

2. 在未列入运行规范的机场起飞时，应当符合的条件

（1）该机场和有关设施适合于该飞机运行。

（2）驾驶员能遵守飞机运行适用的限制。

（3）飞机已根据适用于从经批准的机场实施运行的签派规则予以签派。

（4）该机场的天气条件等于或者高于机场所在地民航当局批准的或者规定的起飞最低天气标准，或者如该机场没有批准的或者规定的标准时，云高/能见度（VIS）等于或者高于 240 米/3 200 米（800 英尺/2 英里），或者 270 米/2 400 米（900 英尺/1.5 英里），或者 300 米/1 600 米（1 000 英尺/1 英里）。

3. 飞至或飞离加油机场或临时使用机场

在签派飞机飞至或飞离加油机场或临时使用机场时，飞行签派员或机长必须确认运行条件符合公司运行规范中对该机场的要求。

八、不安全状况中继续飞行

当机长或者飞行签派员（仅国际和国内定期载客运行时）认为该次飞行不能安全完成时，除非该机长认为已经没有更安全的程序可以执行，机长不得允许该次飞行继续飞往所签派或者放行的机场。在这种情况下，继续飞往该机场就处于 CCAR-121 部规定的紧急状态。

如果用于该种运行的任何仪表或者某一设备在航路上失效，机长应当遵循在合格证持有人手册中规定的适用于该情况的经批准程序。

九、结冰条件下的签派放行

（1）当机长或者飞行签派员（仅在国内定期和国际定期运行时）认为，在航路或者机场上，预料到的或者已遇到的结冰状况会严重影响飞行安全时，任何人不得签派或者放行飞机继续在这些航路上飞行或者在这些机场着陆。

（2）当有霜、雪或者冰附着在飞机机翼、操纵面、螺旋桨、发动机进气口或者其他重要表面上，任何人不得使飞机起飞。

（3）在某种条件之下，当有理由认为，霜、冰、雪会附着在飞机上时，任何人不得签派或者放行飞机或者使其起飞；但该合格证持有人在其运行规范中具有经批准的地面除冰防冰大纲并且其签派或者放行、起飞都符合该大纲要求的除外。经批准的地面除冰防冰大纲应当至少包括下列项目：

① 详细规定如下内容：

a. 合格证持有人确定结冰条件的方法，在这种条件下，有理由认为霜、冰、雪会附着在飞机上，并且应当使用地面除冰防冰操作规程。

b. 决定实施地面除冰防冰操作规程的负责人。

c. 实施地面除冰防冰操作规程的程序。

d. 在地面除冰防冰操作规程实施时，负责使飞机安全离地的每一运行职位或者小组的具体工作和职责。

② 飞行机组必需成员的初始、年度定期地面训练和检查，飞行签派员、地勤组、代理单位人员等其他有关人员的资格审定。训练和检查的内容为包括下列方面的经批准大纲中的具体要求和人员职责：

a. 保持时间表的使用。

b. 飞机除冰防冰程序，包括检验、检查程序和职责。

c. 通信程序。

d. 飞机表面附着的霜、冰或者雪等污染物和关键区的识别，以及污染物严重影响飞机性能和飞行特性的说明。

e. 除冰防冰液的型号与特性。

f. 寒冷天气飞行前的飞机检查程序。

g. 在飞机上识别污染物的技术。

③ 合格证持有人的保持时间表和合格证持有人工作人员使用这些时间表的程序。保持时间是指除冰防冰液防止在飞机受保护表面结冰、结霜或积雪的预计时间。保持时间开始于最后一次应用除冰防冰液的开始时刻，结束于应用在飞机上的除冰防冰液失效的时刻。保持时间应当由局方认可的数据所证明。合格证持有人的大纲应当包括，在条件改变时飞行机组成员增加或者减少所定保持时间的程序。大纲中应当规定在超过合格证持有人保持时间表上最大保持时间后，只有在至少符合下列条件之一时才能允许起飞：

a. 进行起飞前污染物检查，查明机翼、操纵面和合格证持有人大纲中定义的其他关键表面没有霜、冰或者雪。

b. 根据合格证持有人经批准的大纲，使用经局方认可的备用程序，以与上述不同的方法查明，机翼、操纵面和合格证持有人大纲中定义的其他关键表面没有霜、冰或者雪。

c. 机翼、操纵面和其他关键表面已重新除冰并确定了新的保持时间。

④ 飞机除冰防冰程序和职责、起飞前检查程序和职责以及起飞前污染物检查程序和职责。起飞前检查是指在保持时间之内，检查飞机的机翼或者有代表性的表面有无霜、冰或者雪的情况。起飞前污染物检查是通过检查，确认机翼、操纵面和合格证持有人大纲中定义的其他关键表面没有霜、冰或者雪。这种检查应当在开始起飞前 5 分钟之内进行。该检查应当在飞机外部完成，但大纲中另有规定的除外。

（4）合格证持有人如果没有要求的大纲，也可以按照本条继续运行，但是，在其运行规范中应当规定任何时候只要有理由认为霜、冰和雪可能会附着在飞机上，飞机就不得起飞。但经过检查确认没有霜、冰和雪附着在机翼、操纵面和其他关键表面上时除外。该检查应当在开始起飞前 5 分钟之内进行，并且应当在飞机外部完成。

十、二次放行

不可预期燃油是用于应对领航误差、天气预报误差、空中交通延误等，但是随着民航技术的发展，这部分燃油被消耗的可能性大大减少。在长距离国际航线飞行时，为了充分利用这部分燃油，达到增加飞机业载和减少燃油消耗的目的，二次放行是灵活利用燃油政策和空中更改签派放行的一种放行模式。

二次放行是指航路上有计划的重新签派或重新放行，它的程序是将整条航路分为两段放行，先签派放行飞机到初始目的地机场，然后在计划的二放点做二次放行，飞机飞行到最终目的地机场。初始签派放行单/飞行放行单中指定的目的地机场为初始目的地机场，与之对应的是最终目的地机场。利用初始目的地机场做出运行飞行计划并在到达二放点时判断剩余燃油是否在满足公司燃油放行标准的前提下足以继续飞往最终目的地机场，如果燃油不足，则应改航飞往初始目的地机场加油后再飞往最终目的地机场。

重新签派或重新放行位置点简称为二放点，该点是预先确定的空中一点（通常选择航程 70%～90%的点作为最佳载运效益点），飞达此点时飞行机组应判断剩余燃油是否足以安全地继续飞往最终目的地机场，如燃油不足则应改航飞往初始目的地机场着陆加油。二放点必须是起飞机场到初始目的地机场的航路与起飞机场到最终目的地机场的共同航路点，此点必须在初始签派放行单和运行飞行计划中明确。

机组报告点是二放点前的一个点，用于获得计算从二放点再次签派放行飞机至最终目的地机场所需最小油量的数据。一般情况下，此点是航路上预计到达二放点前 1.5～2 小时航程的某一点。通信测试点是为保证实施二次放行，选择距航路上二放点前 2.5～2 小时航程的某一点，提前测试地空通信质量。

制订二次放行飞行计划的关键在于合理选择二次放行点和初始目的地机场。为了减少起飞油量但又符合规则要求，在保证飞行安全的前提下，可以先将航班签派飞往近于最终目的地机场的一个初始目的地机场，然后在一个适当的空中航路点（二次放行点 R），根据当时的机上剩余油量和其他放行条件，实施从二次放行点到最终目的地机场的二次放行。如图 8-2 所示，在起飞机场的起飞油量按照初始目的地机场 C、初始目的地备降机场 D 计算，油量应符合运行手册的油量规定，其中应包括由 A 到 C 的不可预期燃油。

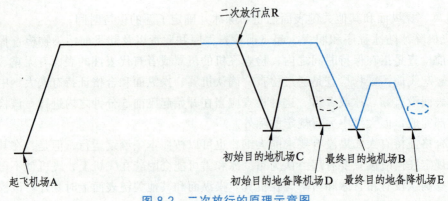

图 8-2　二次放行的原理示意图

在去初始目的地机场 C 的下降点或稍前的一点 R 检查油量,若剩余燃油足以保证由 R 飞到 B,并继续飞行由 R 到 B 着陆的这段,还能由 B 飞到 E 后,剩余 30 分钟最后储备燃油,则表明在 R 点符合燃油规定,可以不用飞往 C 着陆,而是在 R 点再次放行到 B;反之,则飞往 C 着陆,补充燃油后再飞往最终目的地 B。

第六节　延程运行(EDTO)与极地运行

一、定　义

1. 经批准的一台发动机不工作的巡航速度

经批准的一台发动机不工作的巡航速度是指合格证持有人选定且经局方批准的在飞机使用限制范围内的一个速度,用于:

(1)计算一台发动机不工作时所需燃油。

(2)确定在延程运行中飞机能否在批准的最大改航时间内飞抵延程运行指定备降机场。

2. 门限时间(Threshold time)

门限时间是指在标准条件下静止大气中,以经批准的一台发动机不工作时的巡航速度飞行 60 分钟对应的飞行航程(以时间表示)(以两台涡轮发动机为动力的飞机)或 180 分钟对应的飞行航程(以时间表示)(以多于两台涡轮发动机为动力的载客飞机)。

3. 延程运行(EDTO)

延程运行是指在飞机计划运行的航路上至少存在一点,到任一延程运行(EDTO)可选备降机场的距离超过飞机在国际标准大气和静止空气条件中,以经批准的一台发动机不工作时的巡航速度飞行 60 分钟对应的飞行距离(以两台涡轮发动机为动力的飞机)或者超过 180 分钟对应的飞行距离(以多于两合涡轮发动机为动力的载客飞机)的运行,如图 8-3 所示。

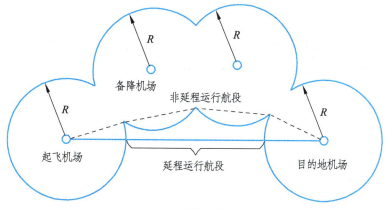

图 8-3　延程运行示意图

4. 延程运行可选备降机场（Suitable EDTO Alternate）

延程运行可选备降机场是指对于特定延程运行航线，不考虑当时的临时状况，列入合格证持有人运行规范的可选的航路备降机场。这些机场必须满足 CCAR-121.197 条规定的着陆限制要求。它可能是下列两种机场之一：

（1）经审定适合大型飞机公共航空运输承运人所用飞机运行的，或等效于其运行所需安全要求的机场，但不包括只能为飞机提供救援和消防服务的机场。

（2）对民用开放的可用的国内外军用机场。如果某军用机场满足合格证持有人安全运行的基本要求，其军方主管部门以某种形式宣布向民用航空提供紧急情况下备降的服务支持，合格证持有人已经获得该机场运行的必要资料并且向局方证明可以在延程运行期间随时与该机场运营人之间建立可靠的通信联系，则可以将该军用机场列为延程运行可选备降机场。

5. 延程运行指定备降机场（Designated EDTO Alternate）

延程运行指定备降机场是指列入了合格证持有人的运行规范，并且考虑到当时的状况，在签派或飞行放行时预计可以供延程运行改航备降使用的，在签派或飞行放行中指定的航路备降机场。这一定义适用于飞行计划，并不限制机长在最终改航备降决策时根据实际情况选择其他的备降机场。

6. 延程运行区域（EDTO Area）

延程运行区域是指对于以两台或两台以上涡轮发动机为动力的飞机，超过其门限时间才能抵达一个延程运行可选备降机场的区域。

7. 延程运行航线（EDTO Route）

延程运行航线是指计划航路上，包括灵活航路，至少有一点处在延程运行区域中的航线。在这样的航线上实施延程运行需要获得局方的批准，并在运行规范中列明。特定的延程运行航线是通过起飞机场和目的地机场以及两者之间的航路来确定的。

8. 延程运行航段（EDTO Segment）

延程运行航段是指计划航路上处在延程运行区域中的部分。一条延程运行航线上可能存在多段延程运行航段。每一段延程运行航段都是由前后两个延程运行指定备降机场来确定的。

9. 延程运行进入点（EDTO Entry Point，EEP）

延程运行进入点是指延程运行航路上进入延程运行航段的进入点。

10. 延程运行等时点（EDTO Equal-time Point，ETP）

延程运行等时点是指延程运行航路中的一点，考虑到预计飞行高度和预报风的影响，自该点以经批准的一台发动机不工作的巡航速度飞向相邻两个延程运行指定备降机场的计划飞行时间是相等的，如图 8-4 所示。

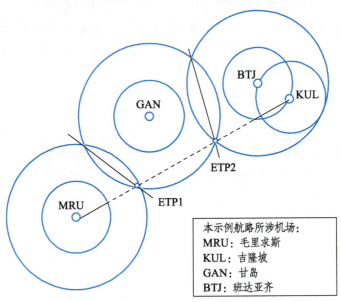

图 8-4　等时点示例（120 分钟）

11. 延程运行退出点（EDTO Exit Point，EXP）

延程运行退出点是指延程运行航路上退出延程运行航段的退出点。

12. 批准的最大改航时间（Maximum Authorized Diversion Time）

批准的最大改航时间是指为了延程运行航路计划之用，经局方批准在合格证持有人运行规范中列明的延程运行可使用的最大改航时间。在计算最大改航时间所对应的飞行距离时，假设飞机在标准条件下静止大气中以经批准的一台发动机不工作的巡航速度飞行。对于某特定机身发动机组合，批准的最大改航时间对应的是经局方批准的最大改航距离。

13. 最早预计到达时刻（Earliest ETA）

最早预计到达时刻是指对于每一延程运行指定备降机场，假设飞机飞抵前一个相关等时点后以经批准的一台发动机不工作的巡航速度直线飞抵该机场的时刻。

14. 最晚预计到达时刻（Latest ETA）

最晚预计到达时刻是指对于每一延程运行指定备降机场，假设飞机飞抵下一个相关等时点后以经批准的一台发动机不工作的巡航速度直线飞抵该机场的时刻。

15. 指定备降机场的改航备降关注时间段

指定备降机场的改航备降关注时间段是指从最早预计到达时刻开始，至最晚预计到达时刻之间的时间范围。

16. 燃油关键点（Fuel Critical Point）

延程运行航线各等时点中，所需临界燃油量大于根据正常备份油量计算出的飞行计划中在该点的预计剩余燃油量且差值最大，或者，所需临界燃油量等于或小于根据正常备份油量计算出的飞行计划中在该点的预计剩余燃油量且差值最小，该点被称为燃油关键点。

17. 临界燃油量（Critical Fuel）

假设飞机在燃油关键点一台发动机失效，按照合格证持有人延程运行临界燃油量的相关要求，飞抵延程运行指定备降机场所需的最少燃油量。

18. 旅客航程恢复计划（Passenger Recovery Plan）

在航班改航备降之后，合格证持有人应当恰当地安置旅客和机组，保障旅客和机组的基本生存条件，满足旅客和机组的基本需要，并尽快安排旅客恢复其前往原定目的地的旅程。针对上述整个过程，合格证持有人所制订的方案就是旅客航程恢复计划。

19. 极地运行可选改航机场（Suitable Polar Operations Diversion Airport）

极地运行可选改航机场是指在运行规范中列明的适用于所飞极地航线和所飞机型的极地运行航路备降机场。

20. 极地运行指定改航机场（Designated Polar Operations Diversion Airport）

极地运行指定改航机场是指在签派或飞行放行中，考虑到预计的天气等条件，合格证持有人指定的符合备降机场条件要求的极地运行航路备降机场。

21. 延程运行合格人员

延程运行合格人员是指圆满完成了合格证持有人的延程运行培训，为合格证持有人从事延程运行相关工作的人员。

22. 延程运行关键系统（EDTO Significant System）

延程运行关键系统是指包括发动机在内的飞机系统，其失效或发生故障时会危及延程运行安全，或危及飞机在延程运行改航备降时飞行和着陆的安全。延程运行关键系统被分为一类和二类延程运行关键系统：

（1）一类延程运行关键系统为（EDTO Group1Significant System）：

① 对飞机发动机数量所提供的安全裕度产生直接影响的，具有"失效后安全"特征的系统。

② 在发生故障或失效时可能导致空中停车、推力控制丧失或其他动力丧失的系统。

③ 能在一台发动机失效时提供额外的安全裕度，进而显著提高延程运行改航备降过程中安全水平的系统。

④ 在一台飞机发动机不工作的飞行高度上保持长时间运行必不可少的系统。

（2）二类延程运行关键系统（EDTO Group2 Significant System）是除一类延程运行关键系统之外的延程运行关键系统。二类延程运行关键系统的失效不会导致航空器飞行性能的丧失或客舱环境问题，但可能导致航空器返航或改航备降。

23. 时限系统

时限系统是指那些预计在导致飞机改航备降的最临界的情况出现后，为了保障改航备降的安全运行必须持续工作，且具有最高连续工作时间限制的飞机系统。其典型的例子是货舱抑火系统。

24. 构型、维修和程序（Configuration Maintenance and Procedures，CMP）文件

构型、维修和程序是指为了满足延程运行型号设计批准的要求，经局方批准的特定机身发动机组合的构型、维修和程序文件。该文件包括最低构型、运行和维修相关要求、硬件寿命限制和最低设备清单等。

25. 空中停车（In-Flight Shut-Down，IFSD）

空中停车是指飞机在空中，发动机因其自身原因诱发、飞行机组引起或外部因素导致的失去推力并停车。

26. 双重维修（Dual Maintenance）

双重维修，或者称为相同维修、多重维修、同时维修，是指对相同或相似的延程运行关键系统实施的维修。"相同的"延程运行关键系统中进行的双重维修是指在同一次例行维修或非例行维修时，对相同的但是独立的延程运行关键系统的相同部件进行的维修。"相似的"延程运行关键系统的双重维修是指在同一次维修中，对两个发动机中发动机驱动部件所实施的维修。

27. 北太平洋区域

北太平洋区域是指北纬40°以北的太平洋区域，主要包括：北太平洋空中交通服务航路，以及公布的位于日本和北美之间的北太平洋编组航路系统（PACOTS）中的航路。

28. 偏远机场（Remote Airport）

偏远机场是指坐落在人烟稀少、可用机场分布稀少的区域，距离其他机场距离较远，较少被使用的机场。

29. 极地区域（Polar Area）

极地区域包括北极区域和南极区域。

30. 北极区域

北极区域是指北纬 78°以北的整个区域。

31. 南极区域

南极区域是指南纬 60°以南的整个区域。

32. ER

某些飞机制造厂家和合格证持有人在 MMEL 和 MEL 中使用的缩略词，用来表示延程运行。但是在其他很多情况下，这个缩略语仅仅是指飞机具备更长的续航能力。

33. 程序（Process）

程序是为了在持续进行的工作中获得期望的结果，按照固定模式实施的一系列步骤和过程。

34. 程序的验证（Process Verification）

如果在程序中，明确定义并落实了下列要素，那么可以确定该程序已经获得了验证：

（1）程序中的要素被准确定义并形成文件。

（2）程序中相关的岗位和职责被准确定义。

（3）对于程序和程序中要素的验证包括：程序稳定性和可靠性的指标；验证和监控（测量）的参数；评估和验证的周期。

（4）实际运行中，保证程序有效性和可靠性的监控方法。

二、延程运行的规定和运行要求

1. 延程运行的各项相关规定的主要目的

（1）减少改航备降的发生。

（2）如果确实发生了改航备降，保障改航备降运行的安全。无论改航备降的原因是技术原因（飞机系统或发动机相关的问题），还是非技术原因，合格证持有人都必须建立一套飞行运行方案来保障改航备降运行的安全。

2. 延程运行区域

局方可根据 CCAR-121 部 W 章中规定的要求和限制批准不同的延程运行区域。延程运行必须在合格证持有人的运行规范中进行批准，并且按照 CCAR-121 部的延程运行适用条款实施。

（1）在用延程运行改航备降距离来计算延程运行区域的时候，可以充分利用飘降所获得的距离。

（2）只要飞行是在经批准的延程运行区域内实施，并且满足时限系统要求，考虑到航路限制、风、温度等条件因素的影响，计划或实际的改航备降飞行时间是可能超过经批准的最大改航时间的。

3. 延程运行指定备降机场的要求

（1）延程运行的基本理念就是在飞机系统部分或全部失效的时候，始终有合适的航路备降机场供选择。大部分时候，飞机在航路上一定范围内有多个航路备降机场可用。但是，实施延程运行的合格证持有人会遇到，在飞机某些时限系统的时间限制范围内，只有一个合适备降机场的情况。因此，延程运行指定备降机场必须有条件保障飞行运行的安全。在延程运行指定备降机场的关注时间段内，天气条件不得低于运行最低标准，且风和跑道道面的条件允许飞机在一台发动机失效或其他系统失效的情况下安全进近和着陆。如果某机场的其他条件符合要求，仅仅是 PCN 值略低于 ACN 值（可参考 ICAO 附件 14 第一卷附篇 A 中 20.1、20.2 等相关条款），该机场是可以接受作为备降机场的。合格证持有人应当针对这种情况制定一套程序和标准，指导机组人员和签派员或合格证持有人授权实施运行控制的人员做出合理的决策。

（2）签派或飞行放行时，在延程运行指定备降机场的关注时间段内，延程运行指定备降机场预报的天气条件不得低于延程运行备降机场最低标准，即咨询通告 AC-121-FS-2019-009R2 中"延程运行指定备降机场天气最低标准"，具体的内容在合格证持有人的运行规范中予以列明。如果不同时作为延程运行指定备降机场，起飞和目的地机场不需要满足延程运行指定备降机场天气最低标准。

（3）飞机起飞后，延程运行指定备降机场的天气预报必须满足运行最低标准。其他航路备降机场的可用性取决于该机场的实际天气和场面条件。

（4）飞机经过延程运行进入点之后，如果延程运行指定备降机场的天气条件恶化至低于运行最低标准，不要求修改飞行计划。机组和签派员应当实时监视其他延程运行可选备降机场的可用性，并做出恰当的决策。

（5）对于对运行有特殊限制的机场，如果合格证持有人无法满足其要求，则不应将其作为延程运行指定备降机场。

4. 运行和系统可靠性的要求

（1）包括延程运行在内的远程飞行运行安全依赖于飞机各个关键系统的可靠性。时限系统的时间限制必须予以遵守。合格证持有人应建立一套方案持续监控延程运行关键系统的可靠性。

（2）为了获得并保持所需的发动机可靠性水平，合格证持有人应当评估其维修方案和可靠性方案的有效性。合格证持有人应当建立飞行运行程序和相应的维修方案，以防止延程运行的改航备降，并在发生改航备降的情况下保障改航备降运行的安全。延程运行维修方案应当最大限度地降低由于程序设计错误和人为差错导致的安全影响。燃油计划必须考虑在结冰条件下飞机座舱释压和发动机失效等特殊情况。

236

5. 延程运行的飞行运行要求

（1）飞机性能数据。

合格证持有人应保证飞行机组人员和签派员或合格证持有人授权实施运行控制的人员可以获得其延程运行所有阶段（包括改航备降阶段）所需的飞机性能数据，否则不能签派或飞行放行飞机实施延程运行。飞机性能数据包括以下信息：

① 一台发动机失效性能数据，包括在标准和非标准大气条件下，与空速和推力设定值所对应的燃油流量。该数据包括：飘降（包括净性能）；3 048 米（10 000 英尺）的巡航高度范围等待；高度能力（包括净性能）。

② 全发运行性能数据，包括在标准和非标准大气条件下，与空速和推力设定值所对应的燃油流量。该数据包括：3 048 米（10 000 英尺）的巡航高度范围；等待；在延程运行中，其他所有能导致性能严重降低的状况，如飞机未保护表面的积冰，使用冲压涡轮（RAT）和反推的情况。

（2）航路运行中的机场信息。

① 航路运行中的备降和改航机场必须符合 CCAR-121.713 要求。合格证持有人的旅客航程恢复计划依据咨询通告《延程运行和极地运行》（AC-121-FS-2019-009R2）第 4.3.4（5）项的要求。

② 合格证持有人的工作程序应当确保，在延程运行航段中，飞行机组可以获得在飞行计划航路上的最大改航能力范围之内的一系列可供使用的备降或改航机场的当前天气和运行信息，以便适当处置特殊情况。当计划改航时，所有适当的设施信息和其他与这些机场有关的数据都应当及时以清楚、简明易用的方式向飞行机组提供。

③ 所有从事载客运行的合格证持有人的运行手册或者等效文件中必须符合 CCAR-121.716 条要求。

（3）签派或飞行放行。

① 延程运行备降机场。合格证持有人不得签派或飞行放行延程运行飞机，除非所需的起飞机场、目的地机场和备降机场，包括延程运行备降机场，都在驾驶舱所能获得的签派或飞行放行资料中列明。因为延程运行指定备降机场的用途不同于目的地备降机场，通常会在一台发动机失效或者飞机主要系统失效的情况下被使用，所以，只有某一机场的服务和设施足以满足系统失效情况下的改航备降要求，合格证持有人才可以在飞行签派或飞行放行资料中将该机场列为延程运行指定备降机场。获得使用双发飞机超过 180 分钟延程运行批准的合格证持有人，只有在计划飞行航路上没有 180 分钟改航距离内的延程运行可选备降机场的情况下，才可以使用双发飞机实施超过 180 分钟的延程运行。离计划航路更近的延程运行可选备降机场应当优先被考虑作为延程运行指定备降机场。

② 飞行计划限制。

a. 对于不超过 180 分钟的延程运行，在标准条件下静止大气中，以经批准的一台发动机失效巡航速度备降至计划的延程运行指定备降机场所需的时间，不能超过该飞机时限最严格的延程运行关键系统（包括货舱抑火装置）所规定的最长时间限制减去 15 分钟。

b. 对于双发或多于两台发动机的飞机超过 180 分钟的延程运行，在正常的全发巡航高度，修正了风和温度的影响，以全发运行的巡航速度备降至计划的延程运行指定备降机场所需的时间，不能超过该飞机抑火系统的最大合格审定时限减去 15 分钟。

c. 对于双发飞机超过 180 分钟的延程运行，在正常的一台发动机失效巡航高度上，修正了风和温度的影响，以经批准的一台发动机失效巡航速度备降至计划的延程运行指定备降机场所需的时间，不能超过该飞机延程运行关键系统（不包括货舱抑火系统）最大时限减去 15 分钟。

③ 着陆距离。对于计划使用的跑道，其公布的可用着陆距离，在飞机飞行手册着陆性能数据的基础上必须满足 CCAR-121.197 条中规定的着陆距离限制。机场标高、风、气温、道面状况以及飞机操纵特性都应当予以考虑。

④ 机场救援和消防服务（RFFS）。

a. 在签派或飞行放行资料中列出的每一个延程运行指定备降机场，其国际民航组织（ICAO）机场救援和消防服务（RFFS）等级必须符合以下要求：

不超过 180 分钟的延程运行，ICAORFFS4 级或以上。

超过 180 分钟的延程运行，ICAORFFS4 级或以上。

此外，飞机在运行期间必须始终保持在 ICAORFFS7 级或等效级别的延程运行可选备降机场的延程运行最大改航时间范围圈之内。必须在计划航路的整个延程运行航段上考虑合适的 RFFS7 级机场的可用性。

b. 如果机场不能立即提供满足要求的消防救援设备和人员，必须有能力从邻近的市镇或者其他地方获得额外的消防支援。合格证持有人必须确保邻近设施能够在合理的时间内对协助救火的请求做出回应。在改航的航路运行过程中，如果当地资源可以及时被告知，30 分钟的响应时间是可以接受的。在实际运行中，30 分钟响应时间并不是指在所有情况下消防设备必须在 30 分钟之内到位，而是指这些设备必须在改航备降飞机抵达时到位。

⑤ 延程运行指定备降机场最低天气标准。

如果在延程运行指定备降机场的关注时间段内，可用的最新的天气预报表明，该机场的气象条件不低于延程运行指定备降机场天气最低标准（见表 8-7），则该机场可以在飞行计划和签派或飞行放行单中列为延程运行指定备降机场。运行规范中应当列明延程运行航线的所有延程运行可选备降机场。运行规范中还应当列明这些机场作为延程运行指定备降机场时的最低天气标准。运行规范中延程运行指定备降机场最低天气标准的制订通常可以使用表 8-8。

表 8-7 延程运行指定备降机场天气最低标准

进近设施配置	云高	能见度
对于至少有一套可用进近设施的机场，其进近设施能提供直线非精密进近程序、直线类精密进近程序或直线 I 类精密进近程序，或在适用时可以从仪表进近程序改为盘旋机动	最低下降高（MDH）或者决断高（DH）增加 120 m（400 ft）	着陆最低能见度增加 1 600 m（1 mi）
对于至少有两套能够提供不同跑道直线进近的可用进近设施的机场，其进近设施能提供直线非精密进近程序、直线类精密进近程序或直线 I 类精密进近程序（应选择两个服务于不同适用跑道的进近设施）	相应直线进近程序的决断高（DH）或最低下降高（MDH）较高值上增加 60 m（200 ft）	着陆最低能见度较高值上增加 800 m（1/2 mi）

进近设施配置	云高	能见度
对于至少一套Ⅱ类精密进近程序的机场	云高不得低于 90 m（300 ft）	着陆最低能见度不得低于 1 200 m（3/4 mi），或跑道视程（RVR）不得低于 1 200 m（4 000 ft）
对于至少一套Ⅲ类精密进近程序的机场	云高不得低于 60 m（200 ft）	着陆最低能见度不得低于 800 m（1/2 mi），或跑道视程（RVR）不得低于 550 m（1 800 ft）

注：① 在确定所使用的仪表进近程序时，应当考虑到其他的相关因素。预报的风或阵风值不得超过运行限制值。

② 一般不需要考虑条件性天气预报的内容，如 INTER、TEMPO、PROBXX 等后面的内容，但是如果 PROB40 或者 TEMPO 的内容低于适用的运行最低标准，则必须加以考虑。

③ 当按照 MEL 的条款实施签派或飞行放行，在确定延程运行指定备降机场天气最低标准的时候，必须考虑 MEL 项目限制对仪表进近最低标准的影响。

④ 类精密进近按照非精密进近标准执行。

⑤ 延程运行的申请等级

a. 双发飞机延程运行。申请使用双发飞机实施延程运行的合格证持有人，可以在以下各项中选择一个合适的延程运行等级。

最大改航时间 75 分钟的延程运行；

最大改航时间 90 分钟的延程运行；

最大改航时间 120 分钟的延程运行；

最大改航时间 180 分钟的延程运行；

最大改航时间 240 分钟的延程运行；

最大改航时间超过 240 分钟的延程运行。

对于不同等级的延程运行，批准等级要求参见附录 1。

b. 多于两台发动机的载客飞机延程运行。对于申请使用多于两台发动机的载客飞机实施延程运行的合格证持有人，其申请的延程运行最大改航时间不得超过所申请机身发动机组合的飞机时限系统中经局方批准的最严格时间限制值减去 15 分钟。

三、极地运行的要求

极地运行是指在北纬 78°以北或南纬 60°以南区域的运行。

极地运行通常同时属于延程运行，极地运行被作为上述延程运行的补充。申请实施极地运行的合格证持有人必须为实施极地飞行制订工作计划，在延程运行的基础上提出附加要求，确定设备和飞机构型的要求。合格证持有人为在这些区域实施运行所制订的计划必须包括以下项目：

1. 指定极地运行改航机场的要求

对于每一次极地运行，合格证持有人应当指定该极地航线的改航机场。合格证持有人无须限制这些改航机场距其计划航路的距离，但是在预报的天气条件下这些改航机场必须满足 CCAR-121 部规定的备降机场最低标准。对于这些改航机场，飞机必须携带符合延程运行燃油供应要求的足够的航油，以保证能够在所选的改航机场安全着陆，并且可以脱离跑道。如果预计会发生飞机落地后因故障自身无法移动的情况，所选的改航机场应当具备移动该飞机的能力，这样才不至于影响后续航空器的着陆。另外，为确保人员的安全，这些指定的改航机场应当有能力完成下列工作：不利天气条件下，安全转移旅客和机组成员；在旅客和机组安全转移前，能够满足其生存的基本需求；有条件尽快安全处置旅客和机组成员。一般要求在改航备降后 48 小时内实施并尽快完成旅客航程恢复工作。

2. 旅客航程恢复计划

除全货机补充运行以外，实施极地运行的合格证持有人必须按照上述 1 项和延程运行中关于旅客航程恢复计划的要求，对于在运行规范中列出的每一个极地运行改航机场制订相应的旅客航程恢复计划。极地区域旅客航程恢复计划的制订应当考虑到极端寒冷天气情况、有限的旅客服务设施设备，以及尽快启动旅客航程恢复计划的需求。

3. 防燃油结冰政策与燃油结冰监控程序

合格证持有人应当建立防燃油结冰的政策和监控燃油结冰状况的程序。合格证持有人的防燃油结冰政策可以是基于实际测量结果的（例如，利用实际加载的燃油所测量出来的冰点温度来代替该特定型号燃油的标准燃油冰点温度），但制定和使用基于实际测量结果的防燃油结冰政策与燃油结冰监控程序必须经局方批准。合格证持有人应当在其制订的程序中明确维修人员、签派员和飞行机组之间的沟通协商机制，以便共同确定飞机上所装载燃油的冰点温度。

4. 通信能力

合格证持有人在整个飞行航路上应当建立有效的语音通信或数据链通信。CCAR-121.714条的要求适用于在这些区域实施的所有延程运行。对于非延程运行，可以使用高频语音（HFVOICE）、高频数据链（HFDATALINK）、卫星语音（SATCOMVOICE）或卫星数据链（SATCOMDATALINK）等方式建立并保持与合格证持有人的通信。由于甚高频（VHF）和基于卫星的语音通信的局限性，空中交通服务一般会要求在这些航路上使用高频语音（HFVOICE）通信。在极地运行期间，卫星通信（SATCOM）在高于纬度 82°的区域内不可用。同时，太阳耀斑活动会严重影响高频（HF）无线电通信能力。因此，合格证持有人应当考虑到预报的太阳耀斑活动对在该区域运行的飞机的通信影响。

5. MEL 中需要注意的事项

合格证持有人必须重新评估和修订相关 MEL，使其能够满足极地运行的相关要求。如果同时是延程运行，则延程运行所有适用的 MEL 限制都应当遵守。在获得局方批准实施极地运行前，合格证持有人应当审核其 MEL，考虑以下系统设备的签派或飞行放行能力：燃油油量指示系统，包括燃油温度指示系统；APU（如果 APU 是飞机延程运行所必需的），包括满足其设计标准的电源和气源的供应能力；自动油门系统；满足通信能力要求的飞行机组成员所使用的通信系统；除全货机运行外，在机载应急医疗设备中至少加入一部体外自动除颤仪（AED）。

6. 培　训

合格证持有人经批准的培训大纲中应当说明以下培训要求：QFE/QNH 和米/英尺的换算（针对飞行机组和签派员培训）；关于燃油结冰的培训，针对维修人员、签派员和飞行机组的培训（特殊课程）；典型航路上，整体天气变化趋势特点的培训；相关的飞机系统的限制（如燃油温度限制）；机长做改航备降决策时，维修部门为签派员和飞行机组成员提供飞机系统性能信息的要求；机组成员在寒冷天气情况下使用防寒抗浸服的训练；在太阳耀斑活动期间，考虑到对签派或飞行放行和机组成员的影响，合格证持有人应当让机组成员清楚电离辐射对机组成员造成的影响，并提供相关的机组培训；合格证持有人的旅客航程恢复计划中飞行机组成员和签派员职责的培训。

7. 太阳耀斑活动期间机组成员的电离辐射

合格证持有人必须提供一个减轻太阳耀斑活动期间电离辐射对机组影响的计划。

8. 极地运行的特殊设备

每架实施极地运行的飞机上必须配备至少两套专用防寒抗浸服（Cold Weather Anti-exposure Suit），以保证极端恶劣气候情况下机组在改航机场实施室外或舱外工作的安全。如果合格证持有人在极地运行改航机场通过签约地面服务提供商来保证防寒抗浸服的提供，则可以在 MEL 中短期保留该项目。对于不会发生极端寒冷天气不需要配备这些设备的季节，局方可以放松该项要求。

课后参阅规章和手册

1. CCAR-121 部《大型飞机公共航空运输承运人运行合格审定规则》。
2. AC-97-FS-2011-01《民用航空机场运行最低标准制定与实施准则》。
3. AC-91-FS-2015-29《卫星着陆系统（GLS）运行批准指南》。
4. AC-121-FS-2019-009R2《延程运行和极地运行》。

复习 思考题

1. VFR 的签派放行的要求是什么？
2. IFR 的签派放行的要求是什么？
3. 如何选择备降机场？简述备降机场天气标准。
4. 简述国内、国际定期载客运行燃油政策规定。

5. 什么是 EDTO 运行？简述 EDTO 的运行要求。

6. 请用思维导图描述一下签派放行流程。

7. 假设航空公司使用 ZYHB 机场公布的运行标准且该机场在公司运行规范中，某 B737-800 机长经历未满 100 小时，其落地标准是多少？如果实际飞行中备降到该机场，执行的落地标准又是多少呢？

8. 请翻译下列签派单。

AIRCHINA DISPATCH RELEASE

FTPRLS3P02XXXX   PLANID3P02XXXX

CCA 4237   /25MAR20   SCHEDULE   CTU   0915Z-ZHA   1125Z

ETD   CTU   0915Z-ZHA   1125Z

AIRCRAFT   DATA

REG   B6047/ACQS   ENGTYPE   CFM56-5B7P

AIRCRAFT   PERFORMANCE   ALLSTRUCTURE   LIMITED   WEIGHTS   IN   KGS:

MTAXIW   070400   MTOW   070000   MLDW   062500   MZFW   058500   OEW   042208

TAXIWT   61169   BRWT   61049   LDGWT   56403   ZFWT   51108   PLD   8900

ALTERNATE1-ZGSZ   ALTERNATE2-   TAKEOFFALTERNATE-

FUEL   SUMMARY

BURN   4646

BACKUP   5295

TAXI/APU   120

TOTAL   10061

TIME   SUMMARY

CTU/ZUUU-ZHA/ZGZJ   01.50

FILED   ATS   PLAN

(FPL-CCA4237-IS

-A319/M-SDE3FGHIRWYZ/LB1

-ZUUU0915

-K0840S0950 ZYG B330   QNXB330 KWE W181 P478 H68 P479 R339

BHY DCT P498 DCT LH

-ZGZJ0150 ZGSZ

-PBN/A1B1C1D1L102S2 NAV/ABAS DOF/200325 REG/B6047

EET/ZGZU0052

SEL/ACQS CODE/780069

RMK/ACASII)

----------------------DISPATCHNOTESTOCREW------------------

EXTRA FUEL 1000KG DUE TO WX REASON,CB ON ROUTE.

AIRCRAFT:THIS AIRCRAFT HAS NO PERMANENT BOAT.

---------------------END OF DISPATCH NOTES--------------------

I HEREBY ACCEPT THE DISPATCH RELEASE AND ACCESSARY

242

INCLUDING OPERATIONAL FLIGHT PLAN,WX AND NOTAM INFO.

DISPATCHER-ZHUSXXX028-857XXXX

RELEASE CALL CENTER:400-602-XXXXX

CAPTAIN-　　　　　(SIGNHERE)

CA　　　　　　　　　/ILS　II　　　　　CAPTAIN

9. 如何根据机场起飞标准判断航班是否需要起飞备降场？请以图 8-5 所示的哈尔滨机场仪表进近图为例说明理由。

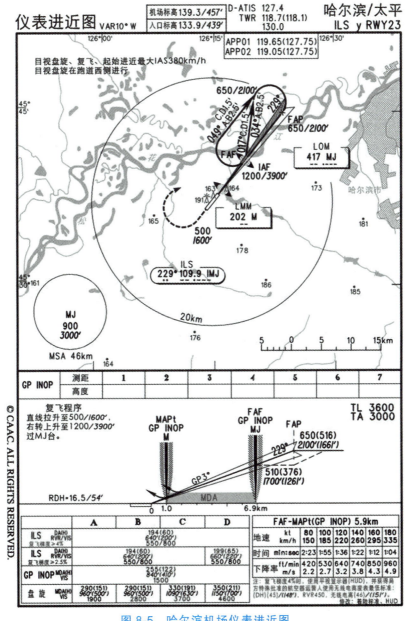

图 8-5　哈尔滨机场仪表进近图

10. 请根据下列信息分析该航班是否可以放行？选择哪一个机场作为备降场？如果可以放行，请编写签派单。

（1）航班基本信息模拟航班基本信息。

航班号：CA4411。

机型：B738。

航线：西安—呼和浩特。

计划时间：4月19日 ETD2130—ETA2300（北京时）。

机长1名，副驾驶2名。

飞机故障信息：APU引气系统故障（MEL49-52-01）。

备注信息：电源车、气源车若无通告，则默认为良好可用。

738顺风起降标准：5 m/s。

（2）气象报文。

METARZLXY191300Z12004MPS080V150CAVOK27/05Q1000NOSIG=

METARZLXY191200Z13005MPSCAVOK28/04Q0999BECMGTL134007004MPS=

TAFZLXY191312Z19152409004G09MPS3000HZNSCTX23/15ZTN17/225METARZBHH191300Z15005MPSCAVOK23/06Q1004NOSIG=

METARZBHH191200Z17005MPSCAVOK24/04Q1003NOSIG=

TAFZBHH191307Z19152423004MPS9999FEW040TX18/15ZTN13/21Z=

METARZBYN191300Z09007MPS3000HZNSC21/13Q1008BECMGTL14302500HZ=

METARZBYN191230Z08008MPS3000HZNSC21/13Q1007NOSIG=

TAFZBYN191307Z19152409006G12MPS3000HZNSCTX19/15ZTN11/21Z=

METARZBOW191300Z12007MPS3000HZ23/03Q1001NOSIG=

METARZBOW191200Z15006MPS2500HZ24/05Q1000NOSIG=

TAFZBOW191302Z19152412007MPS3000TX20/15ZTN16/21Z=

METARZBDS191300Z19007MPSCAVOK22/M06Q1004NOSIG=

NETARZBDS191200Z19007MPSCAVOK23/Mo2Q1004NOSIG=

TAFZBDS191311Z19152420007MPSCAVOKTX20/15ZTN14/21Z=

METARZBSJ191300Z08001MPS7000NSC21/16QI008NOSIG=

METARZBSJ191200Z060011MPS7000NSC22/17Q1008NOSIG=

TAFZBSJ191313219152414004MPS5000HZNSCTX19/152TN12/212=

（3）航行通告。

青安/咸阳 202002071535-202008062359 替代 C1762/17

T1滑行道关闭，因维护。

青安/咸阳 202001292200-202005282359（大约）

RWY23R中指点标不工作。

西安/咸阳 202001292200-202005282359（大约）RWY05L中指点标不工作。

ZBHK 呼和浩特）没有选定时段内开始生效的通告！

太原/武宿 202004090300-2020050806300300-0630DLY本场不接收航班备降,因跑道道面修补。

太原/武宿 202002010000-永久 ATIS 工作时间调整为：H24。

太原/武宿 202002010000-永久

塔台地面席 GND 工作时间调整为：06:30—23:59。

太原/武宿 202012070000-永久

参阅 AIP 航图手册太原/武宿机场 ZBYN-7B（2020-11-1），NDB/DMERWY31 程序撤除。

包头 202003091001-202005092359 本场临时对外开放。

包头 202003021101-202006042359 替代 C3384/17 本场 01 号, 02 号停机位关闭, 因施工。

包头 202003021101-202006042359RWY13LLZ 不提供使用，因故障。

鄂尔多斯/伊金霍洛 202001201210-202004192359 本场 NDBG338kHz 不提供使用，因台站不能供电。

鄂尔多斯/伊金霍洛 20200101210-202009192359 本场临时对外开放。

石家庄/正定 202003311700-202006302359

本场每日航班结束后，如有备降需提前 20 分钟通知，因飞行区维护作业。

石家庄/正定 202003311700-202006302359 本场电、气源车故障，不提供使用。

拓展阅读

单日近 50 架次 青岛机场高质效完成暑运期间备降航班保障工作

"各单位注意，指挥中心发布接收备降预警：根据气象预报，烟台机场 8 月 18 日 18 时前雷暴伴中阵雨，本场可能接收烟台机场备降航班，请各单位做好备降航班的保障准备工作。"

进入暑期后，全国多地频发大风、雷雨、强对流天气。为确保暑运期间安全生产运行，青岛机场运协委加强特殊天气会商和趋势研判分析，严格落实航班备降保障责任，全力保障旅客平安出行。截至目前，青岛机场暑运期间接收的备降航班达到 211 架次，环比增长 72%，其中 7 月 24 日接收备降航班 48 架次、8 月 17 日接收备降航班 31 架次。在航班量、客流量不断攀升的保障压力下，青岛机场完成备降航班安全运行挑战，高质效完成暑运期间备降航班保障工作。

"航班备降是指飞机在飞行过程中，由于恶劣天气、机械故障、紧急医疗情况等，无法按原计划降落在目的地机场，须临时降落在其他机场，一直以来都是作为民航运营中重要的应急措施，也是确保飞行安全和服务质量的重要手段。"青岛机场运行指挥中心主任潘超介绍，"本场备降航班主要来自北京、上海、大连等区域，以及济南、烟台等周边城市，同时考虑到机位资源充足且保障能力较好，也多次被指定为重要任务航班的备降机场，接收保障的备降航班量在华东地区，乃至全国机场都排在前列。"

"备"得周全才能"降"得安全。为加强航班备降保障工作，提高航班备降保障能力，青岛机场加强与青岛空管站、航空公司等相关单位的协同合作，多措并举实施保障。信息传递方面，建立特殊天气运行协调机制，通过组织应急会商、及时发布预警信息、动态调整航班计划备降，实现信息快速交互与资源共享，提前做好大面积航班备降的准备；保障资源方面，统筹客梯车、摆渡车等保障资源，根据航班落地时间、旅客机上等待时间等确定保障次序，通过备降航班集中停放举措，避免资源浪费；现场服务方面，加强各岗位人员值班值守，增派地面服务人员，为备降旅客提供引导、咨询、餐饮及住宿安排等及时、周到的服务，同时做好终止行程旅客退改签、交通疏散等保障工作，尽可能为备降旅客提供安全、舒适的出行体验。

下一步，青岛机场将持续完善备降航班保障预案，不断提高备降航班保障等应急处置能力，进一步夯实安全运行基础，为旅客平安、顺畅出行"保驾护航"。

（资料来源：中国民航网.http://www.caacnews.com.cn/1/5/202408/t20240830_1381013.html）

请思考：青岛机场加强与空管站、航空公司等相关单位的协同合作，建立了特殊天气运行协调机制，这种跨部门协作对完成备降航班保障工作起到了什么作用？本案例中提到的"备"得周全才能"降"得安全，反映了什么样的职业态度？

参考文献

[1] 中国民用航空局. CCAR-121-R8 大型飞机公共航空运输承运人运行合格审定规则，2024-04.

[2] 中国民航局. AC-121-FS-2011-004R1 航空承运人运行中心(AOC)政策与标准，2011-05.

[3] 陶有本. 航空公司运行控制体系分析与发展研究[N]. 中国民航报，2014-09-23(005).

[4] BRUCEPJ，MULHOLLANDC. Airline operations control [M]. Abingdon:Taylorand Francis，2020.

[5] DOT/FAA/AR-00/45AirCarrier Operations System Model，2017-08.

[6] 中国民航局. CCAR-91-R3 一般运行和飞行规则，2018-11.

[7] 中国民航局. CCAR-135-R3 小型商业运输和空中游览运营人运行合格审定规则，2022-01.

[8] 中国民航局. CCAR-136 特殊商业和私用大型航空器运营人运行合格审定规则，2022-01.

[9] 中国民航局. CCAR-61-R5 民用航空器驾驶员合格审定规》，2018-11.

[10] 中国民航局. AC-121-FS-130R1 机组成员职业作风养成规范，2022-06.

[11] 中国民用航空局. CCAR-63FS-R1 民用航空器飞行机械员合格审定规则，2018-08.

[12] 中国民用航空局. CCAR-67FS-R4 交通运输部关于修改《民用航空人员体检合格证管理规则》的决定，2018-11.

[13] 中国民用航空局. AC-61-FS-2014-12R3 航空器型别等级和训练要求，2014-09.

[14] 中国民航局. CCAR-65FS-R3 民用航空飞行签派员执照和训练机构管理规则，2022-10.

[15] 中国民航局. AC-121-FS-2017-134 航空承运人飞行签派员资格检查指南，2017-07.

[16] 中国民航局. AC-121-FS-2009-30 飞行签派员执勤时间指南，2009-05.

[17] 中国民航局. AC-121-FS-2014-121 航空承运人飞行签派员人力资源评估指南，2014-08.

[18] 中国民航局. CCAR-45-R3 民用航空器国籍登记规定，2022-09.

[19] 中国民航局. AC-91-037 航空器主最低设备清单的制定和批准，2018-07.

[20] 中国民用航空局. CCAR-93TM-R5 民用航空空中交通管理规则，2017-09.

[21] 中国民用航空局. CCAR-73 民用航空预先飞行计划管理办法，2006-04.

[22] 中国民用航空局. CCAR-289TR-R1 中国民用航空国内航线经营许可规定，2006-01.

[23] 中国民用航空局. CCAR-300 航班正常管理规定，2016-05.

[24] 中国民用航空局. 民航发〔2018〕1 号关于印发民航航班时刻管理办法的通知，2018-01.

[25] 中国民用航空局. 民航发〔2020〕4 号关于印发航班安全运行保障标准的通知，2020-01.

[26] 中国民用航空局. AP-93-TM-2012-01 民用航空飞行动态固定格式电报管理规定，2012-10.

[27] 中国民用航空局. 中南局发〔2016〕418 号关于启动中南地区飞行计划集中处理试验运行工作的通知，2016-03.

[28] 中国民航局. AC-97-FS-2011-01 民用航空机场运行最低标准制定与实施准则，2011-04.

[29] 中国民航局. AC-121-FS-136 航空承运人不可预期燃油政策优化与实施指南，2019-10.

[30] 中国民航局. AC-121-FS-2019-009R2 延程运行和极地运行，2019-04.

[31] 中国民航局. IB-FS-OPC-002 飞行签派员航空理论知识点汇编，2022-08.

附　录

附录 1　延程运行的检查单（双发飞机）

批准等级	最低要求
75 分钟	1. 机身发动机组合无须具备延程运行型号设计批准。 2. 局方评估机身发动机组合，确保没有影响安全运行的因素。 3. 机身发动机组合具备局方认可的足够的可靠的运行经历。 4. 合格证持有人必须确保飞机最严格的时限系统可以满足（75+15）分钟的要求。 5. 除改航备降后再次起飞离场时不要求完成延程运行放行前维护检查工作的情况以外，合格证持有人必须按照 CCAR-121.719 条维修方案的要求完成放行前维护检查工作。 6. 合格证持有人必须满足 CCAR-121 部和本咨询通告中关于飞行运行的要求。 7. 合格证持有人无须满足 MMEL 中关于 120 分钟延程运行的规定。 8. 合格证持有人必须按照其运行规范中批准的延程运行要求实施运行
90 分钟	1. 机身发动机组合必须具备 120 分钟或以上延程运行型号设计批准。 2. 机身发动机组合具备局方认可的足够的可靠的运行经历。 3. 除改航备降后再次起飞离场时不要求完成延程运行放行前维护检查工作的情况以外，合格证持有人必须按照 CCAR-121.719 条维修方案的要求完成放行前维护检查工作。 4. 合格证持有人必须满足 CCAR-121 部和本咨询通告中关于飞行运行的要求。 5. 合格证持有人必须满足 MMEL 中关于 120 分钟延程运行的规定。 6. 合格证持有人必须按照其运行规范中批准的延程运行要求实施运行
120 分钟	1. 机身发动机组合必须具备 120 分钟或以上延程运行型号设计批准。 2. 机身发动机组合具备近期连续 12 个日历月的运行经历。如合格证持有人具备其他机身发动机组合的 120 分钟或以上的延程运行批准，并能够证明所申请的机身发动机组合具备相同的可靠性水平，运行经历要求可缩减至最少 6 个月；如果具备相似或同系列机身发动机组合的 120 分钟或以上的延程运行批准，局方可免除该机身发动机组合的最低运行经历要求。 3. 合格证持有人必须满足 CCAR-121 部和本咨询通告中关于飞行运行和维修的要求。 4. 合格证持有人必须满足 MMEL 中关于 120 分钟延程运行的规定。 5. 合格证持有人必须按照其运行规范中批准的延程运行要求实施运行。 6. 如果由于政治、军事活动、火山活动、临时机场条件限制或机场天气标准低于签派或飞行放行标准等原因，在 120 分钟范围中无法找到一个可用的延程运行备降机场的情况下，可以申请 138 分钟延程运行批准。在每次按照 138 分钟标准签派或飞行放行时，合格证持有人必须通知机组成员，并告知这样放行的理由。 7. 当进行 138 分钟例外批准时，合格证持有人必须满足在 MMEL 中关于 180 分钟延程运行的规定，如果没有针对该机身发动机组合的 180 分钟延程运行 MMEL，合格证持有人必须向局方申请批准适用于 138 分钟延程运行的 MEL 附加要求。合格证持有人必须确保飞机最严格的时限系统可以满足（138+15）分钟的要求，并且记录例外次数

批准等级	最低要求
180 分钟	1. 机身发动机组合必须具备 180 分钟或以上延程运行型号设计批准。 2. 机身发动机组合具备近期连续 12 个日历月的 120 分钟延程运行经历。局方可以对这一要求进行增加或缩减，也可以决定哪些经历可以代替 120 分钟延程运行经历，如合格证持有人具备其他机身发动机组合的 120 分钟或以上的延程运行批准，并能够证明所申请的机身发动机组合具备相同的可靠性水平，运行经历要求可缩减至 6 个月；如其具备其他机身发动机组合的 180 分钟或以上的延程运行批准，运行经历要求可缩减至 3 个月；如其具备相似或同系列机身发动机组合的 180 分钟或以上的延程运行批准，可免除该机身发动机组合的运行经历要求。 3. 合格证持有人必须满足 CCAR-121 部和本咨询通告中关于飞行运行和维修的要求。 4. 合格证持有人必须满足 MMEL 中关于 180 分钟延程运行的规定。 5. 合格证持有人必须按照其运行规范中批准的延程运行要求实施运行。 6. 在北太平洋区域的运行，或者由于政治、军事活动、火山活动、临时机场条件限制或机场天气标准低于签派或飞行放行标准等原因，在 180 分钟范围中无法找到一个可用的延程运行备降机场的情况下，可以申请 207 分钟延程例外运行批准。在每次按照 207 分钟标准签派或飞行放行时，合格证持有人必须通知机组成员，并告知这样放行的理由。 7. 使用例外放行时，机身发动机组合必须具备 180 分钟或以上延程运行型号设计批准。如果型号设计仅被批准实施 180 分钟延程运行的机身发动机组合，合格证持有人必须确保飞机最严格的时限系统可以满足（207+15）分钟的要求。 8. 当进行 207 分钟例外批准时，合格证持有人在获得 180 分钟延程运行批准之后，该机身发动机组合的延程运行经历原则上不少于连续 6 个日历月。 9. 除了在合格证持有人的最低设备清单的用于 180 分钟延程运行的设备要求外，下列系统必须在签派或飞行放行时是正常工作的：燃油油量指示系统；APU，当延程运行需要使用 APU 时；自动油门系统；CCAR-121.97 或 CCAR-121.714 条要求的通信系统；一台发动机失效后的自动着陆能力，如果飞行计划是基于该功能制订的。 10. 合格证持有人在签派或飞行放行中必须使用在改航时间 207 分钟范围内最近的可用延程运行备降机场。 11. 合格证持有人必须跟踪记录使用 207 分钟例外批准的次数
240 分钟	1. 机身发动机组合必须具备 180 分钟或以上延程运行型号设计批准。如果型号设计仅被批准实施 180 分钟延程运行的机身发动机组合，合格证持有人必须确保飞机最严格的时限系统可以满足（240+15）分钟的要求。 2. 合格证持有人已经获得该机身发动机组合 180 分钟延程运行的批准。 3. 合格证持有人在获得 180 分钟延程运行批准之后，该机身发动机组合的运行经历不少于 8000 飞行小时，且不少于连续 12 个日历月。

批准等级	最低要求
240 分钟	4. 在实际运行中，合格证持有人必须在可能的情况下，尽量计划 180 分钟或以内的延程运行。 5. 在每次飞机按照 240 分钟标准签派或飞行放行时，合格证持有人必须通知机组成员，并告知这样放行的理由。 6. 除了在合格证持有人的最低设备清单中用于 180 分钟延程运行的设备要求外，下列系统必须在签派或飞行放行时是正常工作的：燃油油量指示系统；APU（包括满足其设计标准的电源和气源的供应能力），当延程运行需要使用 APU 时；自动油门系统；CCAR-121.97 或 CCAR-121.714 条要求的通信系统；一台发动机失效后的自动着陆能力，如果飞行计划是基于该功能制订的。 7. 合格证持有人必须满足 CCAR-121 部和本咨询通告中关于飞行运行和维修的要求。 8. 合格证持有人在签派或飞行放行中必须使用在改航时间 240 分钟范围内最近的可用延程运行备降机场。 9. 在实施此类飞行时，合格证持有人必须考虑空中交通服务常规使用的航路。 10. 合格证持有人为签派员和飞行机组提供的手册中应当明确界定，极端天气条件达到什么样的标准不再考虑使用某备降机场。该标准应该获得局方的认可。 11. 合格证持有人必须按照其运行规范中批准的延程运行要求实施运行
超过 240 分钟	1. 机身发动机组合必须具备 180 分钟或以上延程运行型号设计批准。如果型号设计仅被批准实施180 分钟延程运行的机身发动机组合，合格证持有人必须确保飞机最严格的时限系统可以满足申请的最大改航时间+15 分钟的要求 2. 合格证持有人已经获得该机身发动机组合 240 分钟延程运行的批准。 3. 合格证持有人在获得 180 分钟延程运行批准之后，该机身发动机组合的运行经历不少于 16 000 飞行小时，且不少于 24 个日历月。 4. 合格证持有人在获得 240 分钟延程运行批准之后，该机身发动机组合的运行经历不少于 12 个日历月。 5. 在实际运行中，合格证持有人必须在可能的情况下，尽量计划 180 分钟或以内的延程运行。 6. 在每次飞机按照超过 240 分钟标准签派或飞行放行时，合格证持有人必须通知机组成员，并告知这样放行的理由。 7. 除了在合格证持有人的最低设备清单中用于 180 分钟延程运行的设备要求外，下列系统必须在签派或飞行放行时是正常工作的：燃油油量指示系统；APU（包括满足其设计标准的电源和气源的供应能力），当延程运行需要使用 APU 时；自动油门系统；CCAR-121.97 或 CCAR-121.714 条要求的通信系统；一台发动机失效自动着陆能力，如果飞行计划是基于该功能制订的。 8. 合格证持有人必须满足 CCAR-121 部和本咨询通告中关于飞行运行和维修的要求。 9. 合格证持有人在签派或飞行放行中必须列明使用在改航时间超过 240 分钟范围内最近的可用延程运行可选备降机场。 10. 在实施此类飞行时，合格证持有人必须考虑空中交通服务常规使用的航路。 11. 合格证持有人为签派员和飞行机组提供的手册中应当明确界定，极端天气条件达到什么样的标准不再考虑使用某备降机场。该标准应该获得局方的认可。 12. 合格证持有人必须按照其运行规范中批准的延程运行要求实施运行

附录 2 飞行签派员执照理论考试大纲

考试科目模块	2级知识点	3级知识点	4级知识点
1 航空法律法规、规章及相关文件	1.1 中国民航法规体系		
	1.2 法律	1.2.1 中华人民共和国民用航空法	1.2.1.1 中华人民共和国民用航空法总则
			1.2.1.2 民用航空器国籍
			1.2.1.3 民用航空器权利
			1.2.1.4 航空人员
			1.2.1.5 民用机场
			1.2.1.6 空中航行
			1.2.1.7 公共航空运输
		1.2.2 中华人民共和国安全生产法	1.2.2.1 总则
			1.2.2.2 生产经营单位的安全生产保障
			1.2.2.3 从业人员的安全生产权利与义务
	1.3 法规	1.3.1 中华人民共和国飞行基本规则	1.3.1.1 空域管理
			1.3.1.2 飞行管制
			1.3.1.3 航路和航线飞行
			1.3.1.4 飞行间隔
			1.3.1.5 飞行指挥
			1.3.1.6 飞行中特殊情况的处置
			1.3.1.7 通信、导航、雷达、气象和航行情报保障
		1.3.2 中华人民共和国搜寻援救民用航空器规定	1.3.2.1 总则
			1.3.2.2 搜寻援救的准备
			1.3.2.3 搜寻援救的实施
	1.4 规章	1.4.1 CCAR65	1.4.1.1 总则
			1.4.1.2 飞行签派员执照的申请、考试与颁发
			1.4.1.3 飞行签派员执照管理
		1.4.2 CCAR73	1.4.2.1 总则
			1.4.2.2 预先飞行计划申请
			1.4.2.3 预先飞行计划申请的受理
			1.4.2.4 预先飞行计划的批准

252

考试科目模块	2级知识点	3级知识点	4级知识点
1 航空法律法规、规章及相关文件	1.4 规章	1.4.3 CCAR91	1.4.3.1 总则
			1.4.3.2 飞行机组
			1.4.3.3 航空器及仪表和设备要求
			1.4.3.4 飞行规则
		1.4.4 CCAR97	1.4.4.1 总则
			1.4.4.2 飞行程序设计和运行最低标准拟定
		1.4.5 CCAR121	1.4.5.1 总则
			1.4.5.2 所必需的管理人员和机构
			1.4.5.3 管理人员的合格条件
			1.4.5.4 特殊适航要求
		1.4.6 CCAR139-Ⅱ	1.4.6.1 总则
			1.4.6.2 突发事件分类和应急响应等级
			1.4.6.3 应急救援组织机构及其职责
		1.4.7 CCAR276	1.4.7.1 总则
			1.4.7.2 危险品航空运输的限制和豁免
			1.4.7.3 危险品航空运输许可程序
			1.4.7.4 危险品航空运输运输手册
		1.4.7 CCAR276	1.4.7.5 经营人及其代理人的责任
			1.4.7.6 危险品航空运输信息
			1.4.7.7 培训
		1.4.8 CCAR395	1.4.8.1 总则
			1.4.8.2 调查的组织
			1.4.8.3 事件的报告
		1.4.9 CCAR396	1.4.9.1 总则
			1.4.9.2 民用航空安全信息收集
		1.4.10 CCAR397	1.4.10.1 总则
			1.4.10.2 管理体制与组织机构
			1.4.10.3 应急处置
			1.4.10.4 附则——用语定义
		1.4.11 CCAR398	1.4.11.1 总则
			1.4.11.2 安全管理体系组成部分
			1.4.11.3 中国民航航空安全方案组成部分

考试科目模块	2级知识点	3级知识点	4级知识点
	1.4 规章	1.4.12 CCAR399	1.4.12.1 总则
			1.4.12.2 事故报告
			1.4.12.3 公共航空运输企业的应急反应和家属援助
1 航空法律法规、规章及相关文件	1.5 规范性文件	1.5.1 规范性文件列表	
	1.6 国际民用航空公约附件1、附件6及相关文件	1.6.1 国际民用航空公约附件	
		1.6.2 国际民用航空公约附件1	
		1.6.3 国际民用航空公约附件6	
		1.6.4 国际民用航空公约附件18	
2 运行控制基础理论	2.1 系统论	2.1.1 基本概念	2.1.1.1 系统、系统论
		2.1.2 核心思想	2.1.2.1 系统论核心思想
		2.1.3 基本方法	2.1.3.1 系统论基本方法
	2.2 控制论	2.2.1 基本概念	2.2.1.1 控制和控制论
		2.2.2 基本方法	2.2.2.1 控制论的方法
	2.3 运筹学	2.3.1 决策论	2.3.1.1 期望值决策法
			2.3.1.2 效用函数法
		2.3.2 整数规划	2.3.2.1 整数规划的分类
			2.3.2.2 指派问题的数学模型
	2.4 运行组织与管理	2.4.1 航空器	2.4.1.1 航空器的分类
			2.4.1.2 航空器的标志
			2.4.1.3 航空器的文件
			2.4.1.4 航空器的使用
			2.4.1.5 航空器的适航管理
		2.4.2 机场	2.4.2.1 定义
			2.4.2.2 机场飞行区技术标准
			2.4.2.3 机场飞行区
			2.4.2.4 机场地面标志
			2.4.2.5 机场灯光

考试科目模块	2级知识点	3级知识点	4级知识点
2 运行控制基础理论	2.4 运行组织与管理	2.4.3 飞行分类	2.4.3.1 根据任务性质分类
			2.4.3.2 按照飞行区域划分
			2.4.3.3 按昼夜时间划分
			2.4.3.4 按照气象条件划分
			2.4.3.5 按驾驶和领航技术划分
			2.4.3.6 按飞行高度划分
	2.5 飞行原理	2.5.1 流体力学基础	2.5.1.1 伯努利原理应用
			2.5.1.2 音速和马赫数概念
			2.5.1.3 马赫波
			2.5.1.4 附面层
		2.5.2 飞机升力阻力特性	2.5.2.1 升力曲线和升力特性
			2.5.2.2 阻力种类及特性
			2.5.2.3 极曲线
		2.5.3 增升原理	2.5.3.1 增升原理
			2.5.3.2 增升装置
		2.5.4 飞机操稳性	2.5.4.1 飞机稳定性装置
			2.5.4.2 飞机操纵性装置
	2.6 系统分析与算法	2.6.1 系统工程	2.6.1.1 系统工程的概念及特点
		2.6.2 系统分析	2.6.2.1 系统分析的概念及目的
			2.6.2.2 系统结构及与系统功能的关系
			2.6.2.3 系统预测及方法
			2.6.2.4 系统评价及方法
		2.6.3 智能算法	2.6.3.1 智能优化及算法
3 系统安全管理与运行风险管控	3.1 系统安全管理	3.1.1 安全政策和目标	
		3.1.2 系统安全管理的必要性	
		3.1.3 系统安全管理方法	
	3.2 运行风险管控	3.2.1 风险管控概述	
		3.2.2 与风险管控程序和过程相关的职责及权限	
		3.2.3 风险管控程序和过程间的相互作用或接口	

考试科目模块	2级知识点	3级知识点	4级知识点
3 系统安全管理与运行风险管控	3.3 安全文化	3.3.1 文化的三个层面	
		3.3.2 企业安全文化	
		3.3.3 积极的安全文化	
4 航空器	4.1 AFM和FCOM手册	4.1.1 AFM手册介绍	4.1.1.1 AFM手册的批准和使用
		4.1.2 AFM手册的内容	4.1.2.1 AFM手册的结构与内容
		4.1.3 FCOM手册介绍	4.1.3.1 FCOM手册的结构与内容
	4.2 飞机系统综述	4.2.1 飞行操纵系统	4.2.1.1 飞行操纵系统的分类
			4.2.1.2 主操纵系统
			4.2.1.3 辅助操纵系统
			4.2.1.4 机械式操纵系统和电传操纵系统
		4.2.2 起落架系统	4.2.2.1 起落架的配置和特点
			4.2.2.2 减震装置类型和特点
			4.2.2.3 刹车减速的原理、类型
		4.2.3 液压系统	4.2.3.1 液压系统的作用、原理及特点
			4.2.3.2 液压系统的组成
			4.2.3.3 液压油的种类和特点
		4.2.4 燃油系统	4.2.4.1 燃油系统的作用
			4.2.4.2 燃油的种类和特性
			4.2.4.3 油箱的种类和供油顺序
			4.2.4.4 加油方式
			4.2.4.5 供油方式
			4.2.4.6 放油系统
		4.2.5 电气系统	4.2.5.1 飞机的可用电源
			4.2.5.2 飞机电源的类型和特点
			4.2.5.3 飞行管理系统
		4.2.6 空调和增压系统	4.2.6.1 飞机增压座舱的要求
			4.2.6.2 引气的来源
			4.2.6.3 空调系统的原理
			4.2.6.4 座舱增压控制的原理
		4.2.7 防冰和排雨系统	4.2.7.1 飞机的防冰部位和防冰方法
			4.2.7.2 飞机排雨的方法

考试科目模块	2 级知识点	3 级知识点	4 级知识点
4 航空器	4.2 飞机系统综述	4.2.8 航空仪表系统	4.2.8.1 传统仪表的种类和原理
			4.2.8.2 电子综合仪表的种类和显示
			4.2.8.3 大气数据系统和黑匣子
		4.2.9 通信系统	4.2.9.1 VHF/HF 通信系统
			4.2.9.2 卫星通信系统
			4.2.9.3 数据链通信系统
			4.2.9.4 CPDLC 数据链通信系统
		4.2.10 导航系统	4.2.10.1 惯性导航
			4.2.10.2 无线电导航
			4.2.10.3 卫星导航
			4.2.10.4 ATC 应答机和气象雷达
		4.2.10 导航系统	4.2.10.5 GPWS 和 TCAS 警告系统
		4.2.11 动力装置	4.2.11.1 发动机的种类
			4.2.11.2 发动机的结构与原理
			4.2.11.3 发动机的性能和适用范围
			4.2.11.4 辅助动力装置（APU）
		4.2.12 氧气系统	4.2.12.1 机组氧气系统
			4.2.12.2 客舱氧气系统
		4.2.13 防火系统	4.2.13.1 防火系统组成
			4.2.13.2 飞机的防火部位
		4.2.14 紧急和非正常程序	4.2.14.1 紧急程序
			4.2.14.2 非正常程序
	4.3 最低设备清单/构型偏离清单（MEL/CDL）及其应用	4.3.1 最低设备清单（MEL）	4.3.1.1MEL 的意义和内容
		4.3.2 构型偏离清单（CDL）	4.3.2.1CDL 的意义和内容
		4.3.3MEL 与 CDL 的应用	4.3.3.1MEL 的应用
			4.3.3.2CDL 的应用

考试科目模块	2级知识点	3级知识点	4级知识点
4　航空器	4.4　性能	4.4.1　飞机性能基础	4.4.1.1　气动特性（升力特性、阻力特性、升阻比）
			4.4.1.2　过载系数的概念及计算
			4.4.1.3　失速速度分类
			4.4.1.4　关键发动机（临界发动机）
			4.4.1.5　推力特性（推力状态、推力大小、推力影响因素）
			4.4.1.6　燃油特性（WF、TSFC、SR）
			4.4.1.7　单发失效的附加阻力
			4.4.1.8　各种重量的定义
			4.4.1.9　环境气象参数（非标准大气）
		4.4.2　飞机性能限制	4.4.2.1　速度包线（理论、实用升限 $9V_{mo}/M_{mo}$）
			4.4.2.2　机动飞行包线
			4.4.2.3　抖振包线
			4.4.2.4　各种限制速度（VLO，VLE，VFE）
			4.4.2.5　环境包线
			4.4.2.6　重心限制和重量限制
			4.4.2.7　跑道强度对飞机起降重量的限制
		4.4.3　起飞性能	4.4.3.1　起飞定义
			4.4.3.2　平衡场地长度和非平衡场地长度
			4.4.3.3　场长限重和影响因素
			4.4.3.4　爬升梯度限重和影响因素
			4.4.3.5　越障限重和影响因素
			4.4.3.6　轮胎速度限重和影响因素
			4.4.3.7　刹车能量限重和影响因素
			4.4.3.8　起飞飞行航迹的4个阶段
			4.4.3.9　总梯度和净梯度9总航迹和净航迹
			4.4.3.10　越障的方法
			4.4.3.11　改进爬升的条件和目的
			4.4.3.12　减推力起飞条件、目的和方法
			4.4.3.13　污染跑道上起飞运行限制
			4.4.3.14　影响飞机起飞重量的主要限制因素
			4.4.3.15　一发失效应急程序

考试科目模块	2 级知识点	3 级知识点	4 级知识点
4　航空器	4.4　性能	4.4.4　爬升性能	4.4.4.1　爬升的定义、爬升力学方程
			4.4.4.2　爬升特性参数（爬升梯度和爬升率）
			4.4.4.3　不同爬升方式对比和其对应的速度
			4.4.4.4　最佳爬升速度的影响因素
			4.4.4.5　经济爬升
			4.4.4.6　转换高度的概念
		4.4.5　巡航性能	4.4.5.1　巡航、巡航推力、巡航力学方程
			4.4.5.2　巡航特性参数
			4.4.5.3　常用巡航方式及其对应的速度
			4.4.5.4　巡航高度的选择
			4.4.5.5　经济巡航
			4.4.5.6　风速因子和保本风速
			4.4.5.7　重量对最佳巡航高度影响
			4.4.5.8　温度和风速对巡航性能的影响
			4.4.5.9　等待速度的选取原则
			4.4.5.10　飘降的定义和运行要求
		4.4.6　下降性能	4.4.6.1　下降、下降推力、下降力学方程
			4.4.6.2　下降特性参数
			4.4.6.3　不同下降方式对比和其对应的速度
			4.4.6.4　低速下降和高速下降
			4.4.6.5　经济下降
		4.4.7　着陆性能	4.4.7.1　进近复飞和着陆复飞
			4.4.7.2　影响着陆性能的主要因素
			4.4.7.3　着陆距离的计算
			4.4.7.4　最大允许着陆重量的主要限制因素
			4.4.7.5　快速过站的最大着陆重量与刹车冷却
			4.4.7.6　一发失效复飞应急程序
		4.4.8　机动飞行性能	4.4.8.1　机动性的定义
			4.4.8.2　速度机动性和水平加速度
			4.4.8.3　高度机动性
			4.4.8.4　方向机动性与水平转弯

考试科目模块	2级知识点	3级知识点	4级知识点
4 航空器	4.5 性能综合题	4.5.1 起飞性能图表的使用及机场分析	
		4.5.2 典型爬升性能图表的使用以及计算	4.5.2.1 爬升时间、爬升油量、爬升距离查询
		4.5.3 巡航性能图表使用和性能计算	4.5.3.1 巡航燃油流量、巡航速度查询
			4.5.3.2 巡航时间和巡航油量计算
		4.5.4 等待性能计算	4.5.4.1 等待燃油流量查询
			4.5.4.2 等待油量计算
		4.5.5 典型下降性能图表的使用以及计算	4.5.5.1 下降时间、下降油量、下降距离查询
			4.5.5.2 下降时间、下降距离、下降油量计算
		4.5.6 着陆性能图表的使用及机场分析	4.5.6.1 各种着陆限重大小
5 航空气象	5.1 基本天气知识	5.1.1 地球的运动及其对天气的影响	
		5.1.2 典型区域的气候类型及特征	5.1.2.1 海洋
			5.1.2.2 陆地
			5.1.2.3 极地
			5.1.2.4 热带
		5.1.3 典型局部地域的天气类型及特征	5.1.3.1 沿海
			5.1.3.2 山地
			5.1.3.3 岛屿
			5.1.3.4 平原
		5.1.4 大气特性	5.1.4.1 大气的组成
			5.1.4.2 大气的结构
			5.1.4.3 气体状态方程与标准大气
		5.1.5 气压	5.1.5.1 度量单位
			5.1.5.2 气压梯度力
			5.1.5.3 气压分布
			5.1.5.4 温度对气压的影响
			5.1.5.5 气压高度表
		5.1.6 空气的水平运动-风	5.1.6.1 全球风模式
			5.1.6.2 科里奥利（Coriolis）力
			5.1.6.3 急流及其特性
			5.1.6.4 地方性风和相关术语
		5.1.7 大气状态	5.1.7.1 三种相态及转变原因

考试科目模块	2级知识点	3级知识点	4级知识点
5 航空气象	5.1 基本天气知识	5.1.8 云	5.1.8.1 云的分类和外貌特征
			5.1.8.2 云的形成与天气
			5.1.8.3 降水
			5.1.8.4 云的预测方法
		5.1.9 雾	5.1.9.1 定义和分类
			5.1.9.2 形成与消散
		5.1.10 飞机积冰	5.1.10.1 积冰的形成与分类
			5.1.10.2 积冰强度的影响因子与气象条件
			5.1.10.3 积冰强度和除防冰
		5.1.11 大气的稳定性与不稳定性	5.1.11.1 温度垂直递减率、对流
			5.1.11.2 绝热过程与非绝热过程
			5.1.11.3 垂直运动和稳定度
			5.1.11.4 辐散与辐合
		5.1.12 颠簸	5.1.12.1 急流
			5.1.12.2 天气系统
			5.1.12.3 风切变
			5.1.12.4 山岳波
			5.1.12.5 雷暴
			5.1.12.6 晴空颠簸
		5.1.13 气团	5.1.13.1 分类和特征
			5.1.13.2 源地
			5.1.13.3 气团天气的判断
		5.1.14 锋	5.1.14.1 锋面空间分布特点
			5.1.14.2 锋的分类
			5.1.14.3 锋面天气与飞行
		5.1.15 风暴系统	5.1.15.1 雷暴
			5.1.15.2 龙卷风
			5.1.15.3 强热带风暴
			5.1.15.4 微下击暴流
		5.1.16 天气系统	5.1.16.1 温带气旋和反气旋
			5.1.16.2 热带天气系统
			5.1.16.3 西风带空中槽脊

考试科目模块	2 级知识点	3 级知识点	4 级知识点
5 航空气象	5.2 天气、分析和预报	5.2.1 观测	5.2.1.1 地面观测
			5.2.1.2 航站预报
			5.2.1.3 重要的航路报告和预报
			5.2.1.4 天气图
			5.2.1.5 气象信息数据收集系统
		5.2.2 数据收集、分析和预报机构	
		5.2.3 提供航空气象产品的服务机构	
	5.3 危害航空器的天气	5.3.1 侧风和阵风	
		5.3.2 受污染的跑道	
		5.3.3 视程障碍	
		5.3.4 火山灰	
6 航行情报	6.1 航行通告	6.1.1 航行通告（NOTAM）	6.1.1.1 NOTAM 解读
			6.1.1.2 NOTAM 应用分析
		6.1.2 雪情通告（SNOWTAM）	6.1.2.1 SNOWTAM 的解读
			6.1.2.2 SNOWTAM 的应用分析
		6.1.3 火山通告（ASHTAM）	6.1.3.1 ASHTAM 的解读
			6.1.3.2 ASHTAM 的应用分析
		6.1.4 飞行前资料公告（PIB）	6.1.4.1 PIB 的提取规则
	6.2 国内、国际航行资料汇编	6.2.1 航空资料汇编（NAIP 和 AIP）	6.2.1.1 格式
			6.2.1.2 机场使用细则的解读
			6.2.1.3 航图手册中航图的解读
		6.2.2 JEPPESEN 手册	6.2.2.1 JEPPESEN 手册的格式
			6.2.2.2 各种 JEPPESEN 航图的解读
	6.3 导航数据库与编码	6.3.1 导航数据库的制作	6.3.1.1 导航数据库的数据构成
			6.3.1.2 导航数据库的数据处理流程
		6.3.2 导航数据库编码	6.3.2.1 ARINC424 编码基本规范
			6.3.2.2 航径终止码的含义
		6.3.3 导航数据库的数据比对和验证	6.3.3.1 数据比对和验证流程
			6.3.3.2 导航数据库比对和验证中的常见错误
	6.4 电子飞行包	6.4.1 电子飞行包（EFB）审定依据及批准程序	6.4.1.1 EFB 审定依据
			6.4.1.2 EFB 的批准程序

考试科目模块	2级知识点	3级知识点	4级知识点	
6 航行情报	6.4 电子飞行包	6.4.2 电子飞行包（EFB）软硬件等级分类	6.4.2.1	EFB软件等级分类
			6.4.2.2	EFB硬件等级分类
7 通信、导航与监视	7.1 通信	7.1.1 无线电基础知识	7.1.1.1	无线电的传播
			7.1.1.2	无线电的频率与波长
			7.1.1.3	无线电波的极化
			7.1.1.4	无线电频段的划分
		7.1.2 无线电发射和接收系统的基本工作原理	7.1.2.1	无线电收发系统的基本框图
			7.1.2.2	信号的调制
			7.1.2.3	天线的特性
			7.1.2.4	无线电传播的规律
		7.1.3 话音通信	7.1.3.1	VHF话音通信系统
	7.2 导航	7.2.1 地理时空		
		7.2.2 航空地图		
		7.2.3 航线		
		7.2.4 时间系统		
		7.2.5 航向及其测量		
		7.2.6 高度		
		7.2.7 风		
		7.2.8 无线电方位		
		7.2.9 无线电导航设施		
		7.2.10 惯性导航系统构成及其工作原理		
		7.2.11 卫星导航系统		
		7.2.12 无线电导航计算		
		7.2.13 仪表飞行程序设计	7.2.13.1	飞行程序基本概念及航段组成
			7.2.13.2	飞行程序分类
			7.2.13.3	保护区与障碍物评估基本概念
			7.2.13.4	离场程序设计与起飞标准制定
			7.2.13.5	非精密进近程序设计与着陆标准制定
			7.2.13.6	精密进近程序设计与着陆标准制定
		7.2.14 PBN基本概念与程序设计	7.2.14.1	PBN相关概念
			7.2.14.2	PBN航路点与容差
			7.2.14.3	导航数据编码
			7.2.14.4	Baro-VNAV程序设计

考试科目模块	2级知识点	3级知识点	4级知识点
7 通信、导航与监视	7.3 监视	7.3.1 雷达监视系统	7.3.1.1 一次雷达
			7.3.1.2 传统二次雷达
			7.3.1.3 S模式二次雷达
			7.3.1.4 雷达数据处理系统
		7.3.2 自动相关监视	7.3.2.1 ADS-B技术原理
			7.3.2.2 ADS-C技术原理
		7.3.3 多点定位	7.3.3.1 多点定位系统的工作原理
			7.3.3.2 多点定位系统的组成
8 空中交通管理	8.1 组织架构与职责	8.1.1 空管架构	8.1.1.1 管制单位类型
		8.1.2 空管职责	8.1.2.1 管制服务范围
			8.1.2.2 管制单位工作席位
	8.2 签派员与空管的协作程序	8.2.1 协调机制	8.2.1.1 一般原则
			8.2.1.2 协同决策机制
	8.3 空域划分、航路结构	8.3.1 空域分类	8.3.1.1 高空和中低空管制空域
			8.3.1.2 进近管制空域和机场管制地带
			8.3.1.3 飞行情报区、禁区、限制区、危险区
		8.3.2 航路航线	8.3.2.1 航路航线参数
			8.3.2.2 高度层配备与依据
		8.3.3 管制扇区	8.3.3.1 扇区设置目的
			8.3.3.2 扇区设置影响因素
	8.4 设施、设备	8.4.1 设施设备一般需求	8.4.1.1 设施设备概述
			8.4.1.2 机场设施
		8.4.2 通信导航监视（CNS）设施	8.4.2.1 地空通信设施需求
			8.4.2.2 航空固定通信设施
			8.4.2.3 监视与导航设施
	8.5 飞行间隔	8.5.1 垂直间隔	8.5.1.1 垂直间隔
			8.5.1.2 高度表拨正值
		8.5.2 水平间隔	8.5.2.1 放行间隔
			8.5.2.2 目视飞行间隔
		8.5.3 尾流间隔	8.5.3.1 非雷达尾流间隔
			8.5.3.2 雷达尾流间隔
		8.5.4 跑道间隔	8.5.4.1 跑道运行一般间隔
			8.5.4.2 缩小跑道运行间隔

考试科目模块	2级知识点	3级知识点	4级知识点
8 空中交通管理	8.6 飞行计划	8.6.1 电报基础知识	8.6.1.1 一般规定
		8.6.2 飞行计划	8.6.2.1 飞行计划的提交
			8.6.2.2 领航计划报的拍发
9 紧急和非正常情况处置	9.1 地面安全措施	9.1.1 实施应急运行偏离的批准	
		9.1.2 应急撤离程序的演示	
		9.1.3 起飞前对旅客的简介	
		9.1.4 延伸跨水运行中对旅客的简介	
		9.1.5 视频、饮料和旅客服务设施的固定	
	9.2 空中安全措施	9.2.1 应急设备（包含附加应急设备）	
		9.2.2 在不安全状况中继续飞行	
		9.2.3 结冰条件下的运行	
		9.2.4 最低油量与紧急燃油状况的管理	
		9.2.5 飞行中紧急医学事件报告	
		9.2.6 便携式电子设备的禁用和限制	
		9.2.7 飞机供氧的要求	
		9.2.8 驾驶舱门的关闭与锁定	
	9.3 相关部门职责和服务	9.3.1 飞行中燃油管理相关部门及服务	
		9.3.2 在经停站旅客不下飞机时对机组要求	
		9.3.3 紧急情况和应急撤离职责	
	9.4 对延迟和失踪航空器信息的收集与发布	9.4.1 飞机飞行记录本	
		9.4.2 信息的收集与发布	

考试科目模块	2级知识点	3级知识点	4级知识点
	9.5 宣布紧急状态的方法	9.5.1 定期载客运行紧急情况的宣布	
		9.5.2 机长和相关管理人员补充运行紧急情况的宣布	
	9.6 宣布紧急状态的责任	9.6.1 定期载客运行紧急情况的责任	
9 紧急和非正常情况处置		9.6.2 补充运行的紧急情况的责任	
		9.7.1 定期载客运行紧急情况报告	
	9.7 要求的紧急情况报告	9.7.2 补充运行的紧急情况报告	
		9.7.3 危险天气和地面设施与导航设施不正常的报告	
		9.7.4 机械故障及发动机不工作时的着陆和报告	
		10.1.1 人因的概念	
		10.1.2 事故分析模型	10.1.2.1 SHEL 模型
			10.1.2.2 REASON 模型
			10.1.3.1 视觉限制
			10.1.3.2 听觉限制
			10.1.3.3 沟通限制
10 签派实践应用	10.1 人的因素	10.1.3 人的限制	10.1.3.4 注意力限制
			10.1.3.5 记忆力限制
			10.1.3.6 疲劳
			10.1.3.7 应激
			10.1.3.8 飞行空间定向
		10.1.4 威胁与差错管理	
		10.1.5 决策	
		10.1.6 群体	
	10.2 签派实施	10.2.1 飞行前飞行签派员向机长的通告	

考试科目模块	2级知识点	3级知识点	4级知识点
10 签派实践应用	10.2 签派实施	10.2.2 签派放行前对飞行条件的评估	10.2.2.1 安全
			10.2.2.2 天气分析
			10.2.2.3 航行通告和机场情况
			10.2.2.4 机组
			10.2.2.5 航空器
			10.2.2.6 运行飞行计划
			10.2.2.7 重量和平衡
			10.2.2.8 实施飞行的决策
			10.2.2.9 空管飞行计划的填报
			10.2.2.10 飞行文件
		10.2.3 与机长共同作出放行决定	10.2.3.1 签派放行决策的认定
			10.2.3.2 签派放行意见的协商
		10.2.4 飞行中的运行控制	10.2.4.1 运行监控
			10.2.4.2 信息获取与传递
			10.2.4.3 必要时9更改初始签派放行
			10.2.4.4 航空器追踪（121.533）
		10.2.5 飞行后	10.2.5.1 到达确认
			10.2.5.2 听取天气汇报
			10.2.5.3 报告飞行不正常情况
	10.3 航行新技术	10.3.1 平视显示器	
		10.3.2 增强视景系统	
		10.3.3 卫星着陆系统	
		10.3.4 北斗导航系统	

附录3　国内机场三字码、四字码汇总

省份	城市	机场全称	ICAO	IATA
	北京	北京大兴国际机场（兴）	ZBAD	PKX
	北京	北京首都国际机场（京）	ZBAA	PEK
	北京	北京南苑机场（苑）	ZBNY	NAY

省份	城市	机场全称	ICAO	IATA
	北京	北京西郊机场	ZBXJ	XIJ
	上海	上海虹桥机场（沪）	ZSSS	SHA
	上海	上海浦东国际机场	ZSPD	PVG
	天津	天津滨海机场（津）	ZBTJ	TSN
	重庆	黔江武陵山机场	ZUQJ	JIQ
	重庆	万州机场	ZUWX	WXN
	重庆	重庆仙女山机场	ZUWL	CQW
	重庆	重庆江北机场（渝）	ZUCK	CKG
安徽	池州	九华山机场	ZSJH	JUH
安徽	合肥	合肥新桥机场（皖）	ZSOF	HFE
安徽	阜阳	阜阳机场	ZSFY	FUG
安徽	安庆	安庆机场	ZSAQ	AQG
安徽	芜湖	芜湖宣州机场	ZSWA	WHA
福建	三明	福建三明沙县机场	ZSSM	SQJ
福建	龙岩	龙岩冠豸山机场	ZSLO	LCX
福建	泉州	泉州机场	ZSQZ	JJN
福建	厦门	厦门高崎机场（厦）	ZSAM	XMN
福建	武夷山	武夷山机场（夷）	ZSWY	WUS
福建	福州	福州长乐机场（榕）	ZSFZ	FOC
甘肃	陇南	陇南成县机场	ZLLN	LNL
甘肃	兰州	兰州中川机场（兰）	ZLLL	LHW
甘肃	金昌	金昌金川机场	ZLJC	JIC
甘肃	嘉峪关	酒泉嘉峪关机场	ZLJQ	JGN
甘肃	庆阳	庆阳机场	ZLQY	IQN
甘肃	张掖	张掖机场	ZLZY	YZY
甘肃	天水	天水机场	ZLTS	THQ
甘肃	敦煌	敦煌机场（敦）	ZLDH	DNH
广东	广州	广州白云机场（穗）	ZGGG	CAN
广东	深圳	深圳宝安机场（圳）	ZGSZ	SZX
广东	珠海	珠海机场（珠）	ZGSD	ZUH
广东	佛山	佛山机场（佛）	ZGFS	FUO

省份	城市	机场全称	ICAO	IATA
广东	湛江	湛江机场（湛）	ZGZJ	ZHA
广东	揭阳	揭阳潮汕机场	ZGOW	SWA
广东	梅县	梅县机场（梅）	ZGMX	MXZ
广东	惠州	惠州机场（惠）	ZGHZ	HUZ
广东	韶关	韶关丹霞机场	ZGSG	HSC
广西	南宁	南宁吴圩机场（邕）	ZGNN	NNG
广西	柳州	柳州机场（柳）	ZGZH	LZH
广西	桂林	桂林两江机场（桂）	ZGKL	KWL
广西	玉林	玉林福绵机场	ZGYL	YLX
广西	梧州	梧州机场（梧）	ZGWZ	WUZ
广西	北海	北海机场（北）	ZGBH	BHY
广西	百色	广西百色田阳机场	ZGBS	AEB
贵州	六盘水	六盘水月照机场	ZUPS	LPF
贵州	贵阳	贵阳龙洞堡机场（筑）	ZUGY	KWE
贵州	凯里	凯里黄平机场	ZUKJ	KJH
贵州	遵义	遵义新舟机场	ZUZY	ZYI
贵州	遵义	遵义茅台机场	ZUMT	WMT
贵州	铜仁	铜仁机场	ZUTR	TEN
贵州	毕节	毕节飞雄机场	ZUBJ	BFJ
贵州	安顺	安顺黄果树机场	ZUAS	AVA
贵州	兴义	兴义机场	ZUYI	ACX
海南	三亚	三亚凤凰机场（三）	ZJSY	SYX
海南	海口	海口美兰机场（琼）	ZJHK	HAK
海南	琼海	博鳌机场	ZJQH	BAR
河北	秦皇岛	北戴河机场（秦）	ZBDH	BPE
河北	邯郸	邯郸机场	ZBHD	HDG
河北	石家庄	石家庄正定机场（石）	ZBSJ	SJW
河北	张家口	张家口宁远机场	ZBZJ	ZQZ
河北	唐山	唐山三女河机场	ZBSN	TVS
河北	承德	承德普宁机场	ZBCD	CDE
河南	南阳	南阳机场	ZHNY	NNY
河南	洛阳	洛阳机场	ZHLY	LYA

省份	城市	机场全称	ICAO	IATA
河南	信阳	信阳机场	ZHXY	XAI
河南	郑州	郑州新郑机场	ZHCC	CGO
黑龙江	漠河	漠河古莲机场	ZYMH	OHE
黑龙江	牡丹江	牡丹江海浪机场	ZYMD	MDG
黑龙江	齐齐哈尔	齐齐哈尔三家子机场	ZYQQ	NDG
黑龙江	伊春	伊春林都机场	ZYLD	LDS
黑龙江	鸡西	鸡西兴凯湖机场	ZYJX	JXA
黑龙江	建三江	建三江湿地机场	ZYJS	JSJ
黑龙江	佳木斯	佳木斯东郊机场	ZYJM	JMU
黑龙江	加格达奇	加格达奇机场	ZYJD	JGD
黑龙江	哈尔滨	哈尔滨太平机场	ZYHB	HRB
黑龙江	黑河	黑河瑷珲机场	ZYHE	HEK
黑龙江	抚远	抚远东极机场	ZYFY	FYJ
黑龙江	五大连池	五大连池德都机场	ZYDU	DTU
黑龙江	大庆	大庆萨尔图机场	ZYDQ	DQA
湖北	荆州	湖北荆州沙市机场	ZHJZ	SHS
湖北	神农架	神农架机场	ZHSN	HPG
湖北	宜昌	宜昌机场（宜）	ZHYC	YIH
湖北	襄阳	襄阳机场（襄）	ZHXF	XFN
湖北	武汉	武汉天河机场（武）	ZHHH	WUH
湖北	十堰	武当山机场	ZHSY	WDS
湖北	恩施	恩施机场（恩）	ZHES	ENH
湖北	鄂州	鄂州花湖机场	ZHEC	EHU
湖南	永州	永州机场	ZGLG	LLF
湖南	衡阳	衡阳机场（衡）	ZGHY	HNY
湖南	怀化	芷江机场	ZGCJ	HJJ
湖南	郴州	郴州北湖机场	ZGCZ	HCZ
湖南	岳阳	岳阳三荷机场	ZGYY	YYA
湖南	武冈	武冈机场（冈）	ZGSY	WGN
湖南	张家界	张家界荷花机场（庸）	ZGDY	DYG
湖南	长沙	长沙黄花机场（湘）	ZGHA	CSX
湖南	常德	常德机场（德）	ZGCD	CGD

省份	城市	机场全称	ICAO	IATA
吉林	白山	长白山机场	ZYBS	NBS
吉林	松原	松原查干湖机场	ZYSQ	YSQ
吉林	延吉	延吉朝阳川机场	ZYYJ	YNJ
吉林	通化	通化三源浦机场	ZYTN	TNH
吉林	白城	吉林白城机场	ZYBA	DBC
吉林	长春	长春龙嘉国际机场（春）	ZYCC	CGQ
江苏	南通	南通机场（通）	ZSNT	NTG
江苏	南京	南京禄口机场（宁）	ZSNJ	NKG
江苏	连云港	连云港白塔机场（云）	ZSLG	LYG
江苏	淮安	淮安涟水机场	ZSSH	HIA
江苏	扬州泰州	扬州泰州国际机场	ZSYA	YTY
江苏	盐城	盐城机场	ZSYN	YNZ
江苏	徐州	徐州观音机场（徐）	ZSXZ	XUZ
江苏	无锡	无锡硕放机场	ZSWX	WUX
江苏	常州	常州奔牛机场（常）	ZSCG	CZX
江西	上饶	上饶机场	ZSSR	SQD
江西	赣州	赣州机场（赣）	ZSGZ	KOW
江西	南昌	南昌昌北国际机场（昌）	ZSCN	KHN
江西	九江	九江机场（九）	ZSJJ	JIU
江西	吉安	井冈山机场	ZSGS	JGS
江西	景德镇	景德镇机场（景）	ZSJD	JDZ
江西	宜春	宜春明月山机场	ZSYC	YIC
辽宁	沈阳	沈阳桃仙机场	ZYTX	SHE
辽宁	锦州	锦州锦州湾机场	ZYJZ	JNZ
辽宁	营口	营口兰旗机场	ZYYK	YKH
辽宁	大连	大连周水子机场	ZYTL	DLC
辽宁	丹东	丹东浪头机场	ZYDD	DDG
辽宁	朝阳	朝阳机场	ZYCY	CHG
辽宁	鞍山	鞍山腾鳌机场	ZYAS	AOG
内蒙古	巴彦淖尔	巴彦淖尔天吉泰机场	ZBYZ	RLK
内蒙古	扎兰屯	扎兰屯机场	ZBZL	NZL
内蒙古	满洲里	满洲里机场	ZBMZ	NZH

省份	城市	机场全称	ICAO	IATA
内蒙古	霍林郭勒市	霍林河机场	ZBHZ	HUO
内蒙古	乌兰浩特	乌兰浩特机场	ZBUL	HLH
内蒙古	海拉尔	海拉尔东山机场	ZBLA	HLD
内蒙古	呼和浩特	呼和浩特白塔机场	ZBHH	HET
内蒙古	阿尔山	阿尔山机场	ZBES	YIE
内蒙古	锡林浩特	锡林浩特机场	ZBXH	XIL
内蒙古	乌海	乌海机场	ZBUH	WUA
内蒙古	乌兰察布	乌兰察布机场	ZBUC	UCB
内蒙古	通辽	通辽机场	ZBTL	TGO
内蒙古	二连浩特	二连浩特机场	ZBER	ERL
内蒙古	鄂尔多斯	鄂尔多斯伊金霍洛机场	ZBDS	DSN
内蒙古	赤峰	赤峰玉龙机场	ZBCF	CIF
内蒙古	包头	包头东河机场	ZBOW	BAV
宁夏	银川	银川机场（银）	ZLIC	INC
宁夏	固原	固原六盘山机场	ZLGY	GYU
宁夏	中卫	宁夏中卫香山机场	ZLZW	ZHY
青海	德令哈	德令哈机场	ZLDL	HXD
青海	格尔木	格尔木机场	ZLGM	GOQ
青海	果洛	果洛玛沁机场	ZLGL	GMQ
青海	玉树	青海玉树三江源机场	ZLYS	YUS
青海	西宁	西宁机场（西）	ZLXN	XNN
山东	青岛	青岛胶东国际机场	ZSQD	TAO
山东	日照	日照机场	ZSRZ	RIZ
山东	济宁	济宁机场	ZSJG	JNG
山东	菏泽	菏泽牡丹机场	ZSHZ	HZA
山东	烟台	烟台蓬莱机场（烟）	ZSYT	YNT
山东	威海	威海机场（威）	ZSWH	WEH
山东	潍坊	潍坊机场（潍）	ZSWF	WEF
山东	济南	济南遥墙机场（济）	ZSJN	TNA
山东	东营	东营机场（营）	ZSDY	DOY
山西	临沂	临沂机场	ZSLY	LYI
山西	吕梁	吕梁机场（吕）	ZBLL	LLV

省份	城市	机场全称	ICAO	IATA
山西	临汾	临汾乔李机场	ZBLF	LFQ
山西	运城	运城机场	ZBYC	YCU
山西	忻州	忻州五台山机场	ZBXZ	WUT
山西	太原	太原武宿机场（并）	ZBYN	TYN
山西	大同	大同机场	ZBDT	DAT
山西	长治	长治机场	ZBCZ	CIH
陕西	汉中	汉中机场（汉）	ZLHZ	HZG
陕西	西安	西安咸阳机场（陕）	ZLXY	XIY
陕西	榆林	榆林机场	ZLYL	UYN
陕西	延安	延安新机场（安）	ZLYA	ENY
陕西	安康	安康机场	ZLAK	AKA
四川	攀枝花	攀枝花机场	ZUZH	PZI
四川	南充	南充机场（充）	ZUNC	NAO
四川	绵阳	绵阳机场	ZUMY	MIG
四川	泸州	泸州机场（泸）	ZULZ	LZO
四川	康定	康定机场	ZUKD	KGT
四川	九寨沟	九寨沟黄龙机场	ZUJZ	JZH
四川	广元	广元机场	ZUGU	GYS
四川	宜宾	宜宾机场（宾）	ZUYB	YBP
四川	西昌	西昌机场（西）	ZUXC	XIC
四川	成都	成都天府国际机场	ZUTF	TFU
四川	稻城	稻城亚丁机场	ZUDC	DCY
四川	达州	达州机场	ZUDX	DAX
四川	成都	成都双流机场（蓉）	ZUUU	CTU
四川	巴中	巴中恩阳机场	ZUBZ	BZX
西藏	阿里	阿里昆沙机场	ZUAL	NGQ
西藏	林芝	林芝机场	ZUNZ	LZY
西藏	拉萨	拉萨贡嘎机场（拉）	ZULS	LXA
西藏	昌都	昌都邦达机场	ZUBD	BPX
西藏	日喀则	日喀则机场	ZURK	RKZ

省份	城市	机场全称	ICAO	IATA
新疆	石河子	石河子机场	ZWHZ	SHF
新疆	若羌	若羌楼兰机场	ZWRQ	RQA
新疆	克拉玛依	克拉玛依机场（克）	ZWKM	KRY
新疆	库尔勒	库尔勒机场	ZWKL	KRL
新疆	布尔津	喀纳斯机场	ZWKN	KJI
新疆	喀什	喀什机场（喀）	ZWSH	KHG
新疆	库车	库车机场（库）	ZWKC	KCA
新疆	且末	且末机场	ZWCM	IQM
新疆	和田	和田机场（和）	ZWTN	HTN
新疆	哈密	哈密机场	ZWHM	HMI
新疆	和田	于田万方机场	ZWYT	YTW
新疆	伊宁	伊宁机场（伊）	ZWYN	YIN
新疆	乌鲁木齐	乌鲁木齐地窝堡机场（乌）	ZWWW	URC
新疆	吐鲁番	吐鲁番交河机场	ZWTL	TLQ
新疆	塔城	塔城机场	ZWTC	TCG
新疆	阿勒泰	富蕴县可可托海机场	ZWFY	FYN
新疆	博乐	博乐机场	ZWBL	BPL
新疆	阿克苏	阿克苏机场	ZWAK	AKU
新疆	阿勒泰	阿勒泰机场	ZWAT	AAT
云南	普洱	普洱机场（洱）	ZPSM	SYM
云南	芒市	德宏芒市机场	ZPMS	LUM
云南	临沧	临沧机场	ZPLC	LNJ
云南	丽江	丽江机场	ZPLJ	LJG
云南	昆明	昆明长水国际机场（昆）	ZPPP	KMG
云南	西双版纳	景洪、嘎洒机场	ZPJH	JHG
云南	昭通	昭通机场	ZPZT	ZAT
云南	文山	文山普者黑机场	ZPWS	WNH
云南	腾冲	腾冲驼峰机场	ZPTC	TCZ
云南	大理	大理机场	ZPDL	DLU
云南	迪庆	迪庆香格里拉机场	ZPDQ	DIG

省份	城市	机场全称	ICAO	IATA
云南	保山	保山机场	ZPBS	BSD
浙江	宁波	宁波栎社机场（甬）	ZSNB	NGB
浙江	衢州	衢州机场	ZSJU	JUZ
浙江	台州	台州路桥机场（台）	ZSLQ	HYN
浙江	舟山	舟山普陀山机场（舟）	ZSZS	HSN
浙江	杭州	杭州萧山国际机场（杭）	ZSHC	HGH
浙江	义乌	义乌机场（义）	ZSYW	YIW
浙江	温州	温州永强机场（瓯）	ZSWZ	WNZ